Veinticuatro
Horas al Dia

Veinticuatro Horas al Dia

HAZELDEN®

ISBN 13: 978-0-89486-099-7
ISBN 10: 0-89486-099-2

PREAMBULO

"Un pensamiento Cada Día" tiene la mira de ayudar a los miembros de Alcohólicos Anónimos en su programa de vivir un día cada vez.

Ha sido formulado para aquellos que deseen iniciar cada día con unos minutos de pensamiento, meditación y oración, y para que compartan sus puntos de vista con sus compañeros.

Estas lecturas diarias encierran la mayor parte del material empleado en el folleto "Para Alcohólicos Solamente" y demás literatura de A. A., así como algunos pasajes del libro grande Alcohólicos Anónimos.

Como base para las meditaciones de este libro, el autor ha utilizado muchos pasajes del libro "Invocación a Dios".

El autor tiene la esperanza de que estas lecturas diarias puedan ayudar a los miembros de Alcohólicos Anónimos para encontrar la fuerza que necesitan para permanecer sobrios cada veinticuatro horas.

Si hoy no bebemos esa primera copa, jamás la beberemos, porque siempre es hoy.

Cuidad este día,
Porque es vida,
La verdadera vida de la vida.
En su breve curso se hallan todas
Las realidades y verdades de la existencia;
La bienaventuranza de la perfección,
El esplendor de la acción,
La gloria de la fortaleza
Porque el ayer no es sino un sueño,
Y el mañana tan sólo una visión.
Pero el hoy, bien vivido,
Hace de cada ayer un sueño de felicidad,
Y de cada mañana una visión de esperanza.
Cuidad bien, por tanto, este día.

Proverbio Sánscrito.

1o. de ENERO.—Pensamiento del Día.

Cuando llegué a A.A., ¿era yo una persona desesperada? ¿Tenía una enfermedad del alma? ¿Estaba tan asqueado de mí mismo y de mi manera de vivir que no soportaba mirarme en un espejo? ¿Estaba preparado para cumplir con A.A.? ¿Estaba dispuesto a intentar cualquier cosa que me ayudara a lograr la sobriedad y a vencer mi enfermedad espiritual?— "¿Podría llegar a olvidar la condición en que entonces me hallaba?"

Meditación del Día.

En este nuevo año viviré un día cada vez. Haré que cada día sea de preparación para mejorar. No me ocuparé del pasado ni del futuro; tan sólo del presente. Enterraré todo temor del futuro, todos los pensamientos de resentimiento y amargura, todos mis malestares, todos mis rencores, mi sensación de fracaso, mis desengaños con los demás y conmigo mismo, mi tristeza y mi desesperanza. Enterraré todas estas cosas, y en este nuevo año, seguiré adelante hacia una nueva vida.

Oración del Día.

Pido que Dios, en el nuevo año, me guíe un día cada vez. Ruego que cada día Dios me proporcione la sabiduría y la fortaleza que necesito.

2 de ENERO.—Pensamiento del Día.

¿Cómo es que A.A. opera? Lo primero es experimentar una reacción contra mí mismo y mi manera de vivir. Después tengo que admitir que era impotente, que el alcohol me había devorado, y que nada podía hacer respecto a ello. En seguida, desear sinceramente alejarme de mi antigua vida. Luego, tengo que entregar mi vida a un Poder Superior, ponerla en sus manos, y confiarle mi problema de la bebida. Después, debo asistir regularmente a las juntas en busca de compañerismo y para participar mis experiencias. También, debo tratar de ayudar a otros alcohólicos.—"¿Estoy haciendo estas cosas?"

Meditación del Día.

El hombre ha sido creado en tal forma que únicamente puede soportar el peso de veinticuatro horas—no más. Inmediatamente se abruma con el peso de los años pasados y de los días por venir, y su espalda se quiebra. Dios ha prometido ayudarlo con la carga del día solamente. Si se es lo bastante insensato para volver a recoger la carga del pasado y llevarla a cuestas, no se puede en verdad esperar que Dios ayude a sobrellevarla. Por tanto, hay que olvidar lo que yace detrás y alentar en la bendición de cada nuevo día.

Oración del Día.

Ruego que pueda darme cuenta de que, para bien o para mal, los días del pasado han terminado. Pido que pueda enfrentarme a cada nuevo día —las veinticuatro horas inmediatas— con esperanza y valor.

3 de ENERO.—Pensamiento del Día.

Cuando llegué a A.A., supe lo que era ser alcohólico, y entonces apliqué este conocimiento a mí mismo para ver si yo lo era. Cuando estuve convencido de que lo era, lo admití sin reservas. Desde entonces, ¿he estado aprendiendo a vivir de acuerdo con esta convicción? ¿He leído el libro "Alcohólicos Anónimos"? ¿Me he aplicado el conocimiento obtenido? ¿He admitido francamente que soy un alcohólico? —"¿Estoy dispuesto a admitirlo en cualquier momento en que yo pueda ser útil?"

Meditación del Día.

Me regeneraré espiritualmente. Volveré a ser amoldado. Para ello, necesito la ayuda de Dios. Su espíritu fluirá a través de mí, y al inundarme, arrastrará todo el amargo pasado. Obtendré ánimo. Se me abrirá el camino. Cada día ofrecerá algo bueno, a medida en que esté tratando de vivir en la forma en que creo que Dios desea que yo viva.

Oración del Día.

Ruego que pueda ser enseñado como lo sería un niño. Pido que jamás desconfíe de los designios de Dios, sino que los acepte de corazón.

4 de ENERO.—Pensamiento del Día.

¿He admitido que soy un alcohólico? ¿Me he tragado mi orgullo y he admitido que soy diferente de los bebedores normales? ¿He aceptado el hecho de que tengo que pasar el resto de mi vida sin licor? ¿Me queda alguna reserva, alguna idea en el fondo de mi pensamiento de que algún día estaré en condiciones de beber sin peligro? ¿Soy absolutamente honrado conmigo mismo y con las demás personas? ¿He hecho un inventario de mí mismo y he admitido los errores que he cometido? ¿He procedido bien con mis amigos? —"He tratado de reparar la forma en que los he tratado?".

Meditación del Día.

Creeré que, fundamentalmente, todo está bien. Me sucederán cosas buenas. Creo que Dios se preocupa por mí y tendrá cuidado de mí. No trataré de hacer planes para el futuro. Sé que el camino se abrirá paso a paso. Dejaré a Dios la carga del mañana, porque El es el Divino Portador de la carga. El solamente espera de mí que sobrelleve mi parte de un día.

Oración del Día.

Ruego que no trate de cargar sobre mis hombros el peso del universo. Pido que pueda sentirme satisfecho con desempeñar mi parte cada día.

5 de ENERO.—Pensamiento del Día.

¿He acudido a mi Poder Superior en busca de ayuda? ¿Creo que todo hombre o mujer que veo en A.A. es una demostración del poder de Dios para cambiar a un ser humano en su calidad de borracho a la calidad de ciudadano sobrio y útil? ¿Creo que este Poder Superior puede guardarme de beber? ¿Estoy viviendo un día cada vez? ¿Pido a Dios que me dé la fortaleza para permanecer sobrio durante cada vienticuatro horas?.—"¿Asisto regularmente a las juntas de A.A.?".

Meditación del Día.

Creo que la presencia de Dios trae la paz, y que esa paz, como un río de mansa corriente, limpiará, llevándose, todo lo que lo envenena. En estas horas tranquilas, Dios me enseñará cómo equilibrar mis tensiones. No tendré temor. Aprenderé a reposar. Cuando esté reposado, fluirá en mí la fortaleza de Diós. Disfrutaré de paz.

Oración del Día.

Pido que tenga aquella paz que traspasa todo conocimiento. Ruego por lograr esa paz que el mundo no puede dar ni quitar.

6 de ENERO.—Pensamiento del Día.

El conservarme sobrio es lo más importante en mi vida. La decisión más importante que he adoptado ha sido la de renunciar a beber. Estoy convencido de que mi vida entera depende de no beber esa primera copa. Nada en el mundo es tan importante para mí como mi propia sobriedad. Todo lo que tengo, toda mi vida, depende de ese único hecho.—"¿Puedo olvidarlo aunque sea por un minuto?".

Meditación del Día.

Me educaré a mí mismo. Empezaré con esta educación ahora. Abandonaré todos los pensamientos inútiles. Sé que la bondad en mi vida es el fundamento necesario para su utilidad. Recibiré este aprendizaje de buen grado, porque sin él, Dios no puede transmitirme su fortaleza. Creo que esta fortaleza es una poderosa fuerza cuando es utilizada en la forma adecuada.

Oración del Día.

Ruego que pueda enfrentar y aceptar cualquier educación que sea necesaria. Pido que pueda ser apto para recibir en mi vida la fortaleza de Dios.

7 de ENERO.—Pensamiento del Día.

Cuando llegue la tentación, como a todos nosotros nos sucede algunas veces, me diré: "No. Mi vida entera depende de no beber esa copa, y nada en el mundo me inducirá a ello. Además, he prometido a ese Poder Superior que no lo haría. Sé que Dios no desea que yo tome, y no quebrantaré mi promesa a Dios. He renunciado a mi derecho a beber, y ya no depende de mí la decisión".—"¿He hecho la elección de una vez por todas, de manera que no me echaré para atrás?".

Meditación del Día.

La voluntad de Dios llega al alma en silencio. Ningún hombre puede determinar cuándo entra en el corazón. Unicamente puede juzgar los resultados. La voz de Dios es dirigida a los secretos lugares del alma, y en alguna hora de tentación encuentro aquella palabra, y por primera vez me doy cuenta de su valor Cuando la necesito, allí la hallo.—"Tu Padre, que observa en secreto, te recompensará ampliamente."

Oración del Día.

Ruego que pueda ver la voluntad de Dios en mi vida. Pido que acepte alegremente lo que Dios tiene que enseñarme.

8 de ENERO.—Pensamiento del Día.

Todo aquel que llega a A.A. sabe por amarga experiencia que él o ella no pueden beber. Yo sé que la bebida ha sido la causa de todos mis mayores disgustos o que ha empeorado mis dificultades. Ahora que he encontrado un camino para salir, me aferraré a A.A. con ambas manos. San Pablo dijo que nada en el mundo, ni fuerzas ni potestades, ni la vida ni la muerte, podrían apartarse del amor de Dios.—"Una vez que he entregado a Dios mi problema de la bebida, ¿me apartará algo en el mundo de mi sobriedad?".

Meditación del Día.

Sé que mi nueva vida no estará libre de dificultades; pero tendré paz aun en las dificultades. Sé que la serenidad es el resultado de la fiel y confiada aceptación de la voluntad de Dios, aun en medio de las dificultades. San Pablo dijo: "Nuestras leves aflicciones, que no son sino momentáneas, nos preparan una mayor y eterna carga de gloria".

Oración del Día.

Ruego que pueda recibir a las dificultades. Pido que puedan poner a prueba mi fortaleza y construir mi personalidad.

9 de ENERO.—Pensamiento del Día.

Cuando bebíamos, la mayoría de nosotros no teníamos fe verdadera en nada. Tal vez pudimos haber dicho que creíamos en Dios, pero actuábamos como si no fuera así. Nunca pedimos sinceramente a Dios que nos ayudara, y jamás aceptamos realmente su ayuda. Para nosotros, la fe parecía falta de fuerza de carácter. Pero cuando llegamos a A.A. comenzamos a tener fe en Dios, y descubrimos que la fe nos proporcionaba la fortaleza necesaria para triunfar sobre la bebida.—"¿He llegado a saber que en la fe hay fortaleza?".

Meditación del Día.

Tendré fe a pesar de lo que me sobrevenga. Seré tolerante, aun en medio de las aflicciones. No temeré las presiones de la vida, porque creo que Dios sabe cuánto puedo soportar. Miraré al futuro con confianza. Sé que Dios no me pedirá que soporte nada que pudiera vencerme o destruirme.

Oración del Día.

Ruego que ponga este día mi vida en manos de Dios. Pido que tenga fe para que nada me trastorne o debilite mi determinación de permanecer sobrio.

10 de ENERO.—Pensamiento del Día.

Cuando bebíamos, la mayoría de nosotros estábamos dominados por el orgullo y el egoísmo. Creíamos que podíamos manejar nuestros propios asuntos, aun cuando estuviéramos haciendo un desbarajuste de nuestras vidas. Eramos tercos, y no nos agradaba recibir consejos. Nos resentíamos si se nos decía lo que debíamos hacer. Para nosotros, la humildad equivalía a la debilidad. Pero cuando llegamos a A.A., empezamos a ser humildes. Y descubrimos que la humildad nos daba la fuerza que necesitábamos para vencer a la bebida.—"¿He aprendido que existe una fuerza en la humildad?".

Meditación del Día.

Me acercaré con fe a Dios, y El me ofrecerá un nuevo modo de vivir. Y este nuevo modo de vivir cambiará toda mi existencia; las palabras que pronuncio, la influencia que tengo, brotarán de la vida interior que hay en mí. Veo lo importante que es la labor de una persona que sigue este nuevo modo de vivir. Las palabras y el ejemplo de una persona así pueden tener una amplia influencia para el bien del mundo.

Oración del Día.

Ruego que pueda aprender los principios de la vida sana. Pido que pueda meditar sobre ellos y ponerlos en práctica porque son eternos.

11 de ENERO.—Pensamiento del Día.

Cuando bebíamos, la mayoría de nosotros nunca pensamos en ayudar a los demás. Nos gustaba pagar las copas de quienes nos rodeaban, porque eso nos hacía sentirnos importantes. Pero sólo utilizábamos a los demás para nuestro propio placer. Jamás se nos ocurría levantarnos para tratar de ayudar a alguien que necesitara ayuda. Para nosotros, ayudar a los demás era un juego de tontos. Pero cuando llegamos a A.A., comenzamos a tratar de ayudar a los demás, y descubrimos que ayudar a otros nos hacía felices y nos ayudaba, a su vez, a permanecer sobrios.—"¿He aprendido que hay felicidad en ayudar a los demás?".

Meditación del Día.

Pediré solamente fortaleza, y que se haga la voluntad de Dios. Haré uso de la ilimitada reserva de la fortaleza de Dios para mis necesidades. Procuraré buscar la voluntad de Dios. Me esforzaré por lograr tener la presencia constante de Dios, porque El es la luz del mundo. He llegado a ser un peregrino que únicamente necesita las órdenes de empresa, fortaleza y dirección para esta día.

Oración del Día.

Ruego que encuentre la dirección de Dios, día a día. Pido que me esfuerce en conservarme en presencia de Dios.

12 de ENERO.—Pensamiento del Día.

Cuanto más tiempo llevamos en A.A., más natural parece su método de vida. Nuestras vidas pasadas de bebedores eran una forma muy antinatural de vivir. Nuestras vidas actuales de sobriedad son la forma más natural posible de vida. Durante nuestros primeros años de bebedores, nuestras vidas no eran muy diferentes a las de muchas otras personas. Pero a medida que, gradualmente, llegamos a bebedores problema nuestras vidas se hicieron más y más contrarias a las leyes de la naturaleza.—"¿Me doy ahora cuenta de que las cosas que hice estaban muy lejos de ser naturales?".

Meditación del Día.

Daré gracias a Dios por todo; hasta por las pruebas y preocupaciones que surgen. Me esforzaré por ser agradecido y humilde. Toda mi actitud hacia el Poder Superior será de gratitud. Estaré satisfecho con las cosas que he recibido. Aceptaré lo que Dios me revele. Creo que surgirán más verdades a medida que avance en el nuevo modo de vivir.

Oración del Día.

Ruego que esté agradecido por las cosas que he recibido, y que no merezco. Pido que esta gratitud me haga verdaderamente humilde.

13 de ENERO.—Pensamiento del Día.

Cuando bebíamos, estábamos viviendo, física y mentalmente, una vida antinatural Castigábamos a nuestros cuerpos llenándolos de alcohol. No comíamos lo suficiente, y comíamos lo que no debíamos. No disfrutábamos de suficiente sueño ni del tipo adecuado de descanso. Nos estábamos arruinando físicamente. Teníamos una obsesión alcohólica y no podíamos concebir la vida sin el alcohol. Vivíamos imaginando todo género de cosas absurdas acerca de nosotros mismos y de las demás personas. Nos estábamos destruyendo mentalmente.—"¿Desde que llegué a A.A. me estoy sintiendo mejor física y mentalmente?".

Meditación del Día.

Creo que mi vida se está puliendo como el oro en un crisol. El oro no permanece en el crisol sino hasta que ha quedado pulido. Jamás desesperaré ni desconfiaré. Ahora tengo amigos que ansiaba conquistar. Si me desviase o fracasase, les causaría dolor y disgusto. Continuaré tratando de vivir una vida mejor.

Oración del Día.

Ruego que siempre solicite la fortaleza de Dios, mientras se está puliendo el oro de mi vida. Pido que pueda llevarlo a cabo con la ayuda de Dios.

14 de ENERO.—Pensamiento del Día.

Cuando llegamos a A.A., por primera vez, una vida de sobriedad nos parecía extraña. Pensábamos qué clase de vida podría ser sin beber jamás una copa. Al principio, no nos parecía natural una vida con sobriedad. Pero cuanto más tiempo llevamos en A.A., más natural nos parece esta forma de vivir. Y ahora sabemos que la vida que estamos viviendo en A.A., la sobriedad, el compañerismo, la fe en Dios y el tratar de ayudarnos mutuamente, es la forma de vida más natural posible.—"¿Creo que es ésta la forma en que Dios quiere que yo viva?".

Meditación del Día.

Aprenderé a superarme, porque cada golpe al egoísmo es utilizado para modelar el yo real, eterno, imperecedero. A medida que me supere, obtendré la fuerza que Dios conceda a mi alma. Y también yo seré victorioso. No es tanto las dificultades de la vida, como mi propio egoísmo, lo que tengo que vencer.

Oración del Día.

Ruego que obedezca a Dios, que camine junto a El, y que lo escuche. Pido que me esfuerce por vencer mi propio egoísmo.

15 de ENERO.—Pensamiento del Día.

El programa de A.A., es un modo de vivir. Es un modo de vivir, y tenemos que aprender a vivir el programa si queremos permanecer sobrios. Los doce pasos del libro son como indicadores. Señalan la dirección en que tenemos que marchar. Pero cada miembro del grupo tiene que encontrar su modo propio de vivir mejor el programa. No todos lo hacemos exactamente igual. Ya sea mediante horas de calma en la mañana, asistiendo a reuniones, trabajando con otros o pasando el mensaje, tenemos que aprender a vivir el programa. "¿Ha llegado a ser la forma de A.A. mi modo de vivir constante, natural?".

Meditación del Día.

Reposaré y no estaré en tensión. No tendré temor, porque todo saldrá bien al fin. Aprenderé a sopesar y equilibrar mi alma en un mundo vacilante y cambiante. Buscaré el poder de Dios, y lo emplearé, porque si no lo utilizo, me será retirado. Mientras sepa represar a Dios y reciba abundantemente mi fortaleza después de cada tarea, ningún trabajo puede ser excesivo.

Oración del Día.

Ruego porque pueda descansar, y porque la fortaleza de Dios me sea concedida. Pido poder someter mi voluntad a la voluntad de Dios, y estar libre de todas las tensiones.

16 de ENERO.—Pensamiento del Día.

El programa de A.A., es más bien un camino para construir una nueva vida, y no solamente una forma para dominar la bebida. Porque en A.A. no sólo dejamos de beber. Eso lo hicimos en los tiempos pasados, cuando ya "nos llevaba el tren". Desde luego, siempre volvíamos a empezar a beber, porque solamente estábamos esperando recuperarnos físicamente. Una vez que hemos logrado la sobriedad mediante el programa de A.A. empezamos a marchar hacia arriba. En nuestros días de bebedores íbamos cuesta abajo, cada vez peor. Nos hundimos o nos levantamos. "¿Estoy yendo hacia arriba, cada vez mejor?".

Meditación del Día.

Trataré de obedecer la voluntad de Dios día y noche, lo mismo en las desiertas planicies que en la cima de los montes de la experiencia. Es en los esfuerzos diarios donde cuenta la perseverancia. Creo que Dios es el Señor de las pequeñas cosas, el Divino Inspector de los pequeños acontecimientos. Perseveraré en este nuevo modo de vivir. Sé que nada en el día es demasiado insignificante para formar parte del designio de Dios.

Oración del Día.

Ruego porque las piedrecillas que coloco en el mosaico de mi vida puedan formar un patrón que merezca la pena. Pido para que pueda perseverar y hallar así la armonía y la belleza.

17 de ENERO.—Pensamiento del Día.

No hace mucho bien venir a las reuniones solamente una vez ocasionalmente y sentarse en torno esperando obtener algo del programa. Eso está muy bien al principio, pero no nos ayudará durante mucho tiempo. Torde o temprano tenemos que entrar en acción, asistiendo a las reuniones regularmente, ofreciendo un testimonio personal de nuestra experiencia con el alcohol, y tratando de ayudar a otros alcohólicos. Levantar una nueva vida necesita toda la energía que acostumbrábamos emplear en beber. "¿Estoy empleando por lo menos tanto tiempo y esfuerzo en la nueva vida que estoy tratando de construir en A.A.?".

Meditación del Día.

Con ayuda de Dios elevaré en torno mío una cortina protectora que mantendrá alejados todos los malos pensamientos. La adaptaré a mi actitud hacia Dios y a mi actitud hacia las demás personas. Cuando aparezca en mi mente un pensamiento de inquietud o irritación, lo desecharé inmediatamente. Sé que el amor y la confianza son los solventes de la preocupación y los enfados de la vida. Los utilizaré para tender en torno mío una cortina protectora.

Oración del Día.

Ruego porque los enfados, la cólera y la preocupación no puedan corroer mi cortina protectora contra todos los malos pensamientos. Pido poder desterrarlos de mi vida.

18 de ENERO.—Pensamiento del Día.

No puede levantarse la nueva vida en un día. Tenemos que seguir el programa lentamente, un poco cada vez. Nuestras mentes subconscientes tienen que ser reeducadas. Tenemos que aprender a pensar en forma diferente. Tenemos que habituarnos al pensamiento sobrio en lugar del pensamiento alcohólico. Todo el que lo intenta sabe que el viejo pensamiento alcohólico está pronto a regresar a nosotros cuando menos lo esperamos. Construir una nueva vida es un proceso lento, pero puede llevarse a cabo si seguimos realmente el programa de A.A.—"¿Estoy construyendo una nueva vida sobre los cimientos de la sobriedad?".

Meditación del Día.

Pediré fe diariamente, porque es un don de Dios. Sólo de la fe depende la respuesta a mis oraciones. Dios me la concede en contestación a mis plegarias, porque es un arma que necesito poseer para superar todas las situaciones adversas y para la realización de todo lo bueno en mi vida. Por tanto, trabajaré por el fortalecimiento de mi fe.

Oración del Día.

Ruego porque pueda pensar así y vivir para alimentar mi fe en Dios. Pido que pueda crecer mi fe, porque con fe el poder de Dios llega a estar a mi alcance.

19 de ENERO.—Pensamiento del Día.

Sobre los cimientos de la sobriedad podemos levantar una vida de honradez, de desinterés, de fe en Dios y amor por nuestros semejantes. Jamás alcanzaremos plenamente estas metas; pero la experiencia de construir esa clase de vida es incomparablemente más aceptable que el torbellino de nuestra antigua vida de bebedores. Hemos venido a A.A., para tornarnos sobrios; pero si permanecemos el tiempo suficiente, aprendemos una nueva forma de vivir. Llegamos a ser honrados con nosotros mismos y con las demás personas. Aprendemos a pensar más en los demás y menos en nosotros. Y aprendemos a confiar en la ayuda constante del Poder Superior. "¿Estoy viviendo honrada, desinteresadamente y con fe?"

Meditación del Día.

Creo que Dios ya había visto las necesidades de mi alma antes de que yo se las expusiese, antes de que yo mismo fuera consciente de esas necesidades. Creo que Dios ya estaba formulando la respuesta. Dios no necesita ser solicitado con lágrimas y suspiros, ni con mucho hablar para que renuentemente conceda la ayuda deseada. El ya ha previsto cada una de mis carencias y necesidades. Trataré de comprenderlo a medida que sus planes se desarrollen en mi vida.

Oración del Día.

Ruego que pueda conocer mis carencias y necesidades reales. Pido que mi conocimiento de esas necesidades y carencias pueda ayudar para traeles la solución.

20 de ENERO.—Pensamiento del Día.

En A.A. hemos acabado con la mentira, las crudas, el remordimiento y el malgastar de dinero. Cuando bebíamos, estábamos vivos a medias solamente. Ahora que estamos tratando de vivir vidas razonables, honradas, desinteresadas, estamos vivos realmente. La vida tiene un nuevo significado para nosotros, de manera que podemos disfrutarla verdaderamente. Sentimos que servimos para algo en el mundo. Nos hallamos en el lado seguro de la barrera, en lugar del lado equivocado. Podemos mirar al mundo a la cara, en vez de ocultarnos en las callejuelas. Venimos a A.A. para alcanzar la sobriedad, pero si permanecemos el tiempo suficiente aprendemos una nueva forma de vivir. "¿Estoy convencido de que, independientemente de la diversión que obtenía con la bebida, aquella vida nunca fue tan buena como la vida que puedo construir en A.A.?".

Meditación del Día.

Quiero identificarme con el Espíritu Divino del universo. Depositaré mis más profundas inclinaciones sobre las cosas espirituales, no sobre las cosas materiales. Un hombre es según piensa. Así, pensaré en y desearé en lo que pueda ayudar, no estorbar, a mi crecimiento espiritual. Trataré de identificarme con Dios. Ninguna aspiración humana puede alcanzar mayor elevación que ésta.

Oración del Día.

Ruego poder pensar en el amor, y que el amor me rodee. Pido que pueda pensar con pureza, y que la pureza venga a mí.

21 de ENERO.—Pensamiento del Día.

Para captar el programa de A.A., tenemos que pensar abiertamente en las cosas. San Pablo dijo: "Están transformados por su regeneración espiritual". Tenemos que aprender a pensar correctamente. Tenemos que cambiar del pensamiento alcohólico al pensamiento sobrio. Tenemos que erigir una nueva forma de contemplar las cosas. Antes de que llegásemos a A.A. necesitábamos una vida artificial de estímulo y de todo lo que acompaña a la bebida. Esa clase de vida nos parecía normal en ese tiempo. Pero cuando ahora miramos hacia atrás, aquella vida señala exactamente lo opuesto a lo normal. En realidad, aparece como lo más anormal. Tenemos que reeducar nuestras mentes. "¿Estoy cambiando de pensamiento anormal a pensamiento normal?"

Meditación del Día.

Afrontaré sin temor el día más tumultuoso. Creo que Dios está conmigo y viéndolo todo. Dejaré que la confianza sea el principio que gobierne durante todo el día tumultuoso. No me preocuparé, porque sé que Dios es quien me ayuda. Debajo se encuentran los eternos brazos. Descansaré en ellos, aun cuando el día esté lleno de cosas que me abrumen.

Oración del Día.

Ruego que pueda estar tranquilo y no dejar que nada me trastorne. Pido poder no dejar que las cosas materiales dominen y ahoguen mis cosas espirituales.

22 de ENERO.—Pensamiento del Día.

Al principio quiere usted alcanzar la sobriedad, pero es usted impotente. Así, acude a un Poder superior a usted, y confiando en ese Poder, obtiene usted fuerza para dejar de beber. Desde ese momento usted quiere conservarse sobrio, y ello es cuestión de reeducar su mente. Pasado un tiempo, lo logra en forma tal, que realmente disfruta de un vivir sencillo, sano normal. Efectivamente, sin el estímulo artificial del alcohol se goza. Todo lo que tiene que hacer es contemplar a los miembros de cualquier grupo de A.A., y verá cómo ha cambiado su aspecto. "¿Está cambiando mi perspectiva de la vida?".

Meditación del Día.

Jamás olvidaré dar gracias a Dios, incluso en los días más difíciles. Mi actitud será de humildad y gratitud. Dar gracias a Dios es una práctica diaria absolutamente necesaria. Si un día no lo es de gratitud, ha de repetirse la práctica hasta que lo sea. La gratitud es una necesidad para aquellos que buscan vivir una vida mejor.

Oración del Día.

Ruego porque la gratitud me traiga humildad. Pido que la humildad me ayude a vivir una vida mejor.

23 de ENERO.—Pensamiento del Día.

Un alcohólico es una persona a quien la bebida le ha llevado a un "callejón sin salida". No ha sido capaz de aprender nada de su experiencia de bebedor. Siempre está cometiendo los mismos errores, y sufriendo las mismas consecuencias una y otra vez. Rehusa admitir que es un alcohólico. Todavía cree que puede manejar la cuestión. No quiere tragarse su amor propio y admitir que es diferente a los bebedores normales. No quiere enfrentarse a la realidad de que tiene que pasar el resto de su vida sin licor. No puede contemplar la vida sin tomar jamás una copa. "¿He salido yo de este callejón sin salida?".

Meditación del Día.

Creo que Dios tiene todo el poder. En El está el dar y en El está el retirar. Pero El no lo retirará de una persona que habite cerca de El, porque entonces pasa insensiblemente de Dios a esa persona. Es inhalado por la persona que vive en presencia de Dios. Aprenderé a vivir en presencia de Dios, y entonces tendré aquellas cosas que deseo de El: fortaleza, poder y alegría. El poder de Dios es Alcanzable para todos los que lo necesitan y están dispuestos a aceptarlo.

Oración del Día.

Ruego poder apartarme a un lado y que el poder de Dios pueda fluirme. Pido poder entregarme a ese poder.

24 de ENERO.—Pensamiento del Día.

Un alcohólico que está viviendo en un callejón sin salida rehusa ser verdaderamente honrado consigo mismo y con las demás personas. Está huyendo de la vida, y no quiere aceptar las cosas como son. No quiere renunciar a sus resentimientos. Es demasiado sensible, y se siente fácilmente lastimado. Rehusa tratar de ser desinteresado. Todavía desea todo para él, y sin importarle cuántas experiencias desastrosas ha tenido con la bebida, aun continúa probando una y otra vez. Solamente existe un camino para escapar de ese callejón sin salida como manera de vivir, y es cambiando el modo de pensar. "¿He cambiado yo mi manera de pensar?".

Meditación del Día.

Se que la visión y la fuerza que recibo de Dios son ilimitadas en lo que se refiere a las cosas espirituales. Pero en las cosas temporales y materiales tengo que someterme a limitaciones. Sé que no puedo ver el camino por delante. Tengo que dar sólo un paso cada vez, porque Dios no me concede una visión más larga. Me encuentro en aguas desconocidas, limitado por mi vida temporal y especial, pero iluminado en mi vida espiritual.

Oración del Día.

Ruego poder seguir la senda de Dios a pesar de mis limitaciones materiales. Pido poder aprender que, tratar de hacer su voluntad, es la libertad perfecta.

25 de ENERO.—Pensamiento del Día.

Acostumbrábamos depender de la bebida para muchas cosas. Dependíamos de la bebida para disfrutar de las cosas. Derribaba nuestra timidez y nos ayudaba a pasar "un buen rato". Dependíamos de la bebida para ayudarnos cuando nos sentíamos mal físicamente. Si sufríamos un dolor de muelas o simplemente una cruda, nos sentíamos mejor después de algunas copas. Dependíamos de la bebida para ayudarnos cuando nos sentíamos decaídos mentalmente. Si habíamos tenido un día duro en la oficina o si nos habíamos peleado con nuestras esposas, o si simplemente las cosas parecían estar en contra nuestra, nos sentíamos mejor bajo la influencia del alcohol. Para nosotros, los alcohólicos, llegó a ser de tal modo que dependíamos de la bebida casi para todas las cosas. "¿He vencido yo esa dependencia de la bebida?".

Meditación del Día.

Creo que la entrega completa de mi vida a Dios es la base de la serenidad Dios ha dispuesto muchas moradas para nosotros. No contemplo esa promesa como si se refiriera solamente a la otra vida. No contemplo esta vida como la lucha continua para obtener las recompensas de la otra vida. Creo que el Reino de Dios está dentro de nosotros, y que podemos disfrutar de la "vida eterna" aquí y ahora.

Oración del Día.

Ruego porque pueda liberarme de todos los temores y resentimientos, porque la paz y la serenidad puedan ocupar su lugar. Pido porque pueda limpiar mi vida del mal, para que pueda venir el bien.

26 de ENERO.—Pensamiento del Día.

Cuando nos convertimos en alcohólicos, los malos efectos de la bebida llegan a sobrepasar, cada vez más a los buenos efectos. Pero el aspecto extraño de ello es que sin importarnos lo que nos causó la bebida: pérdida de nuestra salud, de nuestros trabajos, de nuestro dinero y de nuestros hogares, todavía nos aferramos a ella y dependemos de ella. Nuestra dependencia de la bebida llegó a ser una obsesión. En A.A. encontramos una nueva visión de la vida. Aprendemos cómo cambiar de pensamiento alcohólico a pensamiento sobrio, y descubrimos que ya no podemos depender de la bebida para nada. Dependemos de un Poder Superior en lugar de ella. "¿He renunciado yo enteramente a aquella dependencia de la bebida?".

Meditación del Día.

Trataré de conservar mi vida tranquila y serena. Esta es mi gran tarea: hallar paz y adquirir serenidad, No tengo que albergar pensamientos perturbadores. Sin importar qué temores, preocupaciones y resentimientos pueda tener, tengo que tratar de pensar en cosas constructivas hasta que llegue la calma. Solamente cuando estoy tranquilo puedo actuar como un conducto para el espíritu de Dios.

Oración del Día.

Ruego poder levantar en lugar de derribar. Pido poder ser constructivo y no destructivo.

27 de ENERO.—Pensamiento del Día.

Un alcohólico soporta una espantosa carga sobre él. ¡Qué carga coloca sobre nuestros hombros la mentira! La bebida hace embusteros de todos nosotros los alcohólicos. Con objeto de obtener el licor que necesitamos, tenemos que mentir a todas horas. Tenemos que mentir sobre dónde hemos estado y lo que hemos estado haciendo. Un hombre que está mintiendo está vivo a medias solamente, a causa del constante temor de ser descubierto. Cuando usted llega a A.A. y se torna honrado, aquella terrible carga de la mentira cae de sus hombros. "¿Me he librado yo de esa carga de la mentira?".

Meditación del Día.

Creo que en el mundo espiritual y también en el material no existe espacio vacío. A medida que los temores y las preocupaciones salen de mi vida, llegan las cosas del espíritu a ocupar sus lugares. Tras la tempestad viene la calma. Tan pronto como me libere de temores, odios y egoísmos, el amor de Dios, la paz y la calma pueden venir.

Oración del Día.

Ruego porque pueda liberarme de todos los temores y resentimientos, porque la paz y la serenidad puedan ocupar su lugar. Pido porque pueda limpiar mi vida del mal, para que pueda venir el bien.

¡Qué pesada carga colocan las crudas sobre tus hombros! ¡Qué terrible castigo físico que todos hemos pasado! Los aniquiladores dolores de cabeza, los nervios de punta, las sacudidas y baileteos, los sudores fríos y calientes. Cuando usted llega a A.A. y deja de beber, esa terrible carga de las crudas cae de sus hombros. ¡Qué peso coloca el remordimiento sobre sus espaldas! Ese terrible castigo mental que todos hemos experimentado; avergonzados de las cosas que hemos dicho y hecho, temerosos de enfrentarnos a la gente a causa de lo que pudieran pensar de nosotros, temerosos de las consecuencias de lo que hicimos cuando estábamos borrachos. ¡Qué horroroso apaleo sufre la mente! Cuando usted llega a A.A. esa terrible carga del remordimiento cae de sus espaldas.—"¿Me he librado yo de esas cargas de las crudas y el remordimiento?".

Meditación del Día.
Cuando un hombre busca seguir la senda del espíritu, ello significa frecuentemente la desviación completa de la senda del mundo que, hasta entonces, ha seguido. Pero es una desviación que conduce a la felicidad y a la paz. Se esfuerzan por traer la paz, normalmente, las aspiraciones y ambiciones de un hombre? ¿Traen las recompensas del mundo descanso del alma y felicidad? ¿O se vuelven cenizas en la boca?

Oración del Día.
Ruego porque no esté tan aburrido, desilusionado o disgustado. Pido que no pueda depositar mi confianza en las sendas del mundo, sino en la senda del espíritu.

29 de ENERO.—Pensamiento del Día.

¡Qué peso pone sobre sus hombros el desperdicio de dinero! Se dice que los miembros de A.A. han pagado la más elevada cuota de entrada de todos los miembros de club del mundo por haber malgastado tanto dinero en licor. Jamás seremos capaces de poner en cifras cuánto fue. No sólo malgastamos nuestro propio dinero sino que también el dinero que debíamos haber gastado en nuestras familias. Cuando usted llega a A.A. esta terrible carga del dinero malgastado cae de sus hombros. Nosotros, los alcohólicos, estábamos llegando a tener los hombros redondos a causa de soportar todas esas cargas que la bebida puso sobre nuestras espaldas. Pero cuando llegamos a A.A., obtenemos una maravillosa sensación de alivio y libertad. "¿Puedo yo echar los hombros hacia atrás y mirar a la cara de nuevo al mundo entero?".

Meditación del Día.

Creo que el futuro esta en manos de Dios. El sabe mejor que yo lo que el futuro me reserva. No estoy a merced del destino ni abofeteado por la vida. Estoy siendo conducido en forma muy definida a medida que trato de reconstruir mi vida. Yo soy el constructor; pero Dios es el arquitecto. Me toca a mí construir lo mejor que pueda bajo SU dirección.

Oración del Día.

Ruego porque pueda depender de Dios, ya que El ha planeado mi vida. Pido poder vivir mi vida como creo que Dios quiere que la viva.

30 de ENERO.—Pensamiento del Día.

Una vida bebiendo no es una vida feliz. La bebida lo aparta de las demás personas y de Dios. Una de las peores cosas que trae la bebida es la soledad, y una de las mejores cosas que entrega A.A. es el compañerismo. La bebida lo aparta de las demás personas, o al menos de las personas que realmente le interesan: su esposa y sus hijos, su familia y sus amigos verdaderos. Sin importar cuánto pueda quererlos, usted levanta un muro entre usted y ellos mediante su bebida. Usted se aleja de una compañía verdadera con ellos. Como resultado, está usted terriblemente solo. "¿Me he librado yo de mi soledad?"

Meditación del Día.

Algunas veces me apartaré a un lugar tranquilo de retiro con Dios. En ese lugar hallaré redención, curación y fuerza. Planearé momentos tranquilos de vez en cuando, momentos en que me comunicaré con Dios, y surgiré descansado y fortalecido para realizar la labor que Dios me ha concedido llevar a cabo. Sé que Dios jamás me entregará una carga superior a la que yo puedo sostener. Es en la serenidad y la paz donde radica todo el éxito verdadero.

Oración del Día.

Ruego poder fortalecer mi vida interior, y poder hallar la serenidad. Pido que puedan ser devueltas a mi alma la tranquilidad y la paz.

31 de ENERO.—Pensamiento del Día.

La bebida lo aleja a usted de Dios. Sin importar cómo haya sido Ud. educado, sin importar cuál sea su religión, sin importar que usted diga que cree en Dios, usted, sin embargo, levanta un muro entre usted y Dios por su bebida. Usted sabe que no está viviendo en la forma que Dios quiere que lo haga. Como resultado, tiene usted ese terrible remordimiento. Cuando usted llega a A.A. empieza a cumplir con la demás gente y con Dios. Una vida sobria es una vida feliz, porque renunciando a la bebida nos hemos librado de nuestra soledad y de nuestro remordimiento. "¿Tengo verdadera comunión de sentimientos con las demás personas y con Dios?".

Meditación del Día.

Creo que todos los sufrimientos y todos los sacrificios son de valor para mí. Cuando sufro, estoy siendo probado. ¿Puedo confiar en Dios sin importar lo mal que me sienta? ¿Puedo decir: "hágase TU voluntad" sin importar lo derrotado que me halle? Si puedo, mi fe es auténtica y práctica. Opera tanto en los tiempos malos como en los buenos. La Divina Voluntad está actuando en una forma que se encuentra más allá de mi limitada comprensión; mas sin embargo, puedo confiar en ella.

Oración del Día.

Ruego porque pueda aceptar el sufrimiento a mi paso. Ruego poder aceptar el dolor y la derrota como parte del Plan de Dios para mi surgimiento espiritual.

1o. de FEBRERO.—Pensamiento del Día.

Cuando pensamos en tomar una copa estamos pensando en el goce que obtenemos con la bebida; el placer, el escape del fastidio, el sentimiento de autoimportancia y la compañía de otros bebedores En lo que no pensamos es en la caída, en la cruda, el remordimiento y el desperdicio de dinero, en enfrentarse al nuevo día. En otras palabras, cuando pensamos en esa primera copa estamos pensando en todas las partidas del activo de la bebida, pero en ninguna del pasivo. Realmente ¿qué ha conseguido la bebida que no hayamos obtenido en A.A.? "¿Creo yo que el pasivo de la bebida sobrepasa al activo"?

Meditación del Día.

Comenzaré una nueva vida cada día. Apartaré los errores, y empezaré de nuevo cada día. Dios siempre me ofrece un nuevo principio. No estaré agobiado ni ansioso. Si la clemencia de Dios fuera solamente para los justos y para aquellos que no han pecado, ¿dónde estaría su necesidad? Creo que Dios nos perdona todos nuestros pecados si estamos tratando sinceramente de vivir hoy en la forma que El quiere que vivamos. Dios nos perdona mucho, y debemos estar muy agradecidos.

Oración del Día.

Ruego porque mi vida no sea destruida por la preocupación, ni el temor ni el egoísmo. Pido poder tener un alma satisfecha, agradecida y humilde.

2 de FEBRERO.—Pensamiento del Día.

Antes de quedar embrutecidos por el alcohol, obteníamos una satisfacción con las primeras copas. Durante un rato el mundo parecía más resplandeciente. Pero, ¿qué hay acerca del desplome? ¿de la terrible depresión que nos llega a la mañana siguiente? En A.A. obtenemos un goce real; no una falsa sensación de alegría, sino que un auténtico sentimiento de satisfacción de nosotros mismos y de auto-respeto, y un sentimiento de fraternidad hacia el mundo. Con la bebida obtenemos una especie de placer. Durante un tiempo breve pensábamos que éramos felices; mas es solamente una ilusión. La cruda del día siguiente es lo opuesto al placer.—"¿Estoy logrando en A.A. felicidad real, serenidad y paz?".

Meditación del Día.

Practicaré el amor, porque la falta de amor cerrará el camino. Trataré de ver el bien en todas las personas, tanto en las que me agradan como en las que me enfadan y me llevan la contra. Todos somos hijos de Dios. Trataré de ofrecer amor, ya que de otra forma, ¿cómo puedo vivir en la Oración de Dios, donde no cabe nada no amoroso? Trataré de convivir con todos los seres, porque cuanto más amor entregue, más amor tendré.

Oración del Día.

Ruego poder hacer todo lo posible para amar a mis semejantes, a pesar de los muchos defectos que yo les vea. Pido que, así como yo amo, sea amado.

3 de FEBRERO.—Pensamiento del Día.

Al beber escapábamos del fastidio durante un rato. Casi olvidábamos nuestros disgustos. Pero cuando salíamos de la borrachera, nuestros disgustos eran doblemente peores. La bebida únicamente los había agravado, y nos molestaban más. En A.A., cuando ha terminado la junta, seguimos allí demorando la partida. Cuando bebemos, hemos tenido una sensación temporal de importancia. La bebida nos arrulla y nos hace pensar que somos grandiosos. Contamos grandes cuentos para sentirnos superiores. En A.A. no necesitamos de esa clase de auto-importancia. Tenemos auténtica auto-evaluación, sinceridad y humildad.—"¿He hallado algo mucho mejor y más satisfactorio que la bebida?".

Meditación del Día.

Creo que mi fe y el poder de Dios pueden hacer posible toda buena relación humana. No existe límite para lo que esas dos cosas pueden hacer en este terreno. Simplemente creyendo todo puede suceder. San Pablo dijo: "A través de Dios puedo hacer todo, ya que El me fortalece". Todos los muros que lo separan de los demás seres humanos pueden caer mediante su fe y el poder de Dios. Ambos son esenciales. Todos los hombres pueden ser conmovidos por ellos.

Oración del Día.

Ruego poder fortalecer mi fe día tras día. Pido poder confiar más cada día en el poder de Dios.

4 de FEBRERO.—Pensamiento del Día.

Hacer beber a los demás nos proporcionaba cierta satisfacción. Nos gustaba decir: "Bébete una por mi cuenta". Pero realmente no estábamos haciéndole un favor a aquel amigo. Unicamente lo estábamos ayudando a emborracharse, especialmente si era un alcohólico. En A.A. tratamos de ayudar verdaderamente a otros alcohólicos. Los levantamos en vez de hundirlos. La bebida creaba una especie de camaradería; pero realmente era una falsa camaradería, porque se basaba en el egoísmo. Utilizábamos a nuestros compañeros de bebida para nuestro agrado. En A.A. tenemos camaradería auténtica, basada en el desinterés y en un deseo de ayudarnos mutuamente. Y adquirimos verdaderos amigos en vez de compañeros ocasionales.—"¿He obtenido con la sobriedad todo lo que obtenía con la bebida, pero sin dolores de cabeza?"

Meditación del Día.

Sé que Dios no puede enseñar a un hombre que está dependiendo de una muleta. Arrojaré la muleta del alcohol y caminaré apoyándome en el poder y la gracia de Dios. El poder de Dios me vigorizará en tal forma, que sin duda caminaré hacia la victoria No existe límite para el poder de Dios. Marcharé paso a paso, un día cada vez, por el camino que la voluntad de Dios me revelará a medida que avance.

Oración del Día.

Ruego poder tener cada vez más esperanza en Dios. Pido poder arrojar lejos de mí a la muleta alcohólica, y dejar que ocupe su lugar el poder de Dios.

5 de FEBRERO.—Pensamiento del Día.

Una de las cosas que aprendemos en A.A. es a tener una visión en perspectiva de la bebida, en vez de una visión inmediata. Cuando bebíamos, pensábamos más en el agrado o alivio que una copa nos proporcionaba, que en las consecuencias que sobrevendrían por tomar esa copa. El licor parece ser bueno desde un punto de vista inmediato. Cuando lo contemplamos en el escaparate de una tienda, vemos al licor revestido de sus mejores ropajes, con etiquetas y adornos de fantasía, y nos parece fascinador. Pero, "¿he aprendido que lo que hay dentro de esas hermosas botellas no es sino veneno puro para mí?".

Meditación del Día.

Creo que la vida es una escuela en la que tengo que aprender las cosas espirituales. Tengo que confiar en Dios, y El me enseñará. Tengo que escuchar a Dios, y El hablará a través de mi pensamiento. Tengo que comulgar con El, a pesar de toda oposición y todo obstáculo. Habrá días en los que no escucharé su palabra en mi mente, y en que no habrá comunión intima de corazón a corazón; pero si persevero y hago un hábito de vida el disciplinarme en las cosas espirituales, Dios se me revelará en muchas formas.

Oración del Día.

Ruego poder ir regularmente a la escuela de las cosas del espíritu. Pido poder crecer espiritualmente, practicando estas cosas.

6 de FEBRERO.—Pensamiento del Día.

En una noche oscura, las brillantes luces de la cantina son poderosamente invitadoras. Dentro, parece haber un ambiente invitador y cálido. Pero no nos detenemos a pensar en que, si entramos, probablemente acabaremos borrachos, sin el dinero que gastamos y con una horrorosa cruda. Una larga barra de caoba, a la luz de la bella luna, parece ser un lugar muy alegre. ¡Pero hay que ver ese lugar a la mañana siguiente! Se encuentran apiladas las sillas sobre las mesas, y el local apesta a cerveza rancia y a colillas de cigarro. Con frecuencia también nos hemos encontrado ahí tratando de curarnos los temblores engullendo bebidas alcohólicas.—"¿Puedo la noche antes alcanzar a mirar también la siguiente mañana?".

Meditación del Día.

Dios, entre la multitud, encuentra algunas personas que le siguen, precisamente para estar junto a El, justamente para morar en su presencia. El anhelo del alma puede verse satisfecho para esas pocas personas. Dejaré que Dios sepa que estoy buscando vivir en su presencia, estar cerca de El, no tanto en busca de enseñanza o de un mensaje, sino solamente por El. Tal vez el anhelo del alma humana de ser amada por sí misma haya sido tomado de la gran alma divina.

Oración del Día.

Ruego poder tener un oído atento para que Dios pueda hablarme. Pido poder tener el alma en espera, de suerte que Dios pueda venir a mí.

7 de FEBRERO.—Pensamiento del Día.

Un club nocturno lleno de hombres y mujeres que van vestidos con trajes de noche parece un lugar muy alegre. Sin embargo, hay que ver a la mañana siguiente los sanitarios de ese club. ¡Qué suciedad! La gente ha estado vomitando por todos lados, y ¡cómo huele! Ha desaparecido el encanto de la noche anterior, y sólo ha quedado el hedor de la mañana siguiente. En A.A. aprendemos a tener una visión en perspectiva de la bebida, en vez de la visión inmediata. Aprendemos a pensar menos en el placer del instante y más en las consecuencias.—"¿Ha llegado a ser para mí menos importante la noche anterior y más importante la mañana siguiente?".

Meditación del Día.

Solamente unos cuantos pasos más, y el poder de Dios será entonces visto y conocido en mi vida. Ahora estoy caminando en la obscuridad, rodeado por las limitaciones del tiempo y del espacio. Pero incluso en esta oscuridad puedo tener fe que sea una luz que guíe mis pasos temerosos. Creo que el poder de Dios irrumpirá a través de la oscuridad, y que mis oraciones se abrirán camino hasta los oídos de Dios mismo. Mas serán solamente un grito del alma, un grito de esperanza que atravesará esta oscuridad para llegar al divino oído de Dios.

Oración del Día.

Ruego porque el divino poder de Dios ayude a mi humana debilidad. Ruego porque mi plegaria pueda llegar, a través de la oscuridad, al oído de Dios.

8 de FEBRERO.—Pensamiento del Día.

Cuando el sol de la mañana se eleva en un día brillante y hermoso, saltamos del lecho. Estamos agradecidos a Dios por sentirnos bien y felices, en lugar de enfermos y a disgusto. La generosidad y la felicidad han llegado a ser para nosotros mucho más importantes que el estímulo de la bebida que nos eleva durante un breve rato, pero que al final nos desploma. Desde luego, todos nosotros los alcohólicos nos divertimos mucho bebiendo. Podríamos admitirlo perfectamente. Podemos volver la vista atrás y contemplar muchas horas buenas antes de que llegásemos a ser alcohólicos. Pero para nosotros, los alcohólicos, llega el momento en que el beber deja de ser divertido y se transforma en problemas.—"¿He aprendido que la bebida ya no volverá a ser para mí ninguna otra cosa que problemas?".

Meditación del Día.

Tengo que confiar en Dios. Tengo que confiar en El hasta el máximo. Tengo que depender del poder Divino en todas las relaciones humanas. Esperaré, confiaré y tendré esperanza hasta que Dios me muestre el camino. Esperaré orientación sobre cualquier decisión importante. Haré frente a la prueba de la espera hasta que una cosa parezca justa antes de hacerla. Toda tarea para Dios tiene que pasar a través de la prueba del tiempo. Llegará la orientación si la esperamos.

Oración del Día.

Ruego poder pasar la prueba de la espera de la orientación de Dios. Pido no actuar por mí mismo.

9 de FEBRERO.—Pensamiento del Día.

En el pasado insistimos en beber, a pesar de todos los problemas que esto nos ocasionaba. Eramos lo bastante locos para creer que beber aún podía ser divertido, a pesar de todo lo que había sucedido. Cuando llegamos a A.A., encontramos muchas personas que, como nosotros, se habían divertido bebiendo, pero que ahora admitían que el licor sólo había llegado a significar una serie de disgustos para ellos. Cuando hallamos que esto le había sucedido a muchas otras personas además de a nosotros mismos, nos dimos cuenta de que quizá no éramos, después de todo, unos pájaros raros.—"¿He aprendido a admitir que para mí la bebida ha dejado de ser divertida y no se ha convertido sino en un grave trastorno?".

Meditación del Día.

La cuerda salvavidas, la cuerda de rescate, es la que va del alma a Dios. En un extremo de la cuerda salvavidas se encuentra nuestra fe, y en el otro el poder de Dios. Esta es una fuerte cuerda salvavidas, y ninguna alma que esté ligada a Dios mediante ella puede ser abatida. Confiaré en esta cuerda salvavidas, y jamás tendré temor. Dios me salvará de hacerlo equivocado y de las preocupaciones y disgustos de la vida. Buscaré a Dios en solicitud de ayuda, y confiaré en su apoyo cuando me halle emocionalmente trastornado.

Oración del Día.

Ruego porque ni una falta de fe o temor me hagan desleal para con Dios. Pido poder asirme fuertemente a la cuerda salvavidas de la fe.

10 de FEBRERO.—Pensamiento del Día.

Puesto que me di cuenta de que me había convertido en un enfermo alcohólico y de que jamás podría tener diversión alguna con el alcohol, y dado que supe que desde entonces el licor siempre me causaría dificultades, el sentido común me dijo que lo único que me quedaba era una vida de sobriedad. Pero en A.A. aprendí otra cosa, la cosa más importante que se puede aprender. que podía recurrir a un poder superior para ayudarme a conservarme alejado del alcohol; que podía utilizar ese divino principio del universo, y que Dios me ayudaría a vivir una vida sobria, útil, feliz. Por eso ahora ya no me preocupa el hecho de que jamás podré tener diversión con la bebida.—"¿He aprendido que soy mucho más feliz sin el alcohol?".

Meditación del Día.

Como un árbol, tengo que ser podado de muchas ramas muertas antes de estar preparado para producir buenos frutos. Pienso en las personas transformadas como en los árboles, que han sido despojados de sus ramas viejas, —podados, cortados y desnudos— pero a través de las ramas oscuras, aparentemente muertas, fluye en silencio la savia nueva hasta que el sol de la primavera acompaña a la nueva vida. Brotan las hojas, los botones, las flores y los frutos, y su renacimiento es mejor por la poda. Sé que estoy en las manos de un jardinero supremo que no comete errores en sus podas.

Oración del Día.

Ruego poder desprenderme de las ramas muertas de mi vida. Pido no lamentar la poda, ya que ello me ayudará a producir mejores frutos más adelante.

11 de FEBERO.—Pensamiento del Día.

Si queremos permanecer sobrios, habremos aprendido a tener un anhelo mayor que el de beber. Cuando llegamos por primera vez a A.A. no podíamos imaginar desear otra cosa tanto o más que la bebida. Así, tuvimos que dejar de beber sostenidos por una fe, la fe de que algún día desearíamos algo más intensamente que la bebida. Pero después de hallarnos en A.A. durante algún tiempo, aprendimos que verdaderamente puede disfrutarse una vida de sobriedad. Aprendimos lo hermoso que es llevarse bien con la familia en el hogar; lo agradable que es realizar bien nuestro trabajo en la oficina; lo maravilloso que es tratar de ayudar a otros.—"¿He hallado yo que cuando me mantengo sobrio me va bien en todo?".

Meditación del Día.

Una de las cosas más difíciles del mundo es esperar, y sin embargo, Dios quiere que yo espere. Todo movimiento es más fácil que la tranquila espera, y no obstante, tengo que esperar hasta que Dios me muestre su voluntad. Demasiadas personas han echado a perder su labor y obstaculizado su crecimiento en el campo espiritual debido al exceso de actividad. Si espero pacientemente, preparándome siempre, algún día llegaré al lugar donde debo estar, y ni el trabajo ni la actividad me podrán haber dado una mejor preparación.

Oración del Día.

Ruego porque pueda esperar pacientemente. Pido poder confiar en Dios y continuar preparándome para una vida mejor.

12 de FEBRERO.—Pensamiento del Día.

Cuando echamos la vista atrás sobre todos aquellos problemas que acostumbrábamos tener cuando bebíamos: hospitales, cárceles, nos preguntamos cómo es que pudimos haber deseado aquella clase de vida. Ahora cuando miramos atrás, vemos nuestra vida de bebedores como realmente era, y nos sentimos contentos de haber salido de ella. Así, tras de algunos meses en A.A., hallamos que podemos decir hondamente que deseamos algo con mayor fuerza que el beber. Hemos aprendido por experiencia que una vida sobria es verdaderamente grata, y por nada del mundo querríamos regresar a la antigua vida de borrachos.—"¿Deseo yo conservarme sobrio con mucha mayor fuerza que mi antiguo deseo de emborracharme?".

Meditación del Día.

Mi vida espiritual depende de una conciencia interior de Dios. Tengo que dejarme conducir en todo por mi conciencia de Dios, y tengo que confiar en El para todas las cosas. Mi conciencia de Dios siempre me traerá paz. No tendré temor, porque delante de mí, y mientras conserve mi conciencia, hay una meta grata Si en todo suceso, acontecimiento y plan individual soy consciente de Dios, pase lo que pase, me hallaré seguro en manos de El.

Oración del Día.

Ruego poder tener esta eterna conciencia de Dios. Pido una nueva y mejor vida a través de la conciencia de Dios.

13 de FEBRERO.—Pensamiento del Día.

Algunas veces no podemos evitar pensar por qué no podemos volver a beber jamás. Sabemos que se debe a que somos alcohólicos; pero ¿por qué fue así para nosotros? La respuesta es que, en algún momento de nuestra carrera de bebedores, traspasamos lo que se llama nuestro "punto de tolerancia". Cuando cruzamos este punto, pasamos de una condición en la que podíamos tolerar el alcohol a otra en la que no podíamos tolerarlo en lo absoluto. Después de ello, si tomábamos una copa, acabábamos más pronto o más tarde borrachos.—"Cuando ahora pienso en el licor, ¿pienso en él como en algo que nunca volveré a tolerar?".

Meditación del Día.

En una carrera, cuando la meta está a la vista, es cuando el corazón, los músculos, los nervios y el ánimo se fuerzan casi hasta el punto de reventar. Así nos sucede a nosotros. La meta de la vida espiritual se halla a la vista. Todo lo que necesitamos es el esfuerzo final. Las más tristes historias de los hombres son las de aquellos que corrieron bien, con ánimo esforzado y resuelto hasta llegar a la vista de la meta, y entonces alguna flaqueza o auto-condescendencia los detuvo. Nunca supieron lo cerca que estaban de la meta, y lo próximo que se hallaban de la victoria.

Oración del Día.

Ruego poder esforzarme por adelantar hasta alcanzar la meta. Pido poder no ceder en el esfuerzo final.

14 de FEBRERO.—Pensamiento del Día.

Después de aquella primera copa sólo teníamos un camino. Era como un tren del ferrocarril. La primera copa le daba la salida, y continuaba marchando por la vía única hasta que llegaba al final de la línea: la borrachera. Sabíamos que sucedería esto cuando nos apoyábamos en una barra para beber la primera copa; pero sin embargo, no podíamos mantenernos alejados del licor. Nuestra fuerza de voluntad había desaparecido. Habíamos llegado a ser impotentes y sin esperanza ante el poder del alcohol. No es la segunda ni la décima copa la que produce el daño. Es la primera copa.—"¿Volveré yo a tomar esa primera copa?".

Meditación del Día.

Diariamente tengo que dedicar un momento a Dios. Gradualmente me iré transformando mental y espiritualmente. No es tanto la oración como hallarse, simplemente, en presencia de Dios. No puedo comprender los poderes fortalecedores y curativos de ello, porque ese conocimiento se halla fuera del poder humano; pero sí puedo experimentarlos. El mundo enfermo, miserable, sanaría si diariamente cada alma esperase ante Dios la inspiración para vivir justamente. Mi mayor progreso espiritual acaece en estos momentos que paso a solas con Dios.

Oración del Día.

Ruego poder disfrutar fielmente de momentos de placidez a solas con Dios. Pido poder progresar espiritualmente cada día.

15 de FEBRERO.—Pensamiento del Día.

Si el alcoholismo fuera solamente una alergia física como el asma o la fiebre de heno, sería fácil para nosotros, haciendo una prueba en la piel con el alcohol, determinar si somos o no alcohólicos. Pero el alcoholismo no es únicamente una alergia física. Es también una alergia mental u obsesión. Después de habernos convertido en alcohólicos, todavía podemos tolerar físicamente el alcohol durante algún tiempo, aunque después de cada borrachera el alcohol nos provoca mayor sufrimiento, y nos es más difícil vencer nuestras crudas.—"¿Me doy cuenta que desde que me he convertido en un alcohólico no puedo tolerar el alcohol en lo absoluto mentalmente?".

Meditación del Día.

El mundo no necesita super hombres, sino hombres por encima de lo natural. Hombres que resueltamente desplacen el "yo" de sus vidas y dejen que el Poder Divino opere a través de ellas. Hay que dejar que la inspiración ocupe el lugar de la aspiración. Hay que buscar el progreso espiritual, más que la adquisición de fama y riquezas. Nuestra principal ambición debe consistir en la de ser utilizados por Dios. La fuerza Divina basta para todo el trabajo espiritual en el mundo. Dios solamente necesita los instrumentos para ser empleados por El. Sus instrumentos pueden rehacer el mundo.

Oración del Día.

Ruego poder ser un instrumento del poder Divino. Pido que pueda desempeñar mi parte para rehacer el mundo.

16 de FEBRERO.—Pensamiento del Día.

Una copa originaba un proceso del pensamiento que se convertía en una obsesión, y a partir de ese momento no podíamos dejar de beber. Se nos desarrollaba una compulsión mental para seguir bebiendo hasta quedar plenamente intoxicados. Generalmente, la gente comete dos errores acerca del alcoholismo. Uno, es que puede curarse mediante el tratamiento físico únicamente. El otro, que puede ser curado con la sola fuerza de voluntad. La mayoría de los alcohólicos ha ensayado estos dos medios, y han hallado que no dan resultado. Pero nosotros, los miembros de A.A. hemos encontrado una forma para detener nuestro alcoholismo.—"¿He vencido yo mi obsesión siguiendo el programa de A.A.?".

Meditación del Día.

Trataré de permanecer sereno pase lo que pase. Controlaré mis emociones, a pesar de que los demás den rienda suelta a las suyas acerca de mí. Me mantendré tranquilo frente a la perturbación. Conservaré una profunda calma interior a través de todas las experiencias diarias. En la presión del trabajo y de la preocupación, es necesario el silencio interior profundo para mantenerse a perfecto nivel. Debo aprender a adoptar la tranquilidad en los días más turbulentos.

Oración del Día.

Ruego poder estar sosegado y en comunión con Dios. Pido que pueda adquirir tolerancia, humildad y paz.

17 de FEBRERO.—Pensamiento del Día.

El alcohol es veneno para el alcohólico. Veneno no es una palabra demasiado fuerte, porque el alcoholismo conduce con el tiempo a la muerte del alcohólico. Puede ser una muerte rápida o una muerte lenta. Cuando pasamos por las tiendas y vemos varias especies de licor revestido con envolturas llamativas para hacerlo aparecer atractivo, debemos tener siempre el propósito de decirnos: "Todo eso es veneno para mí".—Y lo es. El alcohol envenenó nuestras vidas durante largo tiempo.—"¿Sé que puesto que soy un alcohólico todo licor es veneno para mí".

Meditación del Día.

Debo de algún modo encontrar el medio de acercarme a Dios. Esto es lo que realmente tiene importancia. Tengo que buscar de alguna manera el verdadero pan de la vida, que es la comunión con El. Tengo que asirme a la verdad en el centro de toda adoración. Esta verdad central es todo lo que importa. Todas las formas de veneración tienen esta comunión con Dios como su motivo y meta.

Oración del Día.

Ruego poder reunirme con Dios en tranquila comunión. Pido poder participar del alimento espiritual que Dios ha dispuesto para mí.

18 de FEBRERO.—Pensamiento del Día.

Después de haberme convertido en un alcohólico, el alcohol envenena mi amor por mi familia, mis aspiraciones en el trabajo, y el respeto a mí mismo. Envenenó mi vida entera hasta que conocí a A.A. Mi vida es ahora más feliz de lo que hubo sido durante largo tiempo. No deseo suicidarme. De modo que, con la ayuda de Dios y de A.A., ya no introduciré nada más de aquel veneno alcohólico en mi organismo.—Voy a seguir educando a mi mente para que sólo piense en el licor como en un veneno.—"¿Creo que el licor envenenará mi vida si alguna vez vuelvo a tomarlo?".

Meditación del Día.

Uniré mi frágil naturaleza con el ilimitado poder Divino. Uniré mi vida con la fuerza Divina para el bien en este mundo. No es tanto la apasionada súplica la que logra la atención divina como la serena entrega de dificultades y preocupaciones en las Divinas manos. Por eso, confiaré en Dios como un niño que pone su enredada madeja de lana en manos de su madre amante para que la desenrede. Somos más gratos a Dios por nuestra plena confianza que por implorar su ayuda.

Oración del Día.

Ruego porque pueda poner todas mis dificultades en manos de Dios, y ahí dejarlas. Pido poder confiar totalmente en que Dios se hará cargo de ellas.

19 de FEBRERO.—Pensamiento del Día.

Muchas de las cosas que hacemos en A.A. son una preparación para ese momento crucial en que vamos caminando por la calle en un hermoso día de brillante sol, y vemos un agradable y fresco lugar donde tomar una copa, asaltando nuestro pensamiento la idea de beber. Si hemos entrenado nuestras mentes de modo que estemos preparados para este momento crucial, no beberemos esa primera copa. En otras palabras, si nos hemos compenetrado del programa de A.A., nos salvaremos, pero si nuestra admisión no ha sido plena y sincera, no escaparemos cuando llegue la tentación.—"¿Tendré presente en mi pensamiento el hecho de que el licor es mi enemigo?".

Meditación del Día.

¿Cuántas de las plegarias del mundo han quedado sin respuesta porque los hombres que oraron no resistieron hasta el fin? Creían que era demasiado tarde, y que tenían que actuar por sí mismos, que Dios no iba a guiarlos. "Aquel que resista hasta el final, se salvará". ¿Puedo yo resistir hasta el fin mismo? Si lo hago, me salvaré. Trataré de resistir con valor. Si resisto, Dios revelará aquellos tesoros secretos espirituales que estén ocultos para los que no resisten hasta el fin.

Oración del Día.

Ruego porque pueda seguir la dirección de Dios para que sea mío el éxito espiritual. Ruego porque no llegue a dudar del poder de Dios, y así tomar las cosas en mis propias manos.

20 de FEBRERO.—Pensamiento del Día.

El licor solía ser mi amigo. Yo acostumbraba beber para divertirme en grande. Prácticamente toda la diversión que yo tenía estaba ligada a la bebida. Pero llegó el momento en que el licor se transformó en mi enemigo. Ignoro exactamente cuándo el licor se volvió contra mí y se convirtió en mi enemigo; pero sé que sucedió, porque empecé a tener dificultades. Y puesto que ahora me doy cuenta de que el licor es mi enemigo, mi fundamental ocupación es mantenerme sobrio. Me gano la vida con el trabajo, pero no es mi fundamental ocupación. Eso es secundario a mi trabajo de mantenerme sobrio.—"¿Me doy cuenta de que mi fundamental ocupación es mantenerme sobrio?"

Meditación del Día.

Puedo depender de Dios para que me proporcione toda la fuerza que necesito para hacer frente a cualquier situación, siempre que yo crea sinceramente en ese poder y lo solicite honradamente, al mismo tiempo haciendo que mi vida se conforme a lo que creo que Dios quiere que sea. Puedo llegar a Dios como un gerente de negocios llegaría ante el propietario del negocio, sabiendo que el exponer ante él el asunto significa la cooperación inmediata, siempre que el mismo amerite tal atención.

Oración del Día.

Ruego porque pueda creer que Dios está preparado y dispuesto a proporcionarme todo lo que necesite. Pido poder solicitar únicamente fe y fortaleza para hacer frente a cualquier situación.

21 de FEBRERO.—Pensamiento del Día.

Acudo a las reuniones de A.A. porque ello me ayuda en el asunto de mantenerme sobrio. Trato de ayudar a otros alcohólicos cuando puedo, porque constituye parte de mi ocupación de mantenerme sobrio. También tengo un socio en este trabajo, y él es Dios. Le pido diariamente que me ayude a conservarme sobrio. Mientras más tenga en el pensamiento que el licor jamás puede volver a ser mi amigo, sino que ahora es mi mortal enemigo, mientras yo recuerde que mi ocupación principal es la de mantenerme sobrio, y que esto es la cosa más importante para mi vida, creo que estaré preparado para ese momento crucial en que me asalte la idea de tomar una copa.—"Cuando esa idea me asalte, ¿seré capaz de resistirla y de no beber esa copa?".

Meditación del Día.

Tendré más temor de la inquietud espiritual, del desasosiego del alma, de toda conmoción de la mente, que del terremoto o del fuego. Cuando sienta que ha sido interrumpida mi tranquilidad espiritual por un trastorno emocional, y entonces, tendré que escabullirme a solas con Dios, hasta que mi alma cante y todo esté firme y tranquilo de nuevo. Los momentos de intranquilidad son los únicos instantes en los que el alma puede dar entrada a la maldad. Estaré al cuidado de puntos indefensos de intranquilidad. Trataré de conservar la calma, independientemente de los disturbios que me rodeen.

Oración del Día.

Ruego porque ningún trastorno emocional obstaculice el poder de Dios en mi vida. Pido poder mantener un espíritu sosegado y un corazón firme.

22 de FEBRERO.—Pensamiento del Día.

Ahora podemos hacer un inventario de todo lo bueno que hemos recibido a través de A.A. Para empezar, hoy estamos sobrios. Esta es la principal ganancia en los libros de todo alcohólico. La sobriedad es para nosotros como la buena fe en los negocios. Todo lo demás depende de ella. La mayoría de nosotros tenemos trabajos que debemos a nuestra sobriedad. Sabemos que no podríamos conservar esos trabajos si bebiésemos, y por tanto, nuestros trabajos dependen de nuestra sobriedad. La mayoría de nosotros tenemos familias, esposas e hijos que habríamos perdido si no hubiésemos dejado de beber. Tenemos amigos en A.A., amigos verdaderos que siempre están dispuestos a ayudarnos. "¿Me doy cuenta de que mi trabajo, mi familia y mis amigos verdaderos dependen de mi sobriedad?".

Meditación del Día.

Tengo que confiar en Dios hasta el máximo de mi capacidad. Es necesario aprender esta lección. Mis dudas y temores me hacen retroceder hacia la confusión. Las dudas me extravían, porque no estoy confiando en Dios. Tengo que confiar en el amor de Dios. El jamás me faltará; pero tengo que aprender a no defraudarlo con mis dudas y temores. Tenemos mucho que aprender para desechar los temores mediante la fe. Todas nuestros dudas detienen el trabajo de Dios para nosotros. No debo dudar. Debo creer en Dios y trabajar continuamente en el fortalecimiento de mi fe.

Oración del Día.

Ruego poder vivir en la forma que Dios quiere que viva. Pido poder lograr entrar en la corriente de bondad del mundo.

23 de FEBRERO.—Pensamiento del Día.

Además de nuestros trabajos, nuestras familias, nuestros amigos y nuestra sobriedad, tenemos algo más que muchos de nosotros encontramos a través de A.A. Este algo es la fe en un poder superior a nosotros mismos, al que podemos acudir en busca de ayuda. La fe en ese divino principio del universo al que llamamos Dios, y que permanece a nuestro lado mientras hacemos lo que es debido. Hubo muchos días en el pasado en los que, si hubiésemos hecho un inventario, habríamos encontrado muchos números rojos, sin sobriedad, y por lo tanto, sin trabajo, familia, amigos o fe en Dios. Ahora tenemos estas cosas, porque estamos sobrios. "¿Tomo la resolución cada día de mi vida de permanecer sobrio?".

Meditación del Día.

Amad la vida activa. Es una vida plena de alegría. Llénate de alegría en la primavera. Vive al aire libre siempre que puedas. El sol y el aire son grandes fuerzas curativas de la naturaleza. Esa satisfacción interior cambia la sangre envenenada en fluido puro, sano, generador de vida. Pero no olvides jamás que la curación verdadera del espíritu viene de dentro, del íntimo y amante contacto de tu espíritu con el espíritu de Dios. Mantente en íntima comunión con el espíritu de Dios día por día.

Oración del Día.

Ruego porque pueda aprender a vivir una vida plena. Pido poder disfrutar de un íntimo contacto con Dios en este día, y estar contento con él.

24 de FEBRERO.—Pensamiento del Día.

Cuando llegamos a nuestra primera reunión de A.A. miramos a lo alto de la pared de los extremos de la habitación y vimos la inscripción: "Pero por la Gracia de Dios". Supimos entonces que teníamos que solicitar la Gracia de Dios para adquirir la sobriedad, y vencer nuestra enfermedad del espíritu. Escuchamos a los compañeros explicar cómo habían llegado a depender de un Poder Superior a ellos. Nos pareció sensato, y resolvimos intentarlo. "¿Estoy dependiendo de la Gracia de Dios para ayudarme a permanecer sobrio?".

Meditación del Día.

Comparta con todos gustosamente su amor, su alegría, su felicidad, su tiempo, su comida, su dinero. Reparta todo el afecto de que sea capaz con el corazón abierto y contento. Haga todo lo que pueda por los demás, y en respuesta le vendrán incontables bendiciones. El compartir atrae a los demás hacia usted. Acepte todo lo que venga como enviado por Dios, y recíbalo con una regia bienvenida. Puede usted no ver jamás los resultados de haber compartido. Hoy pueden ellos no necesitar de usted, pero el mañana puede traer los resultados de que usted haya compartido hoy.

Oración del Día.

Ruego poder hacer que todo visitante desee regresar. Pido que jamás haga que alguien se sienta rechazado o indeseado.

25 de FEBRERO.—Pensamiento del Día.

Algunas personas encuentran difícil creer en un poder superior a ellos. Mas no creer en ese poder nos empuja al ateísmo. Se ha dicho que el ateísmo es la fe insensata en el extraño argumento de que este universo se originó de la nada y marcha a la ventura hacia ninguna parte. Esto es prácticamente imposible de creer. Creo que todos nosotros podemos convenir en que el alcohol es un poder superior a nosotros. Así era indudablemente en mi caso. Yo era impotente ante el poder del alcohol.—"¿Recuerdo las cosas que me sucedieron a causa del poder del alcohol".

Meditación del Día.

Lo espiritual y lo moral con el tiempo triunfarán sobre lo material y lo amoral. Este es el fin y el destino de la raza humana. Gradualmente, lo espiritual está superando a lo material en la mente de los hombres. La fe, el compañerismo y la ayuda son el remedio para la mayoría de los males del mundo. No hay nada en el campo de las relaciones personales que no puedan realizar.

Oración del Día.

Ruego poder hacer mi parte para formar un mundo mejor. Pido poder ser una parte del remedio para los males del mundo.

26 de FEBRERO.—Pensamiento del Día.

Cuando llegamos a A.A. llegamos a creer en un Poder Superior a nosotros. Venimos para creer en aquel Principio Divino del universo que llamamos Dios, y al que podemos acudir en busca de ayuda. Cada mañana tenemos un momento de tranquilidad. Pedimos a Dios fuerza para permanecer sobrios las siguientes veinticuatro horas. Y todas las noches le damos gracias por ayudarnos a haber permanecido sobrios ese día.—"¿Creo que todo hombre o mujer que veo en A.A. es una demostración del poder de Dios para transformar a un ser humano de borracho a persona sobria?".

Meditación del Día.

Debo pedir más fe, como un hombre sediento pide agua en un desierto. ¿Sé lo que significa sentirse seguro de que Dios jamás me abandonará? Debo rogar todos los días y más cuidadosamente para que pueda crecer mi fe. Nada falta en mi vida, porque realmente todo lo que necesito es mío. Unicamente carezco de la fe necesaria para saberlo. Soy el hijo de un rey vestido de andrajos, y sin embargo, en torno mío hay cantidades de todo lo que pudiera desear.

Oración del Día.

Ruego porque me dé cuenta de que Dios tiene todo lo que necesito. Pido poder saber que su poder es siempre alcanzable.

27 de FEBRERO.—Pensamiento del Día.

Cuando llegamos a A.A., la primera cosa que hicimos fue admitir que nada podíamos hacer respecto a nuestra manera de beber. Admitimos que el alcohol nos había aporreado, y que éramos impotentes contra él. Jamás podíamos decidir si beberíamos o no una copa. Siempre la bebíamos. Y puesto que nada podíamos hacer nosotros acerca de ello, pusimos en manos de Dios todo nuestro problema de la bebida. Se lo pasamos entero a ese Poder Superior a nosotros mismos. Y nada más nos queda por hacer, sino confiar en que Dios se haga cargo del problema en nuestro bien.—"¿He hecho yo esto honrada y totalmente?".

Meditación del Día.

Ha llegado el momento para que mi espíritu roce el espíritu de Dios. Sé que el sentimiento del roce espiritual es más importante que todas las sensaciones de las cosas materiales. Tengo que esforzarme por buscar un silencioso contacto espiritual con Dios. Tan sólo el contacto de un instante, y se abandona toda la fiebre de la vida. Entonces me siento bien, libre de todo daño, sosegado y capaz de levantarme y socorrer a los demás. El roce de Dios es un potente remedio. Tengo que sentir ese roce y percibir la presencia de Dios.

Oración del Día.

Ruego porque la fiebre del resentimiento, de la preocupación y del temor pueda fundirse en la nada. Pido porque la salud, la satisfacción, la paz y la serenidad puedan ocupar su lugar.

28 de FEBRERO.—Pensamiento del Día.

Debemos estar libres del alcohol para siempre. Ello escapa de nuestras manos, y se halla en manos de Dios. Por tanto, no necesitamos preocuparnos ni pensar más acerca de ello. Pero si no hemos hecho esto sincera y totalmente, las probabilidades son de que tornará a ser nuestro problema de nuevo. Puesto que no confiamos en Dios para que se haga cargo de nuestros problemas, renunciamos y hacemos volver a nosotros el problema. Entonces de nuevo es nuestro problema y nos hallamos en la misma antigua confusión en que antes nos encontrábamos. De nuevo somos impotentes, y bebemos.—"¿Confío yo en Dios para que se haga cargo, por mí, del problema?".

Meditación del Día.

Sin preparación, ninguna obra tiene valor. Toda labor espiritual ha de tener tras de ella mucha preparación espiritual. Breves momentos aislados de oración e instantes de preparación, y muchas horas de trabajo pueden carecer de provecho. Desde el punto de vista de Dios, una herramienta defectuosa trabajando todo el tiempo, pero realizando una mala labor a causa de falta de preparación es de poco valor comparada con el instrumento afilado y perfeccionado que trabaja solamente breve tiempo, pero que produce una labor perfecta debido a las largas horas de preparación espiritual.

Oración del Día.

Ruego poder emplear más tiempo a solas con Dios. Pido poder adquirir más fortaleza y satisfacción de esos momentos para que le den mayor valor a mi trabajo.

1o. de MARZO.—Pensamiento del Día.

Cuando me encuentro pensando en beber una copa, me digo: "No atraigas nuevamente ese problema. Se lo has entregado a Dios, y nada puedes hacer acerca de ello. Así, me olvido de la copa. Una de las partes más importantes del programa de A.A. es entregar nuestro problema a Dios sincera y totalmente, y jamás volver a hacernos cargo del problema. Si dejamos que Dios se haga cargo de él y lo tenga en sus manos para siempre y luego cooperamos con El, permaneceremos sobrios.—"¿He determinado no volver a hacerme cargo del problema de la bebida?".

Meditación del Día.

Es necesario el esfuerzo constante si he de progresar espiritualmente y desarrollar mi vida espiritual. Debo observar con constancia las normas espirituales, con perseverancia, amorosamente, con tolerancia y esperanza. Observándolas, toda una montaña de dificultades será derribada, las asperezas de pobreza de espíritu se harán suaves, y todos los que me conocen sabrán que Dios es el Señor de todos mis caminos. Estar unido al espíritu de Dios es hallar la vida, la salud y la fortaleza.

Oración del Día.

Ruego porque el espíritu de Dios pueda ser todo para mi alma. Pido que el espíritu de Dios pueda crecer dentro de mí.

2 de MARZO.—Pensamiento del Día.

Duante el período de nuestros años de bebedores nos hemos demostrado a nosotros mismos y a todos los demás que no podemos dejar de beber mediante nuestra propia fuerza de voluntad. Hemos demostrado ser impotentes ante la fuerza del alcohol. Así, la única forma en que podíamos dejar de beber era acudiendo a un Poder Superior a nosotros. A ese poder lo llamamos Dios. En el momento en que una persona realmente acepta este programa es cuando cae de rodillas y se entrega a Dios, tal como lo conciba. Entregarse significa poner nuestra vida en manos de Dios.—"¿He hecho yo la promesa a Dios de que trataré de vivir en la forma en que El desea que viva?".

Meditación del Día.

La fuerza espiritual viene de la comunicación con Dios en la oración y en los momentos de callada meditación. Tengo que esforzarme continuamente en buscar la comunicación espiritual con Dios. Esta es una cuestión directamente entre Dios y yo. Aquellos que tratan de hallarlo por medio de la iglesia no siempre obtienen la satisfacción y el milagro de la comunicación espiritual con Dios. De esta comunicación nos viene la vida, la alegría, la paz y la curación. Muchas personas no se dan cuenta de la fuerza que puede llegarles de la comunicación espiritual directa.

Oración del Día.

Ruego poder sentir que el poder de Dios es mío. Pido poder ser capaz de hacer frente a todo mediante esa fuerza.

3 de MARZO.—Pensamiento del Día.

Después de habernos rendido, el problema de la bebida queda fuera de nuestras manos y se halla en manos de Dios. Lo que tenemos que hacer es estar seguros de que nunca nos volveremos atrás a tomar de nuevo el problema en nuestras manos. Hay que dejarlo en manos de Dios. Cuando me siento tentado a tomar una copa debo decirme a mí mismo: "No puedo hacerlo. Tengo un convenio con Dios de no beber. Sé que Dios no quiere que beba, y no lo haré". Al mismo tiempo, digo una pequeña oración a Dios solicitando la fortaleza necesaria para mantener mi convenio con El.—"¿Voy yo a cumplir con mi convenio con Dios?".

Meditación del Día.

Trataré de progresar en esta nueva vida. Pensaré con mayor frecuencia en las cosas espirituales, y progresaré inconscientemente. Cuanto más cerca me halle de la nueva vida, más pensaré en mi ineptitud. Mi sensación de fracaso es un signo seguro de que voy progresando en la nueva vida. Sólo es la lucha lo que lastima. En la pereza, física, mental o espiritual, no existe sensación de fracaso ni de incomodidad. Pero con la lucha y el esfuerzo soy consciente, no de fortaleza, sino de debilidad, hasta que realmente esté viviendo la nueva vida. Pero en la lucha siempre puedo confiar en el poder de Dios para ayudarme.

Oración del Día.

Ruego porque pueda ver señales de progreso en la nueva vida. Pido poder siempre tratar de progresar.

4 de MARZO.—Pensamiento del Día.

El haber entregado nuestras vidas a Dios, y puesto en sus manos nuestro problema de la bebida no significa que nunca nos veremos tentados a beber. Por eso tenemos que acumular fortaleza para el momento en que llegue la tentación. Durante estos momentos de tranquilidad leemos y oramos, y hacemos que nuestras mentes se encuentren en la debida disposición de ánimo para el día. Empezar bien el día es una gran ayuda para mantenerse sobrio. A medida que pasan los días y nos vamos acostumbrando a la vida sobria, se nos hace más y más fácil. Empezamos a sentir una gran gratitud hacia Dios por salvarnos de aquella antigua vida. Empezamos a disfrutar de paz y serenidad, y de tranquila felicidad verdadera.—"¿Estoy tratando de vivir en la forma que Dios quiere que viva?".

Meditación del Día.

La eliminación del egoísmo es la clave de la felicidad, y únicamente puede lograrse con la ayuda de Dios. Empezamos con una chispa del Espíritu Divino, pero con gran cantidad de egoísmo. A medida que progresamos y entramos en contacto con otras personas, podemos seguir uno de los dos caminos. Podemos hacernos más y más egoístas, y apagar prácticamente la Divina Chispa dentro de nosotros, o podemos ser más desinteresados y desarrollar nuestra espiritualidad hasta que llegue a ser lo más importante en nuestras vidas.

Oración del Día.

Ruego poder ser más desinteresado, honrado, puro y amante. Pido porque pueda tomar el camino correcto cada día.

5 de MARZO.—Pensamiento del Día.

A veces tratamos de seguir este programa con demasiada intensidad. Es mejor estar en calma y aceptarlo. Sin esfuerzo por nuestra parte nos será dado, si no tratamos demasiado de captarlo. La sobriedad puede ser un regalo gratis de Dios, que Él nos concede mediante su gracia cuando Él sabe que estamos preparados para recibirlo. Pero tenemos que estar preparados. Por eso tenemos que estar en calma y tomarlo poco a poco, y aceptar el don con gratitud y humildad. Tenemos que ponernos en manos de Dios. Tenemos que decir a Dios: "Aquí estoy y aquí están todas mis aflicciones. He hecho un desorden de todas las cosas, y nada puedo ya hacer. Tómame a mí y a todas mis aflicciones, y haz de mí lo que quieras". "¿Creo que la gracia de Dios puede hacer por mí lo que jamás pude yo hacer por mí mismo?".

Meditación del Día.

El temor es la maldición del mundo. Muchos son los temores de los hombres. El temor se encuentra en todas partes. Tengo que luchar contra el temor, como lo haría contra una plaga. Tengo que eliminarlo de mi vida. No existe lugar para el temor en el alma en que Dios reside. No puede existir temor donde hay verdadero amor o donde mora la fe. Por eso, no tengo que temer. El temor es malo, pero "el amor perfecto ahuyenta todo temor". El temor destruye la esperanza, y la esperanza es necesaria para toda la humanidad.

Oración del Día.

Ruego poder no tener temor. Pido poder expulsar todo temor de mi vida.

6 de MARZO.—Pensamiento del Día.

En A.A. tenemos que rendirnos, que renunciar, que admitir que somos impotentes. Entregamos nuestras vidas a Dios, y solicitamos ayuda de El. Cuando El sabe que estamos preparados, nos concede, mediante su gracia, el generoso don de la sobriedad. Y no podemos acreditarnos el hecho de haber dejado de beber, porque no lo hicimos por nuestra propia fuerza de voluntad. No hay lugar al orgullo ni a la vanagloria. Solamente podemos agradecer a Dios el haber hecho por nosotros lo que no pudimos jamás hacer nosotros solos.—"¿Creo que Dios me ha hecho el don generoso de la fortaleza para permanecer sobrio?".

Meditación del Día.

Tengo que trabajar para Dios, con Dios y a través de la ayuda de Dios. Haciendo todo lo que puedo para poner por obra una verdadera hermandad del hombre, es como trabajo para Dios. También estoy trabajando con Dios, porque ésta es la forma en que Dios opera, y El está conmigo cuando estoy realizando ese trabajo. Sin embargo, no puedo llevar a cabo un buen trabajo sin la ayuda de Dios. En último análisis, es a través, de la gracia de Dios como se opera un cambio real de la personalidad humana. Tengo que confiar en el poder de Dios, y todo lo que desempeño es a través de su ayuda.

Oración del Día.

Ruego porque pueda trabajar para Dios y con Dios. Pido poder ser un medio para cambiar las personalidades humanas por medio de la ayuda de Dios.

7 de MARZO.—Pensamiento del Día.

Existen dos cosas importantes que tenemos que hacer si queremos adquirir la sobriedad y permanecer sobrios. Primero, habiendo admitido que somos impotentes ante el alcohol, tenemos que entregar a Dios nuestro problema alcohólico y confiar en El para que se haga cargo de él por nosotros. Esto significa que cada mañana le pediremos la fuerza para permanecer sobrios ese día y cada noche le daremos gracias. Ello quiere decir dejar verdaderamente el problema en manos de Dios, y no volverse atrás y hacernos nuevamente cargo de él. Segundo, habiendo entregado nuestro problema a Dios, tenemos que cooperar con El haciendo algo nosotros acerca de ello.—"¿Estoy haciendo estas dos cosas?".

Meditación del Día.

Tengo que prepararme haciendo lo que pueda cada día para desarrollarme espiritualmente y para ayudar a otros a hacerlo. Dios me prueba, me enseña y me dirige hacia su voluntad. Si no estoy debidamente preparado, no puedo hacer frente a la prueba cuando llegue. Tengo que querer para mí la voluntad de Dios por encima de todo lo demás. No tengo que esperar aquello para lo que no estoy preparado. Esta preparación consiste en la callada comunión con Dios cada día, y obtener gradualmente la fortaleza que necesito.

Oración del Día.

Ruego poder tratar realmente de cumplir con la voluntad de Dios en todas mis cosas. Pido poder hacer todo lo que pueda para ayudar a otros a encontrar para ellos la voluntad de Dios.

8 de MARZO.—Pensamiento del Día.

Tenemos que asistir regularmente a las reuniones de A.A. Tenemos que aprender a pensar en forma diferente. Tenemos que cambiar del pensamiento alcohólico al pensamiento sobrio. Tenemos que reeducar nuestras mentes. Tenemos que tratar de ayudar a otros alcohólicos. Tenemos que cooperar con Dios, empleando en el programa de A.A. por lo menos tanto tiempo y energía como el que utilizábamos en beber. Tenemos que seguir el programa de A.A. hasta donde nos permita nuestra capacidad.—"¿He entregado yo mi problema alcohólico a Dios y estoy cooperando con El?".

Meditación del Día.

El placer del verdadero compañerismo será totalmente mío. Disfrutaré de la satisfacción de la verdadera camaradería. Volverá una verdadera alegría si ahora comparto el compañerismo. El compañerismo entre personas que piensan en términos espirituales es la personificación del propósito de Dios para este mundo. Darme cuenta de esto me traerá una nueva alegría de vivir. Si participo de la alegría y de la angustia de la humanidad, tendré una gran bendición. Aquí y ahora puedo vivir, en la tierra, una vida celestial.

Oración del Día.

Ruego poder ser ayudado y curado mediante la verdadera camaradería espiritual. Pido poder percibir SU presencia en el compañerismo espiritual con SUS hijos.

9 de MARZO.—Pensamiento del Día.

Si tuviéramos fe absoluta en el poder de Dios para guardarnos de beber, y si entregáramos a Dios enteramente y sin reservas nuestro problema alcohólico, ya nada más tendríamos que hacer acerca de ello. Quedaríamos libres de tomar de una vez por todas. Pero dado que nuestra fe se inclina a ser débil, tenemos que fortalecer y elevar esta fe. Lo hacemos en varias formas. Una es mediante la asistencia a las reuniones, donde escuchamos de los demás la forma como han encontrado toda la fortaleza que necesitaban para superar la obsesión de la bebida.—"¿Está siendo fortalecida mi fe mediante este testimonio personal de otros alcohólicos?".

Meditación del Día.

Es la calidad de mi vida lo que determina su valor. Con objeto de juzgar el valor de la vida de un hombre, es necesario establecer una norma. La vida más valiosa es la que se vive con honradez, pureza altruismo y amor. Todas las vidas de los hombres tienen que ser juzgadas con esta norma para poder determinar su valor para el mundo. Conforme a esta norma, la mayoría de los llamados héroes de la historia no fueron grandes hombres, porque ¿que beneficia a un hombre ganar el mundo entero si pierde su propia alma?

Oración del Día.

Ruego porque pueda ser honrado, puro, desinteresado y amante. Pido poder hacer buena la calidad de mi vida mediante estas normas.

10 de MARZO.—Pensamiento del Día.

También fortalecemos nuestra fe trabajando con otros alcohólicos y reconociendo que nada podemos hacer nosotros para ayudarlos, excepto contarles nuestra propia historia de cómo encontramos la salida. Si la otra persona es ayudada es por la gracia de Dios, y no por lo que nosotros hacemos o decimos. Nuestra propia fe se fortalece cuando vemos a otro alcohólico encontrar la sobriedad acudiendo a Dios. Finalmente, fortalecemos nuestra fe teniendo momentos tranquilos cada mañana.—"¿Pido yo a Dios en éstos momentos tranquilos la fuerza para permanecer sobrio este día?".

Meditación del Día.

Mis cinco sentidos son mis medios de comunicación con el mundo material Son los nexos entre mi vida física y las manifestaciones materiales que me rodean. Pero tengo que cortar todos los lazos con el mundo material cuando deseo establecer comunicación con el Gran Espíritu del Universo. Tengo que apaciguar mi mente y hacer que todos mis sentidos se acallen, antes de poder llegar a entrar en armonía para recibir la música de las esferas celestiales.

Oración del Día.

Ruego poder armonizar mi espíritu con el Espíritu del Universo. Pido que, a través de la fe y la comunión con El, pueda yo recibir la fuerza que necesito.

11 de MARZO.—Pensamiento del Día.

Teniendo unos momentos de serenidad cada mañana a depender de la ayuda de Dios durante el día, especialmente si nos sentimos tentados a beber una copa. Y cada noche podemos honradamente dar gracias a El por la fuerza que nos ha concedido. Así, nuestra fe se fortalece con estos momentos tranquilos de oración. Escuchando a otros miembros, trabajando con otros alcohólicos, con los momentos de callada meditación, nuestra fe en Dios llega a ser gradualmente fuerte.—"¿He entregado yo a Dios enteramente y sin reservas mi problema de beber?".

Meditación del Día.

Parece que cuando Dios desea expresar a los hombres cómo es El, presenta una hermosa descripción. Hay que pensar en una personalidad, como la expresión de Dios, que tenga los atributos de carácter tan conformes como humanamente se pueda, a los atributos infinitos de Dios. Cuando la belleza del carácter de un hombre queda impresa en nosotros, deja una imagen que, a su vez se refleja a través de nuestras propias acciones. Por eso hay que buscar la belleza de carácter en aquellos que nos rodean.

Oración del Día.

Ruego poder contemplar almas grandes, hasta que su belleza de carácter llegue a formar parte de mi alma. Pido poder reflejar este carácter en mi propia vida.

12 de MARZO.—Pensamiento del Día.

El Hijo Pródigo ". . . emprendió su viaje a un lejano país y malgastó su hacienda con su vida disoluta". Esto es lo que hacemos los alcohólicos; malgastamos nuestra hacienda con nuestra vida disoluta. "Cuando volvió en sí, dijo: "Me levantaré e iré a mi padre". Esto es lo que un alcohólico hace en A.A.; vuelve en sí. Su ser alcohólico no es su ser real. Su ser cuerdo, sobrio, respetable, sí lo es. Por eso es que somos tan felices en A.A.—"¿He vuelto yo en mí?".

Meditación del Día.

La sencillez es la clave para una buena vida. Escoja siempre las cosas sencillas. La vida puede llegar a ser complicada si usted así lo permite. Puede usted ser devorado por las dificultades si las deja apoderarse de un exceso de su tiempo. Toda dificultad puede ser resuelta, o ignorada y sustituida por algo mejor. Ame las cosas humildes de la vida. Venere las cosas sencillas. Su norma no debe ser nunca la del mundo de riqueza y de poder.

Oración del Día.

Ruego porque pueda amar las cosas sencillas de la vida. Pido poder conservar mi vida libre y sin complicaciones.

13 de MARZO.—Pensamiento del Día.

Nos hemos desembarazado de nuestros seres falsos, bebedores, y hemos hallado a nuestros seres reales, sobrios. Y acudimos a Dios, nuestro Padre, en busca de ayuda, como se levantó el Hijo Pródigo y fue a su padre. Al final de la narración, el padre del Hijo Pródigo dice: "Estaba muerto, y de nuevo está vivo. Estaba perdido, y ha sido hallado". Los alcohólicos que hemos encontrado A.A., y allí la sobriedad, estábamos muertos indudablemente, y de nuevo estamos vivos.—"¿Estoy yo vivo de nuevo?".

Meditación del Día.

Aliente suavemente en el espíritu de Dios; ese espíritu que, si el egoísmo no le cierra la puerta, le capacitará para hacer buenas acciones. Esto más bien quiere decir que Dios será capaz de hacer buenas obras a través de usted. Puede convertirse en un conducto por el cual fluirá el espíritu de Dios a través de usted, y de allí hacia las vidas de los demás. Las obras que usted puede realizar únicamente estarán limitadas por la medida de su desarrollo espiritual. Permita a su espíritu estar en armonía con el espíritu de Dios, y no habrá límite para lo que usted pueda hacer en el reino de las relaciones humanas.

Oración del Día.

Ruego poder llegar a ser un conducto para el espíritu de Dios. Pido que el espíritu de Dios pueda fluir a través de mí y hasta las vidas de los demás.

14 de MARZO.—Pensamiento del Día.

¿Puedo considerarme una persona recuperada? Si quiere decir: ¿Puedo volver a beber normalmente? la respuesta es NO. Pero si quiere decir, ¿puedo mantenerme sobrio?, la respuesta es ciertamente SI. Puedo marchar bien entregando mi problema de la bebida a un Poder superior a mí, a ese Divino Principio del universo que llamamos Dios. Y pidiendo a ese poder cada mañana que me conceda la fuerza para permanecer sobrio las siguientes 24 horas, sé, por la experiencia de millares de personas, que si quiero honradamente estar bien, puedo ponerme bien.—"¿Estoy tratando de seguir fielmente el programa de A.A.?".

Meditación del Día.

Hay que perseverar en todo lo que la dirección de Dios le mueva a hacer. La realización persistente de lo que parece justo y bueno le llevará a donde desee estar. Si usted mira retrospectivamente la dirección de Dios, verá que ésta ha sido muy gradual, y que solamente a medida en que usted ha cumplido con los deseos de El, medida en que usted puede comprenderlos, ha sido Dios capaz de prestarle una dirección más clara y definida. El hombre es guiado por el toque de Dios a través de una mente receptiva y fortalecida.

Oración del Día.

Ruego poder perseverar en hacer lo que parece justo. Pido poder llevar a cabo todo lo que la dirección de Dios me indique, a medida en que yo pueda comprenderla.

15 de MARZO.—Pensamiento del Día.

Nosotros los alcohólicos estábamos en un torbellino dando vueltas y vueltas, y sin poder detenernos. Ese torbellino es una especie de infierno sobre la tierra. En A.A. me libré de ese torbellino aprendiendo a mantenerme sobrio. Cada mañana pido a ese Poder Superior que me ayude a permanecer sobrio, y obtengo la fortaleza de ese Poder para hacer lo que nunca podía hacer con mis propias fuerzas. No dudo de la existencia de ese Poder. No estamos hablando al vacío cuando oramos. Ese Poder está allí, si queremos hacer uso de él.—"¿Estoy yo libre, para mi bien, de ese torbellino de la bebida?".

Meditación del Día.

Tengo que pensar que en cuestiones espirituales yo soy tan sólo un instrumento. No depende de mí el decidir cómo o cuándo he de actuar. Dios planea todas las cuestiones espirituales. Mi labor es la de plegarme para llevar a cabo los planes de Dios. Todo lo que obstaculiza mi actividad espiritual tiene que ser eliminado. Puedo depender de Dios para obtener toda la fortaleza que necesito para vencer aquellos defectos que son obstáculos. Tengo que mantenerme en estado de aptitud para que Dios pueda utilizarme como un conducto para su espíritu.

Oración del Día.

Ruego porque mi egoísmo no obstaculice mi progreso en el terreno espiritual. Pido poder ser un buen instrumento para que Dios trabaje con él.

16 de MARZO.—Pensamiento del Día.

Antes de decidir dejar de beber, la mayoría de nosotros tenemos que estrellarnos contra una pared. Vemos que estamos aporreados, que tenemos que dejar de hacerlo, pero no sabemos qué camino seguir en busca de ayuda. Parece no haber salida en aquella pared. A.A. nos abre la puerta que conduce a la sobriedad. Animándonos a admitir honestamente que somos alcohólicos y a darnos cuenta de que no podemos beber ni una copa, y mostrándonos el camino a seguir para hallar ayuda, A.A. nos abre la puerta en aquel muro.—"¿He atravesado aquella puerta hacia la sobriedad?".

Meditación del Día.

Tengo que tener sinceridad de propósito para realizar mi parte en la labor de Dios. No tengo que dejar interferir las distracciones materiales con mi labor de mejoramiento de las relaciones personales. Es fácil llegar a distraerse con las cosas materiales, lo que orilla a perder la sinceridad de propósito. No tengo tiempo para preocuparme acerca de los múltiples problemas del mundo. Tengo que concentrarme y especialmente sobre lo que mejor puedo hacer.

Oración del Día.

Ruego poder no distraerme con las cosas materiales. Pido poder concentrarme en hacer lo que mejor pueda realizar.

17 de MARZO.—Pensamiento del Día.

A.A. también nos ayuda a conservar la sobriedad. Por medio de reuniones regulares para que podamos tener por campañeros a otros alcohólicos que han llegado atravesando la misma puerta del muro, estimulándonos a referir el historial de nuestras propias tristes experiencias con el alcohol, y enseñándonos cómo ayudar a otros alcohólicos, A.A. nos conserva sobrios. Nuestra actitud hacia la vida, antes orgullosa y egoísta, se vuelve humilde y agradecida.—"¿Voy yo a retroceder a través de aquella puerta en el muro y volver a mi vieja vida de impotencia, desesperación y borrachera?".

Meditación del Día.

Hay que retirarse a la calma de la comunión con Dios. Hay que reposar en esa tranquilidad y paz. Cuando el alma encuentra en Dios su hogar de descanso, es cuando comienza la vida verdadera. Solamente cuando se está tranquilo y sereno se puede hacer una buena labor. Los trastornos emocionales paralizan. La vida eterna es calma, y cuando un hombre entra en ella, es cuando vive como un ser eterno. La calma está basada en la absoluta confianza en Dios. Nada en este mundo puede apartarlo del amor de Dios.

Oración del Día.

Ruego poder soportar el mundo como un traje cómodo. Pido poder mantenerme sereno en el interior de mí mismo.

18 de MARZO.—Pensamiento del Día.

Cuando una persona llega a A.A. y se enfrenta con la realidad de que tiene que pasar sin alcohol el resto de su vida, con frecuencia le parece una prueba demasiado grande para ella. Por eso A.A. le dice que se olvide del futuro y que lo vaya aceptando un día cada vez. Todo lo que en realidad tenemos es el ahora. No tenemos pasado ni futuro. Como dice el refrán: "El ayer se fue, olvídalo; el mañana nunca llega, no te preocupe; el hoy está aquí, ocúpate de él". Todo lo que tenemos es el presente. El pasado es agua derramada y el futuro nunca llega. Cuando llegue el mañana, será hoy.—"¿Estoy yo viviendo un día cada vez?".

Meditación del Día.

Si se quiere avanzar espiritualmente es necesaria la persistencia. Mediante la oración constante, la confianza firme y sencilla, la meditación, se alcanzan los tesoros del espíritu. Mediante la práctica tenaz se puede obtener con el tiempo la alegría, la paz, la garantía, la seguridad, la salud, la felicidad y la serenidad. Nada es demasiado grande en el reino espiritual, para poder alcanzarlo, siempre que se esté dispuesto a prepararse continuamente para ello.

Oración del Día.

Ruego poder realizar persistentemente, cada día, mis ejercicios espirituales. Pido poder esforzarme en busca de la paz y de la serenidad.

19 de MARZO.—Pensamiento del Día.

Cuando bebíamos, solíamos estar avergonzados del pasado. El remordimiento es un terrible castigo mental. Avergonzados de nosotros mismos por las cosas que hemos dicho y hecho, temerosos de dar la cara a la gente por lo que pudiera pensar de nosotros, temerosos de las consecuencias de lo que hicimos cuando estábamos borrachos, es como hemos vivido durante mucho tiempo. En A.A. olvidamos el pasado.—"¿Creo yo que Dios me ha perdonado por todo lo que he hecho en el pasado, sin importar cuan negro fuese siempre que esté tratando honradamente de hacer hoy bien las cosas?".

Meditación del Día.

El espíritu de Dios está con nosotros durante todo el día. No tenemos pensamientos, planes, impulsos, emociones, que El no conozca. A El no se le puede ocultar nada. No hay que comportarse únicamente conforme a lo que el mundo ve, y no hay que depender de la aprobación o desaprobación de los hombres. Dios ve en secreto, pero recompensa abiertamente. Si se está en armonía con el Espíritu Divino, haciendo todo lo posible por vivir en la forma en que se crea que Dios desea que se viva, se disfrutará de paz.

Oración del Día.

Ruego porque siempre pueda sentir la presencia de Dios. Pido poder darme cuenta de esta presencia constantemente durante todo el día.

20 de MARZO.—Pensamiento del Día.

Cuando bebíamos, acostumbrábamos preocuparnos por el futuro. La preocupación es un terrible castigo mental: ¿Qué va a pasar conmigo? ¿Dónde acabaré? ¿en las alcantarillas, en el manicomio? Podemos vernos resbalar, yendo cada vez peor, y nos preguntaremos ¿Cuál será el final? Algunas veces estamos tan desanimados al pensar en el futuro, que acariciamos la idea del suicidio.—"¿He dejado en A.A. de preocuparme acerca del futuro?".

Meditación del Día.

Funcionar tan sólo en un plano material me aparta de Dios. Tengo que tratar también de funcionar en un plano espiritual. Funcionar en un plano espiritual, así como en un plano material, hará de la vida lo que debe ser. Todas las actividades materiales por sí solas carecen de valor. Pero todas las actividades, aparentemente triviales o aparentemente muy importantes, son iguales si van guiadas por el espíritu de Dios. Tengo que tratar de obedecer a Dios como esperaría que un sirviente fiel y complaciente habría de cumplir con las indicaciones mías.

Oración del Día.

Ruego porque la corriente del espíritu de Dios pueda llegar a mí a través de muchos conductos. Pido poder funcionar tanto en un plano espiritual como en un plano material.

21 de MARZO.—Pensamiento del Día.

En A.A. nos olvidamos del futuro. Sabemos por experiencia que, a medida que pasa el tiempo, el futuro se ocupa de sí mismo. Todo marcha bien mientras permanezcamos sobrios. Pensar en hoy es todo lo que necesitamos. Cuando nos levantamos por la mañana y vemos brillar el sol por la ventana, damos gracias a Dios por habernos concedido otro día que disfrutar, porque nos hallamos sobrios; un día en el cual podemos tener una oportunidad de ayudar a alguien.—"¿Sé yo que este día es todo lo que tengo y que, con la ayuda de Dios, puedo permanecer sobrio hoy?".

Meditación del Día.

Todo está fundamentalmente bueno. No quiere esto decir que todo está bien en la superficie de las cosas; pero significa que Dios está en su cielo y que El tiene un propósito para el mundo que, con el tiempo, surtirá efecto cuando un número suficiente de seres humanos esté dispuesto a seguir Su camino. "Soportar el mundo como un traje cómodo" significa no verse trastornado por la falsedad superficial de las cosas, sino sentirse profundamente seguro en la bondad y propósito fundamental.

Oración del Día.

Ruego porque Dios pueda estar conmigo en mi paso a través del mundo. Pido saber que Dios está planeando ese paso.

22 de MARZO.—Pensamiento del Día.

Todos estamos buscando la fortaleza para
sobreponerse a la bebida. Un compañero
llega a A.A., y su primera pregunta es:
¿Cómo adquiero la fortaleza para dejar de
beber? Al principio le parece que jamás
obtendrá la fortaleza necesaria. Ve
miembros más antiguos que han hallado la
fuerza que él está buscando, pero no sabe
mediante qué proceso la obtuvieron. Esta
fortaleza necesaria llega por muchos
caminos.—"¿He hallado yo la fortaleza que
necesito?".

Meditación del Día.

No hay una necesidad espiritual que Dios no
pueda atender. La necesidad fundamental es una
necesidad espiritual; la necesidad de fortaleza para
vivir la vida buena. El mejor apoyo espiritual es
recibido cuando se desea transmitirlo a otras personas.
Se recibe ampliamente, si al mismo tiempo se concede.
Dios concede fortaleza a medida que ésta se transmite a
otras personas. Esta fortaleza significa mayor salud;
mayor salud quiere decir una mejor labor, y una mejor
labor implica un mayor número de personas ayudadas.
Y es así como se tiene un constante apoyo para hacer
frente a todas las necesidades espirituales.

Oración del Día.

Ruego porque cada una de todas mis necesidades
espirituales sea proveída por Dios. Pido poder hacer
uso de la fortaleza que recibo para ayudar a otros.

23 de MARZO.—Pensamiento del Día.

La fortaleza proviene del compañerismo que se encuentra cuando se llega a A.A. Tan sólo el hecho de estar con hombres y mujeres que han encontrado el camino da una sensación de seguridad. Se escucha a los que toman la palabra, se platica con otros miembros, y se absorbe la atmósfera de confianza y esperanza que se halla en ese lugar.—"¿Estoy recibiendo fortaleza de la compañía con otros miembros de A.A.?".

Meditación del Día.

Dios está con nosotros para bendecirnos y ayudarnos. Su espíritu nos rodea. No hay que vacilar en la fe o en las plegarias. Toda la fuerza es del Señor. Hay que decirse esto con frecuencia a uno mismo. Hay que decirlo hasta que el alma cante de gozo por la seguridad y fuerza personal que ello significa. Hay que decirlo hasta que la misma fuerza de la expresión rechace y elimine todos los males que haya en contra. Hay que utilizarla como un grito de guerra. El Señor es todopoderoso. Entonces se pasará a la victoria sobre los pecados y tentaciones, y se comenzará a vivir una vida victoriosa.

Oración del Día.

Ruego porque con la fuerza proveniente de Dios pueda llevar una vida plena. Pido poder llevar una vida victoriosa.

24 de MARZO.—Pensamiento del Día.

La fortaleza viene de hablar honradamente de las propias experiencias con la bebida. En religión, se llama confesión; nosotros lo llamamos testimonio o compartir. Usted da un testimonio personal, comparte sus pasadas experiencias, las dificultades en que se vio envuelto, los hospitales, las cárceles, la ruina de su hogar, el dinero desperdiciado, las deudas, todas las locuras que hizo cuando bebía. Este testimonio personal descubre las cosas que usted había mantenido ocultas, las expone al aire libre, y usted halla descanso y fortaleza.—"¿Estoy yo recibiendo fortaleza de mi testimonio personal?".

Meditación del Día.

Nosotros no podemos conocer completamente el universo. La sencilla realidad es que, incluso, no podemos definir ni el espacio ni el tiempo. Ambos son ilimitados, a pesar de todo lo que podamos hacer para limitarlos. Vivimos en una caja de espacio y de tiempo que hemos elaborado en nuestras propias mentes, y de ello depende todo nuestro llamado conocimiento del universo. La pura realidad es que nunca podemos saber todas las cosas, ni estamos hechos para saberlas. Mucho de lo que hay en nuestras vidas tiene que aceptarse bajo la fe.

Oración del Día.

Ruego porque mi fe pueda basarse sobre mi propia experiencia del poder de Dios en mi vida. Pido poder saber esta única cosa por encima de todo lo demás del universo.

25 de MARZO.—Pensamiento del Día.

La fortaleza viene de llegar a creer en un Poder superior que puede ayudarlo. Usted no puede definir este Poder Superior, pero puede ver cómo ayuda a otros alcohólicos. Los oye usted hablar de él y empieza usted a adoptar la idea. Trata de orar en un momento sereno cada mañana, y comienza a sentirse más fuerte, como si sus plegarias hubieran sido escuchadas. Así gradualmente, llega a creer que tiene que haber un Poder en el mundo por encima de usted, que es más fuerte que usted, y al que puede usted acudir en busca de ayuda.—"¿Estoy recibiendo yo fortaleza de mi fe en un Poder Superior?".

Meditación del Día.

El desarrollo espiritual se logra mediante la persistencia diaria en vivir en la forma que usted cree que Dios quiere que viva. Así como el desgaste de una piedra por el constante goteo del agua, su persistencia diaria desgastará todas las dificultades y obtendrá el éxito espiritual para usted. Jamás titubee en esta diaria y firme persistencia. Siga adelante valerosamente y sin temor. Dios le ayudará y le fortalecerá, en tanto que esté usted tratando de cumplir con su Voluntad.

Oración del Día.

Ruego poder persistir día a día en la obtención de experiencia espiritual. Pido porque pueda hacer de ello una labor de toda la vida.

26 de MARZO.—Pensamiento del Día.

También viene la fortaleza de trabajar con otros alcohólicos. Cuando está usted hablando con un nuevo en perspectiva, y tratando de ayudarlo, está usted al mismo tiempo aumentando su fortaleza. Ve usted al otro compañero en la situación en que podría usted encontrarse, y le hace a usted resolverse a permanecer sobrio con más fuerza que nunca. A menudo, usted se ayuda más que al otro compañero, pero si usted triunfa ayudándolo a adquirir la sobriedad, es aún más fuerte por la experiencia de haber ayudado a otra persona.—"¿Estoy yo recibiendo fortaleza por trabajar con otros alcohólicos?".

Meditación del Día.

La fe es el puente entre Dios y usted. Es el puente que Dios ha dispuesto. Si todo fuese visto y conocido, no tendría mérito hacer las cosas bien. Por tanto, Dios ha ordenado que no veamos ni conozcamos directamente. Pero podemos experimentar el poder de su espíritu a través de nuestra fe. Es el puente entre El y nosotros, que podemos seguir o no — como queramos—. No podría haber moralidad sin libre albedrío. Tenemos que hacer nosotros mismos la elección. Tenemos que aventurarnos en la fe.

Oración del Día.

Ruego porque pueda elegir y decidir cruzar el puente de la fe. Pido porque cruzando este puente pueda recibir el poder espiritual que necesito.

27 de MARZO.—Pensamiento del Día.

Obtiene usted el poder para sobreponerse a la bebida a través del compañerismo de otros alcohólicos que han hallado el camino de salida. Obtiene usted poder compartiendo honradamente su pasada experiencia mediante un testimonio personal. Obtiene usted fuerza llegando a creer en un Poder Superior, el Divino Principio del Universo, que puede ayudarle. Obtiene usted fuerza trabajando con otros alcohólicos. En estas cuatro formas miles de alcohólicos han encontrado toda la fuerza que necesitaban para vencer a la bebida.—"¿Estoy yo preparado y dispuesto a aceptar este Poder y trabajar para ello?".

Meditación del Día.

El poder del espíritu de Dios es el mayor poder del universo. Las conquistas de los hombres entre sí, los grandes reyes y conquistadores, los directores de la sociedad del dinero, suman muy poco en definitiva. Pero quien se conquista a sí mismo es más grande que el que conquista un país. Las cosas materiales no son permanentes; pero el espíritu de Dios es eterno. Todo lo que realmente merece la pena en el mundo es el resultado del poder del espíritu de Dios.

Oración del Día.

Ruego poder abrirme al poder del espíritu de Dios. Pido porque mis relaciones con mis semejantes puedan mejorar este espíritu.

28 de MARZO.—Pensamiento del Día.

Cuando usted llega a una reunión de A.A.
no sólo está asistiendo a una reunión, sino
que está llegando a una nueva vida. Siempre quedo impresionado por el cambio que
veo en las personas después de haber
estado en A.A. un tiempo. A veces hago
un inventario de mí mismo para ver si he
cambiado, y si es así, en qué forma. Antes
de llegar a A.A. yo era muy egoísta; en
todo quería imponer lo mío. No creo que
adelantaba nada. Cuando las cosas
marchaban mal, me ponía de mal humor
como un niño mimado, y con frecuencia
me marchaba y me emborrachaba.—"¿Sigo
todavía practicando el recibir todo y no
dar nada?".

Meditación del Día.

Hay dos cosas que tenemos que tener si vamos a
cambiar nuestra forma de vida. Una es la fe, la confianza
en las cosas invisibles. Esa bondad y ese propósito
fundamentales del universo. La otra es la obediencia;
esto es, vivir de acuerdo con la fe, viviendo cada día
como creemos que Dios desea que vivamos: con
gratitud, humildad, honrradéz, desinterés y amor. Fe y
obediencia, las dos, nos proporcionarán toda la fortaleza
que necesitamos para vencer el pecado y la tentación, y
para vivir una nueva vida más plena.

Oración del Día.

Ruego porque pueda tener más fe y obediencia. Pido
poder vivir una vida más plena como resultado de estas
cosas.

29 de MARZO.—Pensamiento del Día.

Antes de reunirme con A.A. yo no era sincero. Mentía a mi esposa constantemente acerca de dónde había estado y lo que había estado haciendo. No asistía a la oficina, y alegaba que había estado enfermo o daba alguna otra excusa falsa. No era sincero ni conmigo mismo, y menos con las demás personas. Jamás quería enfrentarme a mí mismo como realmente era, ni admitir que no tenía razón. Pretendía ser ante mí que era tan bueno como el mejor de mis compañeros, aunque sospechaba que no lo era.—"¿Soy ahora realmente sincero?".

Meditación del Día.

Tengo que vivir en el mundo, y, sin embargo, vivir aparte con Dios. Puedo surgir de mis momentos privados de comunión con Dios al trabajo del mundo. Para obtener la fortaleza espiritual que necesito, mi vida interior tiene que ser vivida aparte del mundo. Tengo que usar del mundo como de un vestido cómodo. Nada del mundo debe trastornarme seriamente, ya que mi vida interior es vivida con Dios. Todo el vivir triunfante nace de esta vida interior.

Oración del Día.

Ruego poder vivir mi vida interior con Dios. Pido que nada invada o destruya ese secreto lugar de paz.

30 de MARZO.—Pensamiento del Día.

Antes de incorporarme a A.A. yo era muy poco afectuoso. Desde los tiempos en que iba a la escuela prestaba muy poca atención a mis padres. Me encerraba en lo mío e incluso ni me molestaba en tener contacto con ellos. Después de casarme, estimaba en muy poco a mi esposa. Más de una vez la dejé abatida mientras yo me iba a pasar un rato agradable. Prestaba muy poca atención a nuestros hijos, y nunca trataba de comprenderlos o ser compañero de ellos. Mis pocos amigos eran únicamente los compañeros de bebida, no amigos verdaderos.—"¿He dejado de no querer a nadie más que a mí mismo?".

Meditación del Día.

Sea sereno, sea sincero, sea tranquilo. No se trastorne emocionalmente por nada de lo que suceda en torno suyo. Sienta una profunda seguridad interior en la bondad y fines del universo. Sea fiel a sus más elevados ideales. No retroceda a los antiguos modos de reaccionar. Aférrese a sus armas espirituales. Esté siempre tranquilo. No conteste ni se defienda demasiado contra la acusación, ya sea falsa o verdadera. Acepte la afrenta como acepta la alabanza. Unicamente Dios puede juzgar sobre su yo verdadero.

Oración del Día.

Ruego poder no trastornarme por los juicios de los demás. Pido poder dejar a Dios ser el juez de mi yo verdadero.

31 de MARZO.—Pensamiento del Día.

Desde que estoy en A.A. ¿he dado un paso para ser más altruista? ¿No deseo ya hacer mi capricho en todo? Cuando las cosas están equivocadas y no puedo obtener lo que quiero, ¿ya no me obstino? ¿Estoy tratando de no desperdiciar dinero en mí mismo? ¿Me siento feliz al ver a mi esposa disponer de suficiente dinero para ella y los hijos?.—"¿Estoy tratando de no querer recibir todo y no dar nada?"

Meditación del Día.

Cada día es un día de progreso, de adelanto firme, si hace usted de él tal cosa. Puede usted no verlo, pero Dios sí. Dios no juzga por el aspecto exterior; juzga por el alma. Déjelo a El ver en su alma el sincero deseo de hacer siempre su voluntad. Aunque usted pueda creer que su trabajo ha sido inútil o empeñado, Dios lo contempla como una ofrenda para El. Cuando se está subiendo una escarpada colina, con frecuencia se es más consciente de la debilidad de los pies tambaleantes que del panorama, de la grandeza, o incluso del progreso ascendente.

Oración del Día.

Ruedo poder perseverar en todo lo bueno. Pido poder avanzar cada día a pesar de mis pies tambaleantes.

1o. de ABRIL.—Pensamiento del Día.

Desde que estoy en A.A., ¿he empezado a ser más sincero? ¿Ya no tengo que mentirle a mi esposa? ¿Llego a tiempo al trabajo y trato de desquitar lo que gano? ¿Estoy intentando ser sincero conmigo mismo? ¿Me he enfrentado a mí mismo como realmente soy y me he admitido a mí mismo que no soy bueno por mí sino que tengo que confiar en Dios para que me ayude a hacer lo que debo?—"¿Estoy empezando a descubrir lo que significa estar vivo y hacer frente al mundo honestamente y sin temor?".

Meditación del Día.

Dios está en torno nuestro. Su espíritu inunda el universo. Sin embargo, con frecuencia no dejamos que nos llegue Su espíritu. Tratamos de ir adelante sin su ayuda, y hacemos un desbarajuste de nuestras vidas. Nada de valor podemos hacer sin la ayuda de Dios. Todas nuestras relaciones humanas dependen de esto. Cuando dejamos que el espíritu de Dios gobierne nuestras vidas, aprendemos cómo marchar adelante con nuestros semejantes y cómo ayudarlos.

Oración del Día.

Ruego poder dejar que Dios gobierne mi vida. Pido porque jamás vuelva a hacer un desbarajuste de mi vida tratando de gobernarme yo mismo.

2 de ABRIL.—Pensamiento del Día.

Desde que estoy en A.A., ¿he empezado a ser más afectuoso con mi familia y mis amigos? ¿Visito a mis padres? ¿Aprecio más a mí esposa que antes? ¿Le estoy agradecido por haber permanecido conmigo todos estos años? ¿He hallado una verdadera compañía con mis hijos? ¿Creo que los amigos que he encontrado en A.A. son amigos sinceros? ¿Creo que están siempre dispuestos a ayudarme y deseo ayudarlos a ellos si puedo?—"¿Realmente me preocupo ahora por los demás?"

Meditación del Día.

No tanto lo que usted hace, sino lo que usted es, ese es el poder elaborador de milagros. Puede usted ser una potencia para el bien, con la ayuda de Dios. Dios está aquí para ayudarlo y bendecirlo, para acompañarlo. Usted puede ser un trabajador para Dios. Transformado por la gracia de Dios, se despoja de un rasgo del espíritu a cambio de otro mejor. Con el tiempo, hace éste a un lado por uno todavía más valioso. Y así, de rasgo en rasgo, pueda usted transformarlo gradualmente.

Oración del Día.

Ruego poder aceptar todas las pruebas. Pido que cada aceptación de una prueba pueda hacerme progresar para convertirme en un hombre mejor.

3 de ABRIL.—Pensamiento del Día.

Cuando bebía era totalmente egoísta. Pensaba en mí primero, en mí después, y en mí siempre. El Universo giraba en torno mío, pues yo era el centro. Cuando por la mañana despertaba con una cruda, mi único pensamiento era lo mal que me sentía y lo que podía hacer para sentirme mejor. Y la única cosa en la que podía pensar era en más licor. Era imposible dejarlo. No podía ver más allá de mí mismo y de mi propia necesidad de otra copa.—"¿Puedo ahora mirar fuera y más allá de mi propio egoísmo?".

Meditación del Día.

Recuerde que la virtud esencial de la grandeza es el servicio. En cierta forma, Dios es el mayor servidor de todos, porque El siempre está esperando que acudamos a El para ayudarnos en toda empresa noble. Su fortaleza está siempre a nuestra disposición, pero tenemos que solicitarla de El a través de nuestro libre albedrío. Es un don gratis, pero tenemos que solicitarlo sinceramente. Una vida de servicio es la vida más hermosa que podemos vivir. Estamos en la tierra para servir a otros. Este es el principio y el fin de nuestro valor real.

Oración del Día.

Ruego poder cooperar con Dios en todas las cosas buenas. Pido poder servir a Dios y a mis semejantes, y así llevar una vida útil y feliz.

4 de ABRIL.—Pensamiento del Día.

Cuando llegué a A.A. encontré hombres y mujeres que habían pasado por las mismas cosas por las que yo había pasado. Ahora estaban pensando más acerca de cómo podían ayudar a los demás de lo que pensaban en sí mismos. Eran mucho más desinteresados de lo que jamás fui yo. Acudiendo a las reuniones y asociándome con ellos, empecé a pensar un poco menos en mí mismo y un poco más en las otras personas. Aprendí también que no tenía que depender sólo de mí mismo para salir del embrollo en que me hallaba. Podía obtener una fortaleza mayor que la mía propia.—"¿Estoy ahora dependiendo menos de mí mismo y más de Dios?".

Meditación del Día.

Ningún hombre puede ayudar, a menos que comprenda al hombre a quien está tratando de ayudar. Para comprender los problemas y tentaciones de sus semejantes, tiene que haber pasado por ellos. Tiene que hacer todo lo que pueda para comprender a sus semejantes. Tiene que estudiar su fondo, sus gustos y desagrados, sus reacciones y sus prejuicios. Cuando usted vea sus debilidades, no se las haga resaltar. Hágale compartir las propias debilidades, pecados y tentaciones de usted mismo, y déjelo sacar sus propias conclusiones.

Oración del Día.

Ruego porque pueda servir como un conducto para el poder de Dios, y que llegue a las vidas de otros hombres. Pido poder tratar de comprender a mis semejantes.

5 de ABRIL.—Pensamiento del Día.

Con frecuencia la gente se pregunta qué hace funcionar el programa de A.A. Una de las contestaciones es que A.A. funciona porque aleja a una persona de sí misma como centro del universo, y la enseña a confiar más en la camaradería de otros y en la fortaleza de Dios. El olvidarnos de nosotros mismos en la camaradería, la oración y en la ayuda a los demás es lo que hace funcionar el programa de A.A.—"¿Están manteniéndome sobrio estas cosas?".

Meditación del Día.

Dios es el gran intérprete entre una personalidad humana y la otra. Incluso, las personalidades que más próximas se hallan, tienen mucho en sus naturalezas que permanece como un libro lacrado, inaccesible entre ellas. Solamente a medida que Dios entra dentro de sus vidas y las controla, son revelados los misterios de una a la otra. Cada personalidad es única y diferente. Sólo Dios comprende perfectamente el lenguaje de cada una y puede interpretar entre una y otra. Aquí hallamos los milagros del cambio interior y la verdadera interpretación de la vida.

Oración del Día.

Ruego poder estar en la debida relación con Dios. Pido que Dios interprete para mí las personalidades de los demás, de suerte que pueda comprenderlos, y así ayudarlos.

6 de ABRIL.—Pensamiento del Día.

Todo alcohólico tiene un problema de personalidad. Bebe para escapar de la vida, para contrarrestar un sentimiento de soledad o·de inferioridad, o a causa de algún conflicto emocional dentro de él, de suerte que no puede adaptarse a la vida. Su alcoholismo es un síntoma del desorden de su personalidad. Un alcohólico no puede dejar de beber, a menos que encuentre una forma de resolver su problema de personalidad. Por eso es que el hacer promesas normalmente no resuelve nada, y el beber es un escape, pero tampoco resuelve nada.—"¿Se resolvió alguna vez mi problema de personalidad al continuar bebiendo o al hacer promesas?".

Meditación del Día.

Dios irradia su vida con el calor de su espíritu. Usted tiene que abrirse como una flor a esta divina irradiación. Suelte su apego a la tierra, a sus inquietudes y preocupaciones. Desahogue el lazo que tiene con las cosas materiales, rompa su atadura, y la marea de la paz y de la serenidad fluirá. Abandone todo lo material, y vuélvalo a recibir de Dios. No se aterre a los tesoros de la tierra tan firmemente que sus manos estén demasiado ocupadas para alcanzar las manos de Dios cuando El se las tiende con amor.

Oración del Día.

Ruego poder estar dispuesto a recibir la bendición de Dios. Pido poder estar dispuesto a abandonar mi apego por las cosas materiales, para recibirlas de nuevo de Dios.

7 de ABRIL.—Pensamiento del Día.

En A.A. un alcohólico encuentra una forma para resolver su problema de personalidad. Lo hace recuperando varias cosas. Primero, recobra su integridad personal. Se reúne consigo mismo. Se hace sincero consigo mismo y con las demás personas. Se enfrenta a sí mismo y a su problema sinceramente, en lugar de huir. Hace un inventario personal de sí mismo para saber realmente cuál es su situación. Después, hace frente a los hechos en lugar de buscar excusas.—"¿He recobrado yo mi integridad?".

Meditación del Día.

Cuando la dificultad surja, no hay que decir: "¿Por qué tenía que sucederme esto a mí?". No se autoconmisere. Piense en otras personas y en las dificultades de ellas, y se olvidará de la propia. Salga de su egocentrismo, y conocerá el consuelo del servicio desinteresado prestado a otros. Pasado un tiempo, ya no le importará tanto lo que le suceda a usted. Ya no será tan importante, excepto en la medida en que su experiencia pueda ser utilizada para ayudar a otros que se encuentren en la misma clase de dificultades.

Oración del Día.

Ruego poder llegar a ser más desinteresado. Pido poder no desviarme dejando que el viejo egoísmo vuelva a penetrar en mi vida.

8 de ABRIL.—Pensamiento del Día.

Otra de las bases de recuperación es que el alcohólico recobra su fe en un poder Superior a sí mismo. Admite que es importante por sí mismo, y acude a aquel Poder Superior en busca de ayuda. Entrega su vida a Dios, como él lo concibe. Pone en manos de Dios su problema de la bebida y allí lo deja. Recobra su fe en un Poder Superior que puede ayudarlo.—"¿He recobrado yo mi fe?".

Meditación del Día.

Tiene que tener un lugar para Dios. Los que creen en Dios son considerados por algunos como gente peculiar. Usted tiene que estar dispuesto hasta a ser considerado como un loco por razón de su fe. Tiene que estar dispuesto a apartarse y dejar que desaparezcan las costumbres del mundo, si esos son los propósitos de Dios. Sea reconocido por las características que distinguen a un creyente, y que son la sinceridad, la integridad, el desinterés, el amor, la gratitud y la humildad.

Oración del Día.

Ruego poder estar dispuesto a profesar mi creencia en Dios ante los hombres. Pido poder no ser desviado por el escepticismo y el cinismo de los que no creen.

9 de ABRIL.—Pensamiento del Día.

Otra base de recuperación es que el alcohólico recobra sus relaciones con las demás personas. Piensa menos en él mismo y más en los demás. Trata de ayudar a otros alcohólicos. Hace nuevas amistades, y en tal forma ya no se encuentra solo. Trata de vivir una vida de servicio, en lugar de una de egoísmo. Mejoran sus relaciones con todas las personas. Resuelve su problema de personalidad al recobrar su integridad personal, su fe en un Poder Superior, y el camino de la camaradería y el servicio a los demás.—"¿Se resuelve mi problema de la bebida a medida que se resuelve mi problema de personalidad?"

Meditación del Día.

Todo lo que lo deprima, todo lo que tema, es realmente impotente contra usted para perjudicarlo. Estas cosas no son sino fantasmas. Por eso, desate los lazos con todo aquello que le ocasione depresión, recelo, temor, y en una palabra, acabe con todo lo que signifique un obstáculo para su nueva vida. Elévese hacia la belleza, la alegría, la paz y el trabajo inspirado por el amor. Surja de la muerte a la vida. Es más, ni siquiera necesita temer la muerte. Todas las malas obras del pasado quedarán absueltas si vive, ama y trabaja con Dios. Busque saber más y más sobre su nueva forma de vivir.

Oración del Día.

Ruego poder dejar que Dios viva en mí a medida que trabaje con El. Pido poder salir a la luz y trabajar con Dios.

10 de ABRIL.—Pensamiento del Día.

Cuando ingresé a A.A. llegué a un mundo nuevo. Un mundo de sobriedad. Un mundo de paz, serenidad y felicidad. Pero sé que si bebo una sola copa volveré directamente al antiguo mundo. Aquel mundo alcohólico. Aquel mundo de conflicto y desdicha. Aquel mundo alcohólico no es un lugar agradable para vivir en él. Mirar al mundo a través del fondo de un vaso de alcohol no es divertido cuando ya se es un enfermo alcohólico.—"¿Quiero yo volver a aquel mundo alcohólico?".

Meditación del Día.

El orgullo se mantiene como centinela a las puertas del alma, y no deja entrar el amor de Dios. Dios puede sólo morar con el humilde y el obediente. La obediencia a la voluntad de Dios es la llave que abre la puerta del reino de Dios. Ningún hombre puede obedecer a Dios hasta el máximo de su capacidad sin percibir, con el tiempo, el amor y la respuesta de Dios a aquel amor. Los duros peldaños de piedra de la obediencia conducen a la altura del amor y el contento. Allí donde está el espíritu de Dios se encuentra nuestro hogar. Allí esta el cielo para nosotros.

Oración del Día.

Ruego porque Dios pueda hacer su hogar en mi alma humilde y obediente. Pido poder obedecer. Su dirección al máximo de mi capacidad.

11 de ABRIL.—Pensamiento del Día.

En aquel mundo alcohólico una copa lleva a la otra y no hay modo de detenerse hasta quedar embotado. A la mañana siguiente todo empieza de nuevo. Con el tiempo se aterriza en un hospital o en la cárcel. Se pierde el empleo. Se derrumba el hogar. Se está siempre en un embrollo. Se está en un torbellino, y no hay manera de zafarse. Se está en un laberinto, y no hay modo de escapar.—"¿Estoy yo convencido de que aquel mundo alcohólico no es un lugar agradable para que yo viva en él?".

Meditación del Día.

Tengo que aprender a aceptar la autodisciplina. Tengo que tratar de jamás abandonar un punto que haya ganado. Tengo que salvarme de caer en los resentimientos, odios, temores, orgullo, lujuria o murmuración. Es más, si la disciplina me mantiene alejado de algunas personas que no la tienen, seguiré adelante. Puedo tener diferentes normas y forma de vivir que algunas otras personas; pero trataré de vivir de la manera en que creo que Dios quiere que viva, sin importar lo que digan los demás.

Oración del Día.

Ruego porque pueda ser para los demás un ejemplo, mostrando una mejor forma de vivir. Pido porque pueda seguir adelante a pesar de todos los obstáculos.

12 de ABRIL.—Pensamiento del Día.

Este mundo de sobriedad es un lugar agradable para que un alcohólico viva en él. Una vez que se ha salido de la niebla alcohólica, se encuentra que el mundo parece bueno. Se encuentra verdaderos amigos en A.A. Se obtiene un trabajo. Hay una sensación de bienestar en la mañana. Se puede desayunar bien y realizar un buen día de trabajo. Por la noche, se llega al hogar, donde hay una familia que recibe con gusto, porque se está sobrio.—"¿Estoy yo convencido de que este mundo de sobriedad es un lugar agradable para que un alcohólico viva en él?".

Meditación del Día.

La necesidad del hombre es la oportunidad de Dios. Primero tengo que reconocer mi necesidad. Con frecuencia esto significa desamparo ante alguna debilidad o enfermedad, y luego una admisión de mi necesidad de ayuda. Después, viene la fe en el poder del espíritu de Dios alcanzable para mí para hacer frente a aquella necesidad. Antes de que se pueda hacer frente a cualquier necesidad, la fe del hombre tiene que tener expresión. Esa expresión de fe es todo lo que Dios necesita para manifestar su poder en la vida. La fe es la llave que abre el almacén de recursos de Dios.

Oración del Día.

Ruego poder admitir primero mis necesidades. Pido poder después tener fe en que Dios hará frente a esas necesidades en la forma que más convenga a mi espíritu.

13 de ABRIL.—Pensamiento del Día.

Habiendo encontrado mi camino a este nuevo mundo por la gracia de Dios y la ayuda de A.A., ¿voy a beber aquella primera copa cuando se que solamente una copa cambiará mi mundo entero? ¿Voy a retroceder deliberadamente al sufrimiento del mundo alcohólico? ¿O voy a abrazarme a la felicidad de este mundo de sobriedad? ¿Existe alguna duda acerca de la respuesta?.—"Con la ayuda de Dios ¿voy a aferrarme a A.A. con ambas manos?

Meditación del Día.

Trataré de hacer un mundo mejor y más feliz mediante mi presencia en él. Trataré de ayudar a otras personas a encontrar el camino en que Dios quiere que vivan. Trataré de estar en el lado del bien, en la corriente de lo justo. Cumpliré mi deber con persistencia y firmeza, dando todo de mí mismo. Seré cortés con todas las personas. Trataré de ver las dificultades de los demás, y ayudarlos a corregirlas. Siempre rogaré a Dios para tratar de actuar como intérprete entre la otra persona y yo.

Oración del Día.

Ruego poder vivir en el espíritu de la oración. Pido poder depender de Dios en cuanto a la fortaleza que necesito para que pueda hacer lo que esté de mi parte en la lucha por lograr un mundo mejor.

14 de ABRIL.—Pensamiento del Día.

Un oficial de la policía hablaba una vez acerca de ciertos casos que había conocido en su trabajo. La causa de la tragedia en cada uno de estos casos había sido la embriaguez. Habló a la concurrencia sobre un individuo que empezó a discutir con su esposa estando borracho, y la golpeó hasta matarla. Salió después y todavía bebió más. También habló acerca de un hombre que se acercó demasiado al borde de una vieja cantera estando borracho, y cayó desde 50 metros, matándose.—"Cuando leo o escucho estas historias, ¿pienso en nuestro lema: Pero por la Gracia de Dios?".

Meditación del Día.

Tengo que conservar el equilibrio manteniendo las cosas espirituales en el centro de mi vida. Dios me dará este reposo y equilibrio si ruego por conseguirlo. Esta tranquilidad me dará fuerza para tratar con las vidas de los demás. Este equilibrio se manifestará cada vez más en mi propia vida. Debo conservar las cosas materiales en el debido lugar, y mantener las cosas espirituales en el centro de mi vida. Entonces, estaré en paz en medio de la agitación del diario vivir.

Oración del Día.

Ruego porque pueda vivir con Dios en el centro de mi vida. Pido poder mantener esa paz interior en el centro de mi ser.

15 de ABRIL.—Pensamiento del Día.

A cada uno de nosotros podrían habernos sucedido cosas terribles. Jamás sabremos lo que podría habernos ocurrido cuando estábamos borrachos. Generalmente pensábamos: Eso no podría sucederme a mí. Pero cualquiera de nosotros podría haber matado a alguien o haberse matado a sí mismo estando lo suficientemente borrachos. Sin embargo, el temor a estas cosas no nos impedía beber.—"¿Creo que en A.A. tenemos algo más efectivo que el temor?".

Meditación del Día.

Tengo que conservarme tranquilo e inalterable ante las vicisitudes de la vida. Tengo que volver al silencio de la comunión con Dios para recobrar esta tranquilidad cuando se haya perdido, aunque sea por un momento. Realizaré más cosas con esta tranquilidad que con todas las actividades de un largo día. A toda costa me mantendré tranquilo. Nada puedo resolver cuando estoy agitado. Debo apartarme de las cosas que son emocionalmente perturbadoras. Debo caminar sobre terreno plano, y no verme agitado por trastornos emocionales. Debo buscar las cosas que sean tranquilas y buenas, y apegarme a ellas.

Oración del Día.

Ruego porque pueda no discutir ni disputar, sino simplemente declarar lo que yo creo que es cierto. Pido poder mantenerme en ese estado de tranquilidad que viene de la fe en los propósitos de Dios para el mundo.

16 de ABRIL.—Pensamiento del Día.

En A.A. estamos asegurados. Nuestra fe en Dios es una especie de seguro contra las terribles cosas que podrían sucedernos si volviésemos a beber alguna vez. Poniendo nuestro problema de la bebida en las manos de Dios hemos tomado un tipo de póliza de seguro que nos asegura contra la copa, y también nuestros hogares han quedado asegurados contra la destrucción por un incendio ocasionado por nosotros.—"¿Estoy pagando mis primas de seguro de A.A. regularmente?".

Meditación del Día.

Tengo que tratar de amar a mis semejantes. El amor viene de pensar en cada hombre o mujer como en un hermano o hermana, porque son hijos de Dios. Esta forma de pensar me hace preocuparme lo suficiente por ellos para desear ayudarlos realmente. Tengo que poner en acción esta clase de amor sirviendo a mis semejantes. El amor significa no emitir ningún juicio severo, no tener resentimiento alguno, no caer en ninguna murmuración maliciosa ni en ninguna crítica destructiva. Significa tolerancia, comprensión, compasión y ayuda.

Oración del Día.

Ruego poder darme cuenta de que Dios me ama, puesto que El es el padre de todos nosotros. Pido porque, a mi vez, pueda tener amor por todos sus hijos.

17 de ABRIL.—Pensamiento del Día.

Cada vez que asistimos a una reunión de A.A., cada vez que decimos el Padre Nuestro, cada vez que tenemos un momento de tranquilidad antes del desayuno, estamos pagando una prima de nuestro seguro contra el acto de beber esa primera copa. Y cada vez que ayudamos a otro alcohólico, estamos haciendo un fuerte pago de nuestro seguro contra la copa. Estamos asegurándonos de que nuestra póliza no caduque. — "¿Estoy constituyéndome una dotación de serenidad, paz y y felicidad que me pondrá sobre un camino fácil para el resto de mi vida?".

Meditación del Día.

Obtengo fe por mi propia experiencia del poder de Dios en mi vida. El reconocimiento constante y persistente del espíritu de Dios en todas mis relaciones personales, la evidencia siempre creciente sobre la dirección de Dios, los innumerables casos en los que hay huellas de una maravillosa coincidencia con el propósito de Dios en mi vida, todas estas cosas engendran gradualmente un sentimiento de admiración, humildad y gratitud hacia Dios. Estas, a su vez, traen como consecuencia una fe más segura y permanente en Dios y en sus designios.

Oración del Día.

Ruego porque mi fe pueda ser fortalecida cada día. Pido porque pueda hallar confirmación de mi fe en las cosas buenas que han entrado en mi vida.

18 de ABRIL.—Pensamiento del Día.

Cuando retrospectivamente miro mi carrera de bebedor, ¿comprendo que de la vida se obtiene lo que en ella se ha depositado? Cuando introduje en mi vida la bebida, ¿no obtuve cantidad de cosas malas? ¿Hospitales con el "Delírium Tremens"? ¿Cárceles por manejar borracho? ¿Pérdidas de trabajos? ¿Pérdida del hogar, de la esposa y de los hijos?—"Cuando en mi vida introduje la copa, ¿casi todo lo que obtenía era malo?"

Meditación del Día.

Debo esforzarme por lograr dar una amistad y ayuda que pueda afectar a todo aquel que se acerque a mí. Debo tratar de ver en ellos algo que amar. Debo recibirlos bien, otorgarles pequeñas cortesías y una gran comprensión para poder ayudarlos cuando lo soliciten. Debo no despedirme de ninguno sin una palabra de consuelo, sin un sentimiento de que realmente me preocupo por él. Dios puede haber puesto en el pensamiento de algún desesperado el impulso de venir a mí. Puede tener profundas necesidades que no me expresará sino hasta estar seguro de una cálida recepción.

Oración del Día.

Ruego poder recibir cálidamente a todos los que vengan a mí buscando ayuda. Pido poder hacerles sentir que realmente me preocupo por ellos.

19 de ABRIL.—Pensamiento del Día.

Desde que he venido introduciendo la sobriedad en mi vida, he estado obteniendo cosas buenas. Puedo mejor describirlo como una especie de tranquila satisfacción. Me siento bien. Me siento en paz con el mundo y en el lado seguro de la barrera. Mientras lleno de sobriedad mi vida casi todo lo que obtengo es bueno. La satisfacción que se obtiene viviendo una vida sobria está compuesta de muchas pequeñas cosas. Siento la ambición de hacer cosas que no creía factible hacer cuando bebía.—"¿Estoy sintiendo satisfacción por vivir una vida sobria?".

Meditación del Día.

Es un camino glorioso el camino ascendente. Existen maravillosas revelaciones en el reino del espíritu. Existen tiernas intimidades en los callados momentos de comunión con Dios. Hay una sorprendente, casi incomprensible comprensión de los semejantes. En el camino ascendente se puede tener toda la fortaleza que se necesita proveniente del Poder Superior. Nunca son demasiadas las peticiones de fortaleza que se hagan a él. El da toda la fuerza que se necesita a medida que se va recorriendo el camino ascendente.

Oración del Día.

Ruego poder ver adelante los hermosos horizontes del camino ascendente. Pido poder seguir adelante hacia una vida más plena.

20 de ABRIL.—Pensamiento del Día.

La satisfacción que se obtiene viviendo una vida sobria está compuesta de muchas cosas pequeñas, pero que se suman para formar una vida feliz y satisfactoria. Se obtiene de la vida lo que en ella se pone. Por eso tengo que decir a las personas que llegan a A.A.: "No se preocupen de lo que pueda parecer la vida sin alcohol. Solamente perseveren, y les sucederán multitud de cosas buenas. Y tendrán aquel sentimiento de tranquila satisfacción, de paz y de serenidad, y se llenarán de una enorme gratitud por la gracia de Dios.—"¿Estará mi vida llegando a ser digna de vivirse?".

Meditación del Día.

Hay dos sendas que seguir: una es ascendente y la otra descendente. Se nos ha concedido el libre albedrío para escoger entre una y otra sendas. Somos capitanes de nuestras almas hasta este grado solamente. Podemos escoger el bien o el mal. Una vez que hemos escogido el camino equivocado, vamos cada vez más hacia abajo, —a la muerte con el tiempo. Pero si elegimos el camino justo, subimos y subimos hasta que llegamos al día de la resurrección. Por el camino equivocado no tenemos fuerza para el bien, porque no deseamos solicitarlo. Pero por el camino justo, nos hallamos del lado del bien y tenemos detrás de nosotros toda la fuerza del espíritu de Dios.

Oración del Día.

Ruego porque pueda hallarme en la corriente de la bondad. Pido poder estar del lado justo, del lado de todo lo bueno del universo.

21 de ABRIL.—Pensamiento del Día.

Después de llevar algún tiempo en A.A., descubrimos que, si vamos a seguir conservándonos sobrios, tenemos que ser personas humildes. Las personas que vemos en A.A., que realmente han logrado la meta, son todas ellas humildes. Cuando dejo de pensar que a no ser por la gracia de Dios podría estar borracho ahora mismo, no puedo evitar el sentirme humilde. La gratitud a Dios por su gracia me torna humilde. Cuando pienso en la clase de persona que era no hace mucho, cuando pienso en el ser que dejé detrás de mí, o hallo nada de qué estar orgulloso.—"¿Soy agradecido y humilde?".

Meditación del Día.

Tengo que surgir de la muerte del pecado y del egoísmo, y emprender una vida nueva de integridad. Todos los antiguos pecados y tentaciones tienen que ser enterrados, y de las cenizas tiene que surgir una nueva existencia. El ayer ha desaparecido. Todos mis pecados han sido perdonados, si hoy estoy tratando honradamente de cumplir con la voluntad de Dios. El hoy está aquí, y es ahora el tiempo de la resurección y de la renovación. Tengo que empezar ahora, hoy, a levantar una nueva vida de fe y confianza plenas en Dios, y con la determinación de hacer su voluntad en todas las cosas.

Oración del Día.

Ruego poder complir con mi parte para hacer del mundo un mejor lugar para vivir. Pido poder hacer lo que pueda para traer la bondad un poco mas cerca de la tierra.

22 de ABRIL.—Pensamiento del Día.

La gente cree en A.A. cuando ve que funciona. Una verdadera demostración es lo que la convence. Lo que leen en los libros, lo que oyen decir, no siempre les convence. Pero cuando ven un verdadero cambio a la honradez y la bondad en una persona, un cambio de un borracho a un sobrio, a un ciudadano útil, eso sí es algo en lo que pueden creer, porque pueden verlo. Ahí hay algo que realmente demuestra que A.A. funciona.—"¿He visto yo el cambio en las personas que llegan a A.A.?".

Meditación del Día.

El control divino y la obediencia incontestable a Dios son las únicas condiciones para una vida espiritual. El control divino significa la fe y la confianza absolutas en Dios; la creencia de que Dios es el Divino Principio del Universo, y que El es la Inteligencia y el Amor que controlan el universo. La obediencia incontestable a Dios quiere decir vivir cada día en la forma que se crea que Dios quiere que se viva, buscando constantemente la dirección de Dios en toda situación y estando dispuesto a hacer lo debido en todo momento.

Oración del Día.

Ruego poder estar siempre bajo el control divino, y practicar siempre la obediencia incontestable a Dios. Pido poder estar siempre dispuesto a servirle.

23 de ABRIL.—Pensamiento del Día.

Tanto hombres como mujeres continúan llegando a A.A., aporreados por el alcohol, con frecuencia considerados por los médicos como casos desesperados y admitiendo ellos mismos que son impotentes para dejar de beber. Cuando veo a estos hombres y mujeres tornarse sobrios y permanecer sobrios durante un período de meses y años, sé que A.A. funciona. El cambio que veo en las personas que llegan a A.A. funciona. El cambio que veo en las personas que llegan a A.A. no sólo me convence de que A.A. funciona, sino que también me convence de que tiene que haber un Poder Superior a nosotros mismos que nos ayuda a realizar ese cambio.—"¿Estoy convencido de que un Poder Superior puede ayudarme a cambiar?".

Meditación del Día.

La cooperación con Dios es la gran necesidad de nuestras vidas. Todo lo demás viene naturalmente. La cooperación con Dios es el resultado de nuestra conciencia de su presencia. La luz tiene que venirnos a medida que vivimos mas y más con Dios, a medida que nuestra propia conciencia llega a estar más armonizada con la gran Conciencia del Universo. Tenemos que tener muchos momentos de reposo en los que no pidamos tanto ser descubiertos y conducidos por Dios, como sentir y comprobar Su presencia. El nuevo crecimiento espiritual viene naturalmente de la cooperación con Dios.

Oración del Día.

Ruego porque Dios pueda dotarme de fortaleza y mostrarme la dirección en la que El quiere que avance. Pido que estas cosas puedan venir naturalmente de mi cooperación con El.

24 de ABRIL.—Pensamiento del Día.

Está demostrado que nosotros, los alcohólicos, no podemos lograr la sobriedad mediante nuestra fuerza de voluntad. Hemos fracasado una y otra vez. Por lo tanto, creo que tiene que haber un Poder Superior que me ayuda. Pienso en ese poder como en la gracia de Dios. Y pido a Dios cada mañana la fuerza para permanecer sobrio hoy. Sé que allí está el poder, porque nunca deja de ayudarme.—"¿Creo que A.A. trabaja a través de la gracia de Dios?".

Meditación del Día.

Una vez que he "nacido al espíritu", entonces es ello el aliento de mi vida. Dentro de mí se encuentra la Vida de la Vida, de suerte que no puedo perecer jamás. La Vida que durante el transcurso de los siglos ha sostenido a los hijos de Dios a través del peligro, de las adversidades y del pesar. Tengo que tratar de no dudar ni preocuparme, sino de seguir allí donde conduce la vida del espíritu. Con qué frecuencia, aunque poco sepa de ello, Dios va delante de mí para preparar el camino, para ablandar un corazón o para dominar un resentimiento. A medida que crece la vida del espíritu, las necesidades naturales van siendo menos importantes.

Oración del Día.

Ruego porque mi vida pueda llegar a estar centrada más en Dios que en mí yo. Pido que mi voluntad pueda estar encaminada hacia el cumplimiento de Su voluntad.

25 de ABRIL.—Pensamiento del Día.

No creo que A.A. funcione porque lo haya leído en un libro, no porque lo haya oído decir a la gente. Lo creo porque veo a las personas lograr la sobriedad y conservarla. Lo que me convence es una verdadera demostración. Cuando veo el cambio en las personas, no puedo evitar creer que A.A. opera. Podríamos escuchar hablar acerca de A.A. todo el día y aún no creerlo, pero cuando vemos operar el programa, tenemos que creerlo. Ver es creer.—"¿Veo yo funcionar cada día a A.A.?".

Meditación del Día.

Trate de decir: "Que Dios le bendiga" respecto a cualquiera que no esté de acuerdo con usted. Dígalo también sobre cualquiera que se halle en dificultades por su propia culpa. Dígalo deseoso de que sobre él caigan innumerables bendiciones. Deje que Dios realice la bendición. Deje a Dios la corrección que sea necesaria. Usted solamente debe desear bendiciones para él. Deje la tarea de Dios a Dios. Ocúpese usted de la labor que Dios le da para que usted la haga. La bendición de Dios allanará también todas sus dificultades y hará posible su éxito.

Oración del Día.

Ruego poder utilizar la bondad de Dios, de suerte que sea una bendición para los demás. Pido poder aceptar la bendición de Dios para tener armonía, belleza, alegría y felicidad.

26 de ABRIL.—Pensamiento del Día.

El programa de A.A. es un programa de sumisión, liberación y acción. Cuando bebíamos, estábamos sometidos a un poder más grande que nosotros mismos: el alcohol. Nuestras voluntades no son útiles contra el poder del alcohol. Una copa, y nos hundimos. En A.A. dejamos de estar sometidos al poder del alcohol. En su lugar, nos sometemos a un Poder, también superior a nosotros mismos, al que llamamos Dios.—"¿Me he sometido yo a ese Poder Superior?".

Meditación del Día.

La actividad incesante no es el plan de Dios para su vida. Siempre son necesarios los momentos de receso en busca de renovada fortaleza. Espere el más débil síntoma de temor, y suspenda todo trabajo, todo, y descanse ante Dios haste que se sienta fuerte de nuevo. Trate en la misma forma toda sensación de fatiga. Necesita descanso corporal y renovación de la fuerza espiritual. San Pablo dijo: "Puedo hacer todo a través de Aquél que me fortalece". Esto no quiere decir que usted tenga que hacer todas las cosas y confiar después en Dios para hallar fortaleza. Quiere decir que usted va a hacer las cosas que cree que Dios desea que haga, y solamente entonces puede descansar en Dios y en su provisión de fuerza.

Oración del Día.

Ruego porque el espíritu de Dios pueda ser siempre mi dueño. Pido poder aprender cómo descansar y escuchar, así como trabajar.

27 de ABRIL.—Pensamiento del Día.

Sometiéndonos a Dios somos liberados del poder del alcohol. Ya no nos tiene sujetos. Somos liberados también de las cosas que nos hundían: el orgullo, el egoísmo y el temor. Y somos libres para progresar en una vida que es incomparablemente mejor que la antigua vida. Esta liberación nos proporciona serenidad y paz con el mundo.—"¿Me he liberado yo del poder del alcohol?".

Meditación del Día.

Conocemos a Dios mediante la visión espiritual. Sentimos que El está a nuestro lado. Sentimos Su presencia. El contacto con Dios no se realiza por los sentidos. La conciencia del espíritu reemplaza a la vista. Puesto que no podemos ver a Dios, tenemos que recibirlo mediante la percepción espiritual. Dios tiene que ligar lo físico y lo espiritual con el don de la visión espiritual. Más de un hombre, aunque no haya podido ver a Dios, ha tenido una clara conciencia espiritual de El. Estamos dentro de una caja de espacio y tiempo, pero sabemos que tiene que haber algo fuera de esa caja: espacio ilimitado, eternidad de tiempo, y Dios.

Oración del Día.

Ruego porque pueda tener una conciencia de la presencia de Dios. Pido que Dios me conceda visión espiritual.

28 de ABRIL.—Pensamiento del Día.

Estamos tan contentos de habernos liberado del alcohol, que hacemos algo acerca de ello. Entramos en accion. Asistimos regularmente a las juntas. Salimos y tratamos de ayudar a otros alcohólicos. Transmitimos las buenas noticias siempre que tenemos oportunidad. Con espíritu de agradecimiento a Dios, entramos en acción. El programa de A.A. es sencillo. Sométase a Dios, encuentre la liberación del alcohol, y entre en acción. Haga estas cosas y siga haciéndolas y estará liberado para el resto de su vida.—"¿He entrado yo en acción?".

Meditación del Día.

La búsqueda eterna de Dios tiene que ser la orientación de las almas. Debe usted buscarlo y unirse a El. A través de las zarzas, a través de desolados lugares, a través de sitios helados, por las cimas de las montañas, en el fondo de los valles, Dios lo conduce. Pero la ayuda de su mano siempre se mueve con la dirección de Dios. Es glorioso seguir donde va el maestro. Está usted buscando la oveja perdida. Está usted llevando las buenas nuevas a lugares donde no han sido conocidas antes. Puede usted no saber a qué alma ayudará, pero puede dejar todos los resultados a Dios. Tan sólo vaya con El en su eterna busqueda de almas.

Oración del Día.

Ruego poder seguir a Dios en Su eterna búsqueda de almas. Pido poder ofrecer a Dios la ayuda de mi mano.

29 de ABRIL.—Pensamiento del Día.

El programa de A.A. es un programa de fe, esperanza y caridad. Es un programa de esperanza, porque cuando llega un nuevo miembro a A.A. la primera cosa que obtiene es esperanza. Escucha a los miembros más antiguos contar cómo ellos han pasado por la misma clase de infierno por el que él ha pasado, y cómo ellos hallaron el camino a través de A.A. Y esto le brinda esperanza de que, si ellos pudieron hacerlo, también él puede.—"¿Es fuerte todavía la esperanza en mí?".

Meditación del Día.

La regla del reino de Dios es orden perfecto, perfecta armonía, perfectas disposiciones, amor perfecto, perfecta honradez, obediencia perfecta. No existe discordia en el reino de Dios, solamente algunas cosas aún no conquistadas en los hijos de Dios. Las dificultades de la vida son causadas por la falta de armonía en el individuo, ya sea hombre o mujer. Las personas carecen de fuerza, porque carecen de armonía con Dios y entre sí. Piensan que Dios fracasa, porque en sus vidas no está manifestado el poder. Dios no fracasa. La gente fracasa porque no está en armonía con Dios.

Oración del Día.

Ruego porque pueda estar en armonía con Dios y con mis semejantes. Pido porque esta armonía dé como resultado la fortaleza y el éxito.

30 de ABRIL.—Pensamiento del Día.

El programa de A.A. es un programa de fe, porque descubrimos que tenemos que tener fe en un Poder Superior a nosotros mismos si hemos de lograr la sobriedad. Somos impotentes ante el alcohol, pero cuando entregamos a Dios nuestro problema de la bebida y tenemos fe en que El puede darnos toda la fortaleza que necesitamos, entonces hemos vencido el problema de la bebida. La fe en ese Divino Principio del Universo, al que llamamos Dios, es la parte esencial del programa de A.A.—"¿Es todavía fuerte la fe en mí?".

Meditación del Día.

Todo ser es un hijo de Dios, y como tal, está lleno de promesas de progreso espiritual. Cuando una persona es joven, es como el tiempo de primavera del año. El tiempo preciso de dar fruto no ha llegado todavía, pero existe una promesa en el florecimiento. Existe una chispa de lo Divino en cada uno de nosotros. Cada uno tiene algo del espíritu de Dios que puede ser desarrollado mediante el ejercicio espiritual. Nuestra vida está llena de alegre promesa. Esas bendiciones pueden ser suyas, esas alegrías, esas maravillas, en la medida en que se desenvuelva la luz del sol del amor de Dios.

Oración del Día.

Ruego porque pueda desarrollar la divina chispa dentro de mí. Pido que, al hacerlo, pueda realizar la promesa de una vida más plena.

1o. de MAYO.—Pensamiento del Día.

El programa de A.A. es un programa de caridad, porque el verdadero significado de la palabra caridad es preocuparse acerca de otras personas lo suficiente para desear ayudarlas. Para obtener un beneficio completo del programa, tenemos que tratar de ayudar a otros alcohólicos. Podemos tratar de ayudar a alguien y creer que hemos fracasado; pero la semilla que hemos sembrado puede llegar a producir fruto alguna vez. Jamás sabemos los resultados que incluso una palabra nuestra puede llegar a tener. Pero lo esencial es tener caridad hacia los demás, un verdadero deseo de ayudarlos, tengamos éxito o no.—"¿Tengo yo verdadera caridad?".

Meditación del Día.

Todas las cosas materiales: el universo, el mundo, incluso nuestros cuerpos, pueden ser parte del Pensamiento Eterno expresado en el tiempo y en el espacio. Cuanto más someten a prueba la materia los físicos y matemáticos, más se transforma en una fórmula matemática, que es pensamiento. En un análisis final, la materia es pensamiento. Cuando el Pensamiento Eterno se expresa dentro del marco del espacio y del tiempo, se convierte en materia. Nuestros pensamientos, dentro de la caja de espacio y de tiempo, no pueden saber nada importante excepto las cosas materiales. Pero podemos deducir que fuera de la caja de espacio y tiempo se halla el Pensamiento Eterno, al que podemos llamar Dios.

Oración del Día.

Ruego poder ser expresión verdadera del Pensamiento Eterno. Pido que los pensamientos de Dios puedan operar a través de mis pensamientos.

2 de MAYO.—Pensamiento del Día.

En A.A. oímos con frecuencia el lema: "Hazlo con calma". Los alcohólicos hacen todo siempre en exceso. Beben demasiado, se preocupan demasiado. Tienen demasiados resentimientos. Se perjudican a sí mismos física y mentalmente con este exceso en todo. Por eso, cuando llegan a A.A. tienen que aprender a hacerlo con calma. Ninguno de nosotros sabe cuánto tiempo va a vivir. Es probable que no habría vivido mucho si hubiera continuado bebiendo en la forma que acostumbraba hacerlo. Al dejar de beber, hemos aumentado nuestras posibilidades de vivir un mayor tiempo.—"¿He aprendido a tomar las cosas con calma?".

Meditación del Día.

Tiene usted que ser antes de poder actuar. Para realizar mucho, tiene que ser mucho. En todos los casos, el hacer tiene que ser la expresión del ser. Es una locura pensar que podemos hacer mucho en cuanto a las relaciones personales sin prepararnos primero siendo honrados, íntegros, desinteresados y amorosos. Tenemos que escoger lo bueno y continuar prefiriéndolo, antes de que estemos preparados para ser utilizados por Dios para realizar cualquier cosa que merezca la pena. No se nos otorgarán las oportunidades sino hasta que estemos preparados para ellas. Los momentos tranquilos de comunión con el Poder Superior son una buena preparación para la acción creadora.

Oración del Día.

Ruego porque pueda prepararme constantemente para las cosas mejores por venir. Pido tener oportunidades tan sólo cuando esté preparado para ellas.

3 de MAYO.—Pensamiento del Día.

A.A. nos enseña a hacer las cosas con calma. Aprendemos a descansar y a dejar de preocuparnos acerca del pasado o del futuro; a renunciar a nuestros resentimientos y odios; a dejar de criticar a la gente, y en lugar de ello, tratar de ayudarla. Eso es lo que significa "tomarlo con calma". Por eso, en el tiempo que me queda de vida, voy a tratar de hacer las cosas con calma, de descansar y de no preocuparme; de ayudar a mis semejantes y confiar en Dios.—"Para lo que me queda de vida, ¿va a ser mi lema: tómalo con calma?".

Meditación del Día.

Tengo que sobreponerme a mí mismo antes de que verdaderamente pueda perdonar a otras personas las injurias que me han hecho. El yo interior no puede perdonar las ofensas. El pensar acerca de ellas significa que mi yo está en primer término. Puesto que el yo no puede perdonar, tengo que vencer mi egoísmo. Tengo que cesar de tratar de perdonar a aquellos que me enfadaron y me hicieron mal. Es un error para mí pensar en aquellas injurias. Tengo que aspirar a vencerme a mí mismo en mi vida diaria, y entonces encontraré que no hay nada en mí que recuerde la ofensa, porque lo único que me dañaba, mi egoísmo, ha desaparecido.

Oración del Día.

Ruego porque pueda eliminar los resentimientos. Pido que mi mente pueda quedar limpia de todos los odios y temores pasados.

4 de MAYO.—Pensamiento del Día.

Cuando bebía, siempre adoptaba una actitud grandilocuente. Acostumbraba contar maravillosos cuentos acerca de mí. Los refería tan a menudo, que todavía los creo a medias, aunque sé que no son ciertos. Solía haraganear por las cantinas de baja categoría para poder sentirme superior a los otros clientes. La razón por la que siempre trataba de aparecer grandioso era que, en el fondo de mi alma, yo sabía que en realidad no valía nada. Era una defensa contra mi sentimiento de inferioridad.— "¿Continúo adoptando una actitud grandilocuente?".

Meditación del Día.

Dios pensó en el universo, y lo puso en existencia. Su pensamiento me hizo ser. Tengo que tener los pensamientos que Dios espera de mí. Tengo que mantener con frecuencia ocupada mi mente con pensamientos acerca de Dios, y meditar sobre la forma en que El quiere que yo viva. Tengo que disciplinar mi mente constantemente, en los tranquilos momentos de comunión con Dios. Es labor de toda una vida alcanzar espiritualmente una altura plena. Para esto es para lo que estoy en la tierra.

Oración del Día.

Ruego poder tener los pensamientos que Dios espera que tenga. Pido poder vivir como El quiere que viva.

5 de MAYO.—Pensamiento del Día.

Cuando bebía, tenía que darme importancia y jactarme para que la gente pensase que valía algo, cuando, desde luego, ellos y yo sabíamos que realmente yo no valía nada. No engañaba a nadie. Aunque he permanecido sobrio durante algún tiempo, la vieja costumbre de alabarme permanece en mí. Todavía tengo la tendencia a pensar demasiado bien de mí mismo, y pretender ser más de lo que realmente soy.—"¿Estoy siempre en peligro de ser un engreído precisamente porque estoy sobrio?".

Meditación del Día.

No puedo descubrir lo espiritual con mi intelecto. Unicamente puedo hacerlo mediante mi propia fe y mis facultades espirituales. Tengo que pensar en Dios más con mi alma que con la cabeza. Puedo respirar el verdadero espíritu de Dios en la vida que hay en torno de mí. Puedo mantener los ojos vueltos hacia las cosas buenas del mundo. Estoy encerrado en una caja de tiempo y espacio, pero puedo abrir una ventana en esa caja mediante la fe. Puedo vaciar mi mente de todas las limitaciones de las cosas materiales. Puedo sentir lo Eterno.

Oración del Día.

Ruego poder tener todo lo que sea bueno. Pido poder dejar a Dios la elección del bien que habrá de venir a mí.

6 de MAYO.—Pensamiento del Día.

Me he dado cuenta de que aquellos que más hacen por A.A. no tienen el hábito de alardear de ello. El peligro que hay de que me ensalce a mí mismo demasiado es que, si lo hago, puedo tener una recaída. Esa manera de pensar lleva a la bebida. Si un costado de un barco se eleva demasiado fuera del agua, está expuesto a zozobrar. El ensalzarse y la bebida marchan juntos. Lo uno conduce a la otra. Por eso, si he de permanecer sobrio, debo conservarme en mi dimensión.—"¿He alcanzado la verdadera perspectiva de mí mismo?".

Meditación del Día.

A veces, el camino parece largo y cansado. ¡Tantas personas están cansadas! El cansancio de los hombres con frecuencia tiene que ser compartido con los demás. El cansado y el sobrecargado, cuando vengan a mí, deben ser ayudados a encontrar el descanso que yo he encontrado. Solamente existe un remedio seguro para el cansancio del mundo, y es encaminarse a lo espiritual. Para poder realizar el retorno a Dios después de haber andado por ese mundo fatigado, tengo que atreverme a sufrir, a vencer el egoísmo en mí, y debo tener el valor de ser colmado de paz espiritual, a pensar de toda la fatiga que encuentre en el mundo.

Oración del Día.

Ruego poder ser una ayuda para las personas desalentadas. Pido poder tener el valor para realizar lo que necesita el fatigado mundo, pero que no sabe cómo lograr.

7 de MAYO.—Pensamiento del Día.

Es muy importante mantener el pensamiento en disposición de agradecimiento, si queremos permanecer sobrios. Debemos estar agradecidos por estar viviendo en unos días y en una época en la que el alcohólico no recibe el trato que con frecuencia recibía antes de que Alcohólicos Anónimos naciera. Hace tiempo, cada población tenía su borracho del pueblo, que era mirado con desprecio y ridiculizado por el resto de la comunidad. Hemos llegado a A.A., y allí hemos encontrado toda la comprensión y confraternidad que podíamos pedir. No existe en el mundo una unidad igual a la de A.A.—"¿Estoy yo agradecido?".

Meditación del Día.

Dios acepta los esfuerzos del hombre y los bendice Dios desea los esfuerzos del hombre. El hombre necesita de la bendición de Dios. Juntos, significan el éxito espiritual. El esfuerzo del hombre es necesario. No puede dejar de remar y dejarse llevar por la corriente. A menudo, tiene que dirigir sus esfuerzos contra la corriente del materialismo que lo rodea. Cuando llegan las dificultades, es necesario el esfuerzo del hombre para superarlas. Pero Dios encamina los esfuerzos del hombre por el conducto apropiado, y la fuerza de Dios es necesaria para ayudar al hombre a elegir lo justo.

Oración del Día.

Ruego poder, escoger lo justo. Pido poder tener la bendición y la dirección de Dios en todos mis esfuerzos hacia el bien.

8 de MAYO.—Pensamiento del Día.

Estoy agradecido por haber encontrado un programa en A.A. que pudo ayudarme a permanecer sobrio. Estoy agradecido porque A.A. me ha mostrado el camino a la fe en un ·Poder Superior; porque el renacimiento de esa fe ha cambiado mi forma de vivir. Y he hallado una felicidad y satisfacción, cuya existencia había olvidado, simplemente mediante la creencia en Dios y tratando de vivir la clase de vida que sé que El quiere que viva. Mientras esté agradecido, estaré sobrio.—"¿Me encuentro en disposición de agradecimiento?".

Meditación del Día.

Dios puede actuar mejor a través de usted, si no se precipita. Vaya de una obligación a la siguiente lenta y tranquilamente, tomándose un tiempo intermedio para descansar y orar. No se apresure demasiado. Haga todo por orden. Aventúrese a menudo en el reposo con Dios, y hallará la paz. Toda obra resultante del reposo con Dios es una buena labor. Pida la fuerza necesaria para poder operar milagros en las vidas humanas. Sepa que puede hacer muchas cosas por medio del Poder Superior. Sepa que puede hacer cosas buenas a través de Dios, quien le brinda reposo y le da fortaleza. Participe regularmente de la oración y del descanso.

Oración del Día.

Ruego porque no tenga demasiada prisa. Pido poder disponer de tiempo con frecuencia, para descansar con Dios.

9 de MAYO.—Pensamiento del Día.

Los alcohólicos, cuando bebíamos, teníamos tan poco autocontrol, éramos tan absolutamente egoístas, que ahora nos hace bien renunciar a algo de vez en cuando. Utilizando la autodisciplina y negándonos algunas cosas, nos hacemos un bien a nosotros mismos. Al principio, renunciar al licor es una tarea enorme para todos nosotros, aun con la ayuda de Dios. Pero más adelante podemos practicar la autodisciplina en otras formas para mantener un firme dominio sobre nuestras mentes a fin de que no demos principio a ningún pensamiento angustioso. Si soñamos despiertos en demasía, estaremos en peligro de resbalar.—"¿Estoy yo practicando la autodisciplina?".

Meditación del Día.

Para la solución de cuestiones materiales, tiene usted que basarse en su propio criterio y en el de los demás. En las cosas espirituales no puede usted confiar tanto en su propio juicio, sino que en la dirección de Dios. En el trato con otras personas, es un error caminar a solas. Hay que tratar de ser guiado por Dios en todas las relaciones humanas. No se puede realizar mucho de valor al tratar con las personas, sino hasta que Dios sepa que se está preparado. Estando solo no se tiene la fuerza ni la sabiduría para arreglar las cosas con las personas. En estas cuestiones vitales hay que confiar en que Dios brinde su ayuda.

Oración del Día.

Ruego poder confiar en Dios al tratar con los problemas de las personas. Pido porque pueda tratar de seguir su dirección en todas las relaciones personales.

10 de MAYO.—Pensamiento del Día.

Una de las cosas que me mantiene sobrio es el sentimiento de lealtad hacia los otros miembros del grupo. Sé que los defraudaría si volviese a tomar una copa. Cuando yo bebía, no era leal con nadie. Debería haber sido leal con mi familia, pero no lo era. Los descorazonaba con mi forma de beber. Cuando llegué a A.A., encontré un grupo de personas que no solamente estaban ayudando a otras a lograr la sobriedad, sino que eran leales entre sí permaneciendo sobrias ellas mismas.—"¿Soy yo leal con mi grupo?".

Meditación del Día.

La tranquilidad conduce al bien. El conflicto destruye el bien. No debo actuar presurosamente. Primero, debo estar tranquilo y confiar en Dios. Después debo actuar únicamente como Dios me encamine a través de mi conciencia. Solamente la confianza, la perfecta confianza en Dios, puede mantenerme tranquilo cuando todo lo que me rodee esté en conflicto. La tranquilidad es la confianza en acción. Debo buscar todas las cosas que puedan ayudarme a cultivar la tranquilidad. Para alcanzar las cosas materiales, el mundo aprende a vivir con velocidad. Para alcanzar las cosas espirituales, he de aprender a lograr un estado de calma.

Oración del Día.

Pido poder estar tranquilo para que Dios pueda actuar. Ruego porque pueda aprender a tener paz interior a través de mí.

11 de MAYO.—Pensamiento del Día.

Podemos confiar en aquellos miembros de cualquier grupo que lo hayan entregado por el programa. Asisten a las reuniones. Trabajan con otros alcohólicos. No tenemos que preocuparnos por la posibilidad de que vayan a sufrir recaídas. Son miembros leales del grupo. Yo estoy tratando de ser un miembro leal del grupo. Cuando me siento tentado a beber una copa me digo que si lo hiciera, estaría defraudando a los demás miembros que son los mejores amigos que tengo.—"¿Voy a defraudarlos si puedo evitarlo?".

Meditación del Día.

Dondequiera que existe verdadera confraternidad y amor entre las personas, el espíritu de Dios se encuentra presente como el Divino Tercero. En todas las relaciones humanas, el Espíritu Divino es el que las mantiene unidas. Cuando se transforma una vida por conducto de otra persona, es Dios, el Divino Tercero, quien realiza el cambio utilizando a la persona como un medio. El poder impulsor detrás de todas las cosas espirituales, de todas las relaciones personales, es Dios el Divino Tercero, quien siempre está allí. Ninguna relación personal puede ser totalmente armoniosa sin la presencia del Espíritu de Dios.

Oración del Día.

Ruego porque pueda ser utilizado como un conducto por el espíritu de Dios. Pido porque pueda sentir que el Divino Tercero está siempre presente para ayudarme.

12 de MAYO.—Pensamiento del Día.

Cuando llegamos a A.A. buscando una solución a la bebida, realmente necesitamos mucho más que eso. Necesitamos dar salida a las cosas que nos están perturbando. Necesitamos un nuevo escape para nuestra energía, y necesitamos una nueva fortaleza que esté por encima de nosotros mismos, para que nos ayude a enfrentarnos a la vida en lugar de huir de ella. En A.A. encontramos estas cosas que necesitamos.—"¿He hallado yo las cosas que necesito?".

Meditación del Día.

Deshágase de todos los pensamientos de duda, temor y resentimiento. No los tolere jamás si puede evitarlos. Cierre las ventanas y las puertas de su mente ante ellos, como cerraría su hogar contra un ladrón que se deslizara en él para llevarse sus posesiones. ¿Qué mayores posesiones puede usted tener que la fe, el valor y el amor? Todo esto le es robado por la duda, el temor y el resentimiento. Enfrente cada día con paz y esperanza. Son los resultados de la verdadera fe en Dios. La fe le da una sensación de protección y seguridad que no puede obtener de ninguna otra forma.

Oración del Día.

Ruego poderme sentir protegido y seguro; pero no sólo cuando esté en terreno firme. Pido poder tener protección y seguridad hasta en medio de las tormentas de la vida.

13 de MAYO.—Pensamiento del Día.

En A.A. encontramos confraternidad, liberación y fortaleza. Y habiendo encontrado estas cosas, las razones reales para beber desaparecen. Entonces la bebida, que era un síntoma de los desórdenes interiores, ya no tiene justificación en nuestras mentes. Ya no necesitamos luchar contra la copa. Naturalmente la copa nos abandona. Al principio lamentamos no poder beber, pero llegamos a alegrarnos de que no podamos hacerlo.—"¿Me alegra no poder beber?".

Meditación del Día.

Trate de no juzgar jamás. La mente de la humanidad es tan delicada, tan compleja, que solamente su Hacedor puede conocerla totalmente. Cada mente es tan diferente, impulsada por motivos tan distintos, controlada por circunstancias tan diversas, influenciada por sufrimientos tan disímiles, que usted no puede conocer todas las influencias que han concurrido para la formación de una personalidad. Por lo tanto, es imposible para usted juzgar totalmente aquella personalidad. Pero Dios conoce a aquella persona completamente, y El puede cambiarla. Deje que Dios descifre los rompecabezas de la personalidad. Y de que sea Dios quien se encargue de impartir las enseñanzas adecuadas.

Oración del Día.

Ruego porque pueda no juzgar a mis semejantes. Pido poder estar seguro de que Dios puede enderezar lo que está torcido en cada personalidad.

14 de MAYO.—Pensamiento del Día.

Al haber dejado de beber tan sólo hemos empezado a disfrutar de los beneficios de A.A. Encontramos nuevos amigos, y por tanto ya no estamos solos. Hallamos nuevas relaciones con nuestros familiares, de suerte que somos felices en nuestro hogar. Encontramos la liberación de nuestras angustias y preocupaciones mediante una nueva forma de mirar las cosas. Hallamos un escape para nuestras energías ayudando a otras personas.—"¿Estoy yo disfrutando de estos beneficios de A.A.?".

Meditación del Día.

El reino de los cielos está dentro de cada quien. Dios ve, como ningún hombre puede hacerlo, lo que hay dentro de todo ser. Ve el progreso en la imitación que se trata de hacer de su vida. Esa es la razón de existir de los seres; progresar más y más hacia una vida parecida a la de Dios. Se puede ver a menudo en los semejantes aquellas cualidades y aspiraciones que uno mismo posee. Así, también, puede Dios reconocer en cada quien a Su propio espíritu. Los motivos y aspiraciones de cada quien pueden ser comprendidos únicamente por aquellos que hayan alcanzado un nivel espiritual igual.

Oración del Día.

Ruego poder no esperar una total comprensión de los demás. Pido que solamente pueda esperarla de Dios, a medida que trato de progresar para ser más parecido a El.

15 de MAYO.—Pensamiento del Día.

En A.A. encontramos una nueva fortaleza y paz mediante la comprobación de que tiene que haber un Poder Superior a nosotros mismos que gobierna el universo y que se encuentra a nuestro lado cuando vivimos una vida buena. Por eso el programa de A.A. jamás termina. Se comienza por vencer a la bebida, y de allí se sigue hacia muchas nuevas oportunidades de felicidad y utilidad.—"¿Estoy disfrutando realmente de todos los beneficios de A.A.?".

Meditación del Día.

"Busca primero el Reino de Dios y su rectitud, y todas esas cosas serán agregadas dentro de ti". No debemos buscar primero las cosas materiales, sino que antes las cosas espirituales, y las cosas materiales vendrán a nosotros a medida que trabajemos honradamente por ellas. Muchas personas buscan primero las cosas materiales y piensan que después pueden progresar en el conocimiento de las cosas espirituales. No puede usted servir a Dios y al Becerro de Oro al mismo tiempo. Los primeros requisitos de una vida plena son las cosas espirituales: honradez, integridad, desinterés amor. Hasta que no se tengan estas cualidades, las cantidades de cosas materiales son de poca utilidad verdadera.

Oración del Día.

Ruego porque pueda poner mucho esfuerzo en la adquisición de los bienes espirituales. Pido porque pueda no esperar las cosas materiales sino hasta que sea recto espiritualmente.

16 de MAYO.—Pensamiento del Día.

En la historia del Buen Samaritano, el caminante cayó entre ladrones y fue abandonado, medio muerto, en la cuneta. Y un sacerdote y un levita pasaron por el otro lado del camino, sin prestarle atención. Pero el Buen Samaritano se sintió conmovido de compasión y se acercó a él. Le vendó sus heridas y lo llevó a un albergue, y cuidó de él. "¿Trato yo a un compañero alcohólico como un sacerdote y el levita o como el Buen Samaritano?".

Meditación del Día.

No hay que sentirse jamás fatigado de la plegaria. Cuando un día se vea como ha sido inesperadamente contestada la oración, se lamentará profundamente haber orado tan poco. La oración, cambia las cosas. Hay que practicar la oración hasta darse cuenta de que la confianza en Dios ha llegado a ser fuerte. Y entonces hay que seguir orando, porque ha llegado a ser un hábito tan fuerte que se necesita diariamente. Hay que continuar orando hasta que la plegaria parezca llegar a ser la comunión con Dios. Esa es la verdad a la que deben llegar los verdaderos momentos de plegaria.

Oración del Día.

Ruego poder adquirir el hábito de la diaria oración. Pido poder hallar la fortaleza que necesito como resultado de esta comunión.

17 de MAYO.—Pensamiento del Día.

Muchas personas bien intencionadas tratan a un alcohólico como el sacerdote y el levita de la Historia del Buen Samaritano. Pasan por el lado opuesto del camino, despreciándolo y diciéndole cuán baja persona es; sin fuerza de voluntad. En vez de eso, realmente ha caído en manos del alcohol, en la misma forma que el hombre de la historia cayó en manos de los ladrones. Y el miembro de A.A. que trabaja con otros es como el Buen Samaritano.—"¿Estoy yo impulsado por la compasión? ¿Me acerco a otro alcohólico y cuido de él?".

Meditación del Día.

Tengo que vivir constantemente en preparación para algo mejor por venir. Toda la vida es una preparación para algo mejor. Tengo que estar listo para el mañana. Tengo que sentir, en la noche de las lamentaciones, aquella alegría comprensiva que habla de una confiada esperanza de mejores cosas por venir.—"El lamento puede durar una noche; pero el gozo vendrá con la mañana". Hay que saber que Dios tiene reservado algo mejor para nosotros, en la medida en que se esté preparando cada cual para recibirlo. Toda la existencia en este mundo es una preparación para una mejor vida futura.

Oración del Día.

Ruego porque cuando la vida se acabe, regrese a una vida eterna, sin espacio, con Dios. Pido poder hacer de esta vida una preparación para una vida futura mejor.

18 de MAYO.—Pensamiento del Día.

Nos hallamos en A.A. por dos razones fundamentales: conservar nuestra propia sobriedad y ayudar a otros a lograr lo mismo. Es un hecho bien sabido que ayudar a otros constituye una gran parte de la conservación de la propia sobriedad. Está también bien demostrado que es muy difícil conservarse sobrio por sí mismo. Mucha gente ha tratado de hacerlo y ha fracasado. Asisten a algunas reuniones de A.A. y permanecen sobrios durante unos meses; pero con el tiempo, normalmente se emborrachan.—"¿Me consta que no puedo por mí mismo conservarme sobrio con éxito?".

Meditación del Día.

Hay que buscar la fe donde mora Dios, y que es un lugar que está más allá del tiempo y del espacio, de donde se ha venido y a donde se regresará. "Busquémosle a El y estaremos salvados". Buscar más allá de las cosas materiales se encuentra dentro del poder de la imaginación de cada quien. La búsqueda de la fe nos salva de la desesperación. La búsqueda de la fe nos libera de la aflicción y de la preocupación. La búsqueda de la fe nos trae una paz superior a todo entendimiento. La búsqueda de la fe nos aporta toda la fortaleza necesaria. La búsqueda de la fe nos suministra una nueva y vital fuerza, y una paz y serenidad maravillosas.

Oración del Día.

Ruego poder tener visión de la fe. Pido que, mediante la fe, pueda contemplar más allá de la vida actual y hasta la vida eterna.

19 de MAYO.—Pensamiento del Día.

La confraternidad es un elemento importante para la conservación de la sobriedad. Los médicos la llaman terapia de grupo. Jamás acudimos a una reunión de A.A. sin aprender algo de ella. A veces no nos sentimos con el deseo de asistir a una reunión, y pensamos en excusas para no ir. Pero normalmente acabamos por asistir en todo caso, y siempre obtenemos algún alivio en cada reunión. Las reuniones son una de las bases de la conservación de nuestra sobriedad. Y obtenemos mucho más de una reunión si tratamos de contribuir en ella en alguna forma.—"¿Estoy contribuyendo yo con mi participación en las reuniones?".

Meditación del Día.

"Me extrajo de un horrible pozo, fuera del fangoso lodo, y colocó mis pies sobre una roca, y afianzó mis pasos". La primera parte, "Me extrajo de un horrible pozo", significa que, acudiendo a Dios y poniendo en sus manos mis problemas, estoy en condiciones de vencer mis pecados y tentaciones. "Colocó mis pies sobre una roca" quiere decir que, cuando confío en Dios para todo, tengo seguridad verdadera. "Afianzó mis pasos" significa que trato honradamente de vivir en la forma en que Dios desea que viva. Tendré la orientación de Dios en mi diario vivir.

Oración del Día.

Ruego porque mis pies se asienten en una roca. Pido poder confiar en Dios para guiar mis pasos.

20 de MAYO.—Pensamiento del Día.

Si en una reunión nos levantamos y decimos algo acerca de nosotros mismos con el fin ayudar a un semejante, nos sentimos mucho mejor. Es la antigua ley de que, cuanto más se da, más se recibe. El hecho de dar testimonio y la confesión forman parte de la conservación de la sobriedad. Nunca se sabe cuándo se puede necesitar de alguien. Ayudar a los demás es una de las mejores formas para conservarse sobrio. Y la satisfacción que se obtiene al ayudar a un semejante es una de las más hermosas experiencias que se pueden vivir.—"¿Estoy yo ayudando a otros?".

Meditación del Día.

Jamás se alcanza una victoria real sin Dios. Todas las victorias militares de los grandes conquistadores han pasado a la historia. El mundo podría ser mejor sin los conquistadores militares. Las victorias reales son las obtenidas en el reino espiritual. "Aquel que se conquista a sí mismo es más grande que el que conquista países". Las victorias verdaderas son las victorias sobre el pecado y las tentaciones, conducentes a una vida victoriosa y plena. Por lo tanto, hay que mantener un alma valerosa y confiada. Hay que enfrentarse a todas las dificultades con espíritu de conquista. Hay que recordar que, allí donde se halle Dios, se encuentra la victoria verdadera.

Oración del Día.

Ruego porque las fuerzas del mal en mi vida huyan ante la presencia de Dios. Pido porque, en unión de Dios, pueda obtener la victoria real sobre mí mismo.

21 de MAYO.—Pensamiento del Día.

Una de las cosas más hermosas en A.A. es el hecho de compartir. Compartir es una cosa maravillosa, porque cuanto más se da más se recibe. En nuestros antiguos días de bebedores no compartíamos mucho. Solíamos reservar las cosas para nosotros, en parte porque estábamos avergonzados, pero principalmente porque éramos egoístas. Y estábamos muy solos porque no compartíamos. Cuando llegamos a A.A., lo primero que encontramos fue que podíamos compartir. Escuchamos a otros alcohólicos compartir sinceramente sus experiencias en hospitales, cárceles, y en todo el habitual desbarajuste que acompaña a la bebida.—"¿Estoy yo compartiendo mis experiencias?".

Meditación del Día.

El carácter se desarrolla mediante la disciplina diaria de las obligaciones cumplidas. Ser obediente a la visión celestial y seguir el camino recto. No caer en el error de no hacer las cosas que deben hacerse. El hombre necesita una vida de oración y meditación; pero, sin embargo, tiene que realizar su labor en los agitados ambientes de la vida. El hombre agitado es juicioso cuando descansa y espera pacientemente la orientación de Dios. Si se es obediente a la visión celestial, se puede estar en paz.

Oración del Día.

Ruego poder ser obediente a la visión celestial. Pido que, si llego a caer, pueda levantarme y proseguir.

22 de MAYO.—Pensamiento del Día.

Lo que más impresión causa en las juntas de A.A. es la buena disposición para compartir experiencias sin reserva alguna. Y muy pronto nos hallamos nosotros compartiendo en igual forma. Comenzamos por narrar nuestras experiencias, y al hacerlo, ayudamos a nuestros semejantes. Y cuando hemos descargado estas cosas de nuestro interior, nos sentimos mucho mejor. Nos hace mucho bien compartir con algún otro individuo que se halle en la misma situación angustiosa en que nos encontrábamos nosotros. Y cuando más compartimos con él, mas firmeza adquirimos.—"¿Sé yo que cuanto más comparto más probabilidades tengo de permanecer sobrio?".

Meditación del Día.

Hay que solicitar constantemente la fortaleza de Dios. Una vez estando convencidos de que la acción por tomar es la adecuada, una vez que se esté razonablemente seguro de la orientación de Dios, hay que solicitar aquella fortaleza. Se puede aspirar a toda la fortaleza que se necesite para hacer frente a cualquier situación. Cuando la propia provisión se haya agotado, se puede solicitar una nueva provisión. Se tiene el derecho a solicitarla, y se debe hacer uso de ese derecho. Un mendigo suplica, un hijo reclama. Cuando se suplica, con frecuencia se permanece en espera, pero cuando se reclama la fortaleza de Dios para una buena causa, se obtiene immediatamente.

Oración del Día.

Ruego poder solicitar la fortaleza de Dios siempre que la necesite. Pido poder tratar de vivir como hijo de Dios.

23 de MAYO.—Pensamiento del Día.

El Doceavo Paso de A.A., trabajar con otros alcohólicos, puede subdividirse en cinco escalones, cinco palabras que comienzan con la letra "C"; confianza confesión, convencimiento, conversión y continuidad. Lo primero, al tratar de ayudar a otro alcohólico, es conseguir su confianza. Lo hacemos hablándole de nuestras propias experiencia con la bebida, de manera que vea que sabemos de lo que estamos hablando. Si compartimos sinceramente nuestras experiencias, sabrá que estamos tratando sinceramente de ayudarlo. Se dará cuenta de que no está solo, y de que los demás han tenido experiencias tan amargas o más aún que las suyas. Esto le da confianza de que puede ser ayudado.—"¿Me preocupo lo suficiente acerca de otro alcohólico para lograr su confianza?".

Meditación del Día.

Cuando acaece la tragedia no me agobio tanto, como anteriormente lo hacía, por todas las pequeñas cosas que podría haber hecho y que no hice. Tengo que prepararme para el futuro haciendo lo debido en el momento justo; ahora. Si debe hacerse una cosa, debo tratar de hacerla hoy y conformarla a los deseos de Dios antes de permitirme contraer cualquier obligación nueva. Tengo que considerarme como un mensajero de los deseos de Dios, y regresar después a El en callada comunión, para decirle que el mensaje ha sido entregado y realizada la tarea.

Oración del Día.

Ruego poder no buscar crédito por los resultados de lo que haya realizado. Pido poder dejar a Dios el mérito del éxito de mis acciones.

24 de MAYO.—Pensamiento del Día.

En la labor del doceavo paso, la segunda etapa es la confesión. Compartiendo sinceramente con el nuevo prospecto, conseguimos que hable de sus propias experiencias. Se explayará y confesará cosas que no ha sido capaz de decir a otras gentes. Y se sentirá mejor cuando esta confesión haya liberado su espíritu de estas cosas. Es una gran liberación para su mente sacudirse estas cargas. Lo que ocultamos es lo que pesa en nuestro pensamiento. Tendrá una sensación de liberación y paz cuando nos haya abierto su corazón.—"¿Me preocupo lo suficiente de otro alcohólico para ayudarlo a hacer una confesión?".

Meditación del Día.

Debo ayudar a los demás todo lo que pueda. Toda alma afligida que Dios pone en mi camino debe ser ayudada por mí. A medida que trate de ayudar, una provisión de fortaleza me fluirá de Dios. Mi círculo de asistencia se hará cada vez más amplio. Dios me transmite el alimento espiritual y yo lo paso a otros. Jamás tengo que decir que solamente tengo bastante fortaleza para mis propias necesidades. Cuanta más pueda entregar, más adquiriré. Aquella que me reserve para mí será renovada constantemente.

Oración del Día.

Ruego poder tener una sincera disposición para dar. Pido poder no retener para mí únicamente la fortaleza que he recibido.

25 de MAYO.—Pensamiento del Día.

En la labor del doceavo paso, la tercera etapa es el convencimiento. El nuevo prospecto tiene que estar convencido de que sinceramente quiere dejar de beber. Tiene que ver y admitir que su vida es ingobernable. Tiene que enfrentarse a la realidad de que tiene que hacer algo acerca de su problema de la bebida. Tiene que ser absolutamente sincero consigo mismo y contemplarse como realmente es. Tiene que estar convencido de que tiene que renunciar a la bebida y tiene que ver que toda su vida depende de esta convicción.—"¿Me preocupo yo lo bastante de otro alcohólico para ayudarlo a llegar a esta convicción?".

Meditación del Día.

No hay un límite para la ayuda que se pueda dar a los demás. Hay que mantener siempre esa idea. No hay que abandonar jamás trabajo alguno o renunciar a la idea de la realización porque parezca estar más allá de las propias fuerzas. Dios ayudará en toda buena obra. Hay que renunciar a ello únicamente si se siente que no es esa la voluntad de Dios. Al ayudar a otros, hay que pensar en la diminuta semilla que se encuentra bajo el oscuro suelo. No existe la certeza de que, una vez abierto el camino, reciba la semilla la luz y el calor del sol. A menudo, una tarea parece estar más allá de las propias fuerzas, pero no existe límite para lo que puede llevarse a cabo con la ayuda de Dios.

Oración del Día.

Ruego porque nunca llegue a desanimarme al ayudar a otros. Pido poder confiar siempre en el poder de Dios para ayudarme.

26 de MAYO.—Pensamiento del Día.

La cuarta etapa en la labor del doceavo paso es la conversión. Conversión significa cambio. El nuevo prospecto tiene que aprender a cambiar su forma de pensar. Hasta ahora, todo lo que ha hecho ha sido estar unido a la bebida. Ahora tiene que encararse a una nueva clase de vida, sin licor. Tiene que ver y admitir que no puede sobreponerse a la bebida mediante su propia fuerza de voluntad, de suerte que tiene que acudir a un Poder Superior en busca de ayuda. Tiene que empezar cada día pidiendo a ese Poder Superior fortaleza para permanecer sobrio. Esta conversión a la creencia en el Poder Superior viene gradualmente, a medida que él la ensaya y encuentra que funciona.—"¿Me preocupo lo bastante por otro alcohólico para ayudarlo a lograr esta conversión?".

Meditación del Día.

La propia disciplina es absolutamente necesaria antes de que el poder de Dios sea concedido. Cuando se ve a otros demostrando el poder de Dios, tal vez no se ha visto la disciplina que existió primero. Toda la vida es una preparación para que sea realizado un mayor bien cuando Dios sabe que se está preparando para ello. Por tanto, hay que continuar disciplinándose cada día en la vida espiritual. Hay que aprender tanto de las leyes espirituales que la vida no pueda volver a ser un fracaso. Los demás verán en esta vida diaria la manifestación exterior de una disciplina interior.

Oración del Día.

Ruego poder manifestar el poder de Dios en mi diario vivir. Pido poder disciplinarme para estar preparado para hacer frente a toda oportunidad que se presente.

27 de MAYO.—Pensamiento del Día.

La quinta etapa en la labor del doceavo paso es la continuidad. Continuidad significa nuestra permanencia con el nuevo prospecto después de que ha iniciado su nueva forma de vivir. Tenemos que acercarnos a él y no dejar que se desanime. Tenemos que inducirlo a que asista regularmente a las reuniones en busca de campañerismo y ayuda. Aprenderá que conservarse sobrio es mucho más fácil en compañía de otros que están tratando de hacer la misma cosa. Tenemos que continuar ayudándolo yendo a verlo regularmente, telefoneándole o escribiéndole para que no deje de estar en contacto con A.A. La continuidad quiere decir buen apadrinamiento.—"¿Me preocupo y ocupo yo lo bastante de otro alcohólico para continuar con él todo el tiempo que sea necesario?".

Meditación del Día.

Todo árbol fuerte y frondoso tiene que tener una raíz fuerte en la tierra. Tiene que enraizar a profundidad para poder sostener, en tanto que a la vez surge en elevación para brindar las ramas que prestarán su follaje al mundo. Ambos crecimientos son necesarios. Sin una raíz fuerte, se marchitará pronto. Cuanto más se eleve en crecimiento, más profundo ha de ser el enraizamiento. Mi vida no puede elevarse al éxito a menos que esté enraizada en una fe vigorosa, o a menos que se sienta profundamente segura de la bondad y propósito del universo.

Oración del Día.

Ruego porque mi vida pueda estar profundamente enraizada en la fe. Pido poder sentirme profundamente seguro.

28 de MAYO.—Pensamiento del Día.

En A.A. aprendemos que, puesto que somos alcohólicos, podemos ser personas extraordinariamente útiles. Esto es, podemos ayudar a otro alcohólico, cuando quizás otros no hayan tenido nuestra experiencia con la bebida no podrían ayudarlo. Esto nos hace útiles de manera única. Los A.A. son un grupo único de personas, porque han tomado sus mayores derrotas y fracasos propios, su enfermedad, y los han utilizado como un medio para ayudar a otros. Nosotros, que hemos pasado por el mismo trance, somos quienes mejor podemos ayudar a otros "¿Creo yo que puedo ser útil en forma única?".

Meditación del Día.

Debo tratar de sentir la presencia de Dios. Puedo sentir que El está conmigo y junto a mí, protegiéndome y fortaleciéndome siempre. A pesar de toda la dificultad, de toda prueba, de todo fracaso, la presencia de Dios es suficiente. Tan sólo con creer que El está junto a mí, recibo fortaleza y paz. Debo tratar de vivir como si Dios estuviera a mi lado. No puedo verlo, porque no fui hecho con la capacidad para ello; de otro modo, no habría lugar para la fe. Pero puedo sentir su espíritu conmigo.

Oración del Día.

Ruego porque pueda tratar de practicar la presencia de Dios. Pido porque, haciéndolo así, jamás pueda sentirme solo o desamparado de nuevo.

29 de MAYO.—Pensamiento del Día.

Nosotros, que hemos aprendido a poner en manos de Dios nuestro problema de la bebida, podemos ayudar a otros a hacerlo así. Podemos ser utilizados como una conexión entre la necesidad de un alcohólico y la provisión de fortaleza de Dios. En Alcohólicos Anónimos podemos ser útiles en forma única, precisamente porque tenemos el infortunio o la fortuna de ser alcohólicos nosotros mismos.— "¿Deseo ser una persona útil en forma única? ¿Emplearé mi gran derrota, fracaso y enfermedad propios como un arma para ayudar o otros?".

Meditación del Día.

Trataré de ayudar a otros. Trataré de no dejar pasar un día sin extender el brazo de amor a alguien. Cada día trataré de hacer algo para elevar a otro ser humano del pozo de desaliento en el que él o ella hayan caído. Mi mano auxiliadora es necesitada para levantar el ánimo, la fortaleza, la fe y la salud del desamparado. Por gratitud, transferiré y ayudaré a otro alcohólico a aliviar la carga que está gravitando demasiado pesadamente sobre él.

Oración del Día.

Ruego poder ser auxiliado por Dios para aliviar muchas cargas. Pido porque muchas almas puedan ser ayudadas a través de mis esfuerzos.

30 de MAYO.—Pensamiento del Día.

Soy una parte de A.A., uno entre muchos, pero soy uno de ellos. Necesito los principios de A.A. para el descubrimiento de la vida interior que tengo. A.A. puede ser humana en su organización, pero es divina en su propósito. El propósito es encaminarme hacia Dios y hacia una vida mejor. Al participar de los privilegios del movimiento, compartiré las responsabilidades, echando sobre mí la responsabilidad de llevar mi justa parte de la carga alegremente, y no a regañadientes. En el grado en que yo falle en mis responsabilidades, fallará esa pequeña parte de A.A. En el grado en que yo triunfe, triunfará en parte A.A.—"¿Acepto yo que este es mi credo de A.A.?".

Meditación del Día.

"Alabad al Señor".—¿Qué significa alabar al Señor? — Quiere decir estar agradecido por todas las maravillosas cosas del universo y por todas las bendiciones que llegan a nuestra vida. Por eso, alabar al Señor es ser agradecido y humilde. La alabanza de esta clase tiene más poder para vencer al mal que la simple resignación. El hombre verdaderamente agradecido y humilde, que siempre está alabando a Dios, no se siente tentado para hacer el mal. Se tendrá un sentimiento de seguridad porque se sabe que, fundamentalmente, todo está bien. Por eso, hay que elevar la vista a Dios y alabarle.

Oración del Día.

Ruego poder estar agradecido por todas las bendiciones recibidas. Pido poder ser humilde, porque sé que no las merezco.

31 de MAYO.—Pensamiento del Día.

No esperaré a ser reclutado para servir a mis semejantes. Me ofreceré como voluntario. Seré leal en mi ayuda, generoso en mi dádiva, amable en mi crítica, constructivo en mis sugestiones, afectuoso en mis actitudes. Daré a A.A. mi interés, mi entusiasmo, mi devoción, y lo más importante de todo, daré de mí mismo.—"¿Acepto esto también como mi credo de A.A.?".

Meditación del Día.

Hay muchas clases de oraciones, pero cualquier tipo de oración significa la elevación del alma y de la mente a Dios. Por eso, ya sea que la oración sea solamente un resplandor de fe, una mirada o una palabra de amor, o tan solo un sentimiento de confianza en la bondad y propósito del universo, el resultado de esa oración es una mayor fortaleza para hacer frente a todas las tentaciones y sobreponerse a ellas. Es mas, aun cuando no se exprese súplica, toda la provisión de fortaleza necesaria es concedida. Porque el alma, estando ligada y unida a Dios, recibe de El toda la ayuda espiritual que necesite. El alma, cuando se encuentra en el cuerpo humano, necesita siempre de las cosas que no se encuentran en su morada celestial.

Oración del Día.

Ruego porque se me pueda enseñar cómo orar. Pido poder estar ligado, a través de la oración, al pensamiento y a la voluntad de Dios.

1o de JUNIO.—Pensamiento del Día.

Desde que estoy recobrando la sobriedad, hay algunas cosas que no echo de menos; aquella espantosa sensación física, incluyendo los temblores, el aplastante dolor de cabeza, de brazos y piernas, ojos legañosos, estómago descompuesto, espalda dolorida, rodillas flaqueantes y la cara abotagada. Tampoco echo de menos el tener que enfrentarme a mi esposa a la hora del desayuno sin poder probar bocado, buscar toda clase de excusas y sostenerme en lo dicho. Además, tampoco extraño intentar arreglarme con las manos temblorosas, ni el abrir la cartera para encontrarla vacía.—"No echo de menos esas cosas, ¿verdad?".

Meditación del Día.

Hemos nacido con la chispa de lo divino en nuestro interior. Esta chispa sólo ha quedado oculta por la vida que estábamos viviendo. Aquel fuego celestial no necesita sino ser atendido y alimentado para que, con el tiempo, crezca espiritualmente para convertirse en un deseo real de vivir en la debida forma. Tratando de cumplir con la voluntad de Dios se progresa cada vez más en el nuevo modo de vivir. Pensando en Dios, rezándole a El, y estando en comunión con El, gradualmente se adquiere una semejanza a El. El camino de la transformación de lo material a lo espiritual es el camino hacia Dios.

Oración del Día.

Ruego porque pueda atender la chispa Divina que hay en mi interior, para progresar espiritualmente. Pido poder transformarme gradualmente y vivir una nueva vida.

2 de JUNIO.—Pensamiento del Día.

Hay muchas cosas que no echo de menos desde que estoy recobrando la sobriedad: Conjeturar si el automóvil se halla en el garage, y cómo llegué a casa. Luchar para recordar dónde estuve y lo que hice a partir del último momento en que estuve consciente. Tratar de demorar mi marcha al trabajo. Pensar cuál será mi aspecto cuando llegue a mis labores. Tener miedo del día que tengo por delante.—"Seguramente no echo de menos esas cosas, ¿verdad?".

Meditación del Día.

No hay hombre que al creer realmente en Dios siga conservando su egoísmo. El antiguo yo se encoge y muere, y entonces renace el alma con la imagen de Dios impresa en ella. La eliminación gradual del egoísmo por medio del crecimiento del amor a Dios y a los semejantes es la meta de la vida. Al principio, sólo se tiene un débil acercamiento a lo Divino, pero la imagen crece, y se adquiere más y más similitud con Dios, hasta que llega el momento en que quienes nos miran pueden sentir en nosotros algo de la fuerza de la gracia de Dios operando en una vida humana.

Oración del Día.

Ruego poder desarrollar ese débil parecido que tengo con lo Divino. Pido porque los demás puedan ver en mí algo de la fuerza de la gracia de Dios operando en la humanidad.

3 de JUNIO.—Pensamiento del Día.

Hay muchas cosas que no echo de menos al ir recobrando la sobriedad: Corretear por todos lados para encontrar una cantina abierta y conseguir aquella "media vida" que me daba una copa. Reunirme con los amigos y tratar de ocultar lo desdichado que me sentía. Mirarme en un espejo y decirme a mí mismo toda clase de improperios. Luchar conmigo mismo para apaciguar mis sentimientos de culpa.—"Estoy seguro de que no echo de menos esas cosas, ¿verdad?".

Meditación del Día.

El amor es la fuerza que transforma la vida. Hay que tratar de amar a la familia, a los amigos, y también a toda la humanidad, incluyendo a quienes se considere como "pecadores". El amor a Dios es algo cada vez más grande. Es el resultado de la gratitud a Dios, y es el reconocimiento de las bendiciones que Dios envía. El amor a Dios reconoce los dones, y deja el camino abierto para que Dios derrame aun más bendiciones sobre el corazón agradecido. Hay que decir: "Gracias, Dios mío", hasta que el hacerlo se convierta en un hábito.

Oración del Día.

Ruego poder tratar de amar a Dios y a toda la humanidad. Pido poder agradecer continuamente a Dios todas sus bendiciones.

4 de JUNIO.—Pensamiento del Día.

Algunas de las cosas que me agradan desde que estoy recobrando la sobriedad son: Sentirme bien por la mañana. El uso total de mi inteligencia. Disfrutar de mi trabajo. Tener dinero disponible. La falta absoluta de remordimientos. La confianza de mis amigos. La perspectiva de un futuro feliz. La apreciación de las bellezas de la naturaleza. El estar consciente de lo que sucede.—"Estoy seguro de que me agradan estas cosas, ¿verdad?".

Meditación del Día.

Moldear la vida significa recortar y modelar el ser material para convertirlo en algo bueno, en algo que pueda expresar lo espiritual. Todas las cosas materiales son la arcilla de la cual moldeamos algo espiritual. Primero, hay que reconocer la presencia del egoísmo en los deseos y motivaciones, acciones y palabras, y después, moldear ese egoísmo hasta que quede sublimado y convertido en un arma espiritual que sea instrumento del bien. A medida que progresa esta labor de conversión, cada vez se ve más claramente lo que hay que hacer para modelar la vida y convertirla en algo mejor.

Oración del Día.

Ruego porque pueda modelar mi vida para convertirla en algo útil y bueno. Pido porque logre no desanimarme debido al lento progreso que haga.

5 de JUNIO.—Pensamiento del Día.

Los alcohólicos somos afotrunados por vivir en un momento y en una época en los que existe Alcohólicos Anónimos. Antes de que A.A. cobrara existencia, había muy poca esperanza para el alcohólico. A.A. es un gran reconstructor del naufragio humano. Recoge a un ser humano cuyo problema de personalidad se manifiesta en el alcoholismo y le ofrece un programa que, si está dispuesto a aceptarlo, le permite no sólo lograr la sobriedad, sino también encontrar una mejor forma de vivir.—"¿He hallado yo una mejor forma de vivir?".

Meditación del Día.

Muy calladamente, Dios habla a través de los pensamientos y sentimientos. Hay que escuchar la voz Divina que se manifiesta en la conciencia. Hay que atenderla, y no habrá que arrepentirse por los resultados. Hay que escuchar esa tenue voz, y los cansados nervios hallarán reposo. La voz Divina llega tanto en forma de fortaleza como en forma de ternura, tanto en forma de energía como en forma de tranquilidad. La fortaleza moral deriva su efectividad de la fuerza que llega cuando pacientemente se escucha la tenue voz de Dios.

Oración del Día.

Ruego porque pueda escuchar la tenue voz y leve voz de Dios. Pido poder obedecer los dictados de mi conciencia.

6 de JUNIO.—Pensamiento del Día.

Normalmente, el alcoholismo es un síntoma de algún problema de personalidad subyacente. Es la forma en que los alcohólicos expresamos nuestras inadaptaciones en la vida. Creo que desde el principio yo fuí un alcohólico potencial. Tal vez tenía un complejo de inferioridad, y no me era fácil hacer amistades. Entre las demás personas y yo existía un muro. Y yo estaba solo. No me adaptaba a la vida. "¿Bebía yo para escapar de mí mismo?".

Meditación del Día.

Cada individuo piensa respecto a Dios de acuerdo con sus propias y diversas necesidades. No es necesario pensar en Dios en la misma forma en que piensan otras personas de El; pero sí es necesario pensar que El proporciona aquello que cada cual necesita personalmente. El débil precisa de la fortaleza de Dios. El fuerte necesita de la ternura de Dios. El caído necesita de la gracia salvadora de Dios. El justo necesita de la misericordia de Dios por los pecadores. El solitario necesita de Dios como amigo. Los que luchan por la rectitud necesitan en Dios a su director. Se puede pensar en Dios en cualquier forma que se desee. Generalmente, sólo se acude a Dios hasta que se necesita de El.

Oración del Día.

Ruego poder pensar en Dios como proveedor de mis necesidades. Pido poder llevar ante El todos mis problemas, para poder hacerles frente con su ayuda.

7 de JUNIO.—Pensamiento del Día.

El alcoholismo es una enfermedad progresiva. Pasamos por tres etapas: la de bebedor social, la de bebedor problema y la de bebedor crónico. Acabamos por caer en los hospitales y en las cárceles. Con el tiempo, perdemos nuestros hogares, nuestras familias y el respeto a nosotros mismos. Sí, el alcoholismo es una enfermedad progresiva, y sólo se tienen tres alternativas con él: El manicomio, la tumba o la total abstinencia.—"¿Elegiré no beber la primera copa?".

Meditación del Día.

No solamente se puede vivir una vida nueva, sino que se puede progresar en gracia, en fuerza y en belleza de espíritu. Hay que caminar siempre hacia adelante, y mirar hacia arriba, de acuerdo con los más elevados valores espirituales. En el mundo animal, la forma del animal cambia para que pueda conseguir lo que le agrada como alimento. El carácter cambia a medida que se avanza en los valores del espíritu, como lo son la belleza, el amor, la sinceridad, la integridad y el altruismo. Persiguiendo estos valores, la naturaleza entera llega a transformarse de tal manera que se es más receptivo para mejor deleitarse con las maravillas de la vida plena.

Oración del Día.

Ruego poder caminar hacia adelante y mirar hacia arriba. Pido que mi carácter pueda transformarse con la consecución de los valores del espíritu.

8 de JUNIO.—Pensamiento del Día.

Una vez que se es alcohólico, se sigue siéndolo para siempre. Seguiremos empeorando; jamás mejoraremos. Nunca nos curaremos. Nuestro alcoholismo sólo puede ser detenido. No importa cuánto tiempo se haya permanecido sobrio, si se vuelve a probar el alcohol, volverá a estarse tan mal o peor que antes. No hay excepción para esta regla en toda la historia de A.A. Jamás podremos recobrar los buenos tiempos anteriores a nuestro alcoholismo. Estos han desaparecido para siempre.—"¿Trataré yo de recobrarlos inútilmente?".

Meditación del Día.

La vida nos ha sido concedida, principalmente, con el fin de perfeccionar el alma. Esta vida que vivimos no debe ser tanto corporal como espiritual. A menudo, los hombres escogen la manera de vivir que más acomoda al cuerpo, y no la forma que más conviene al alma. Dios quiere que elijamos lo que más conviene al alma, y también al cuerpo. Al aceptar esta creencia, el resultado es una maravillosa transformación del carácter. Si se realiza el propósito de Dios, la vida no se verá frustrada ni se demorará el progreso espiritual. El alma se perfecciona en la medida en que se elige el bien. Y así, el propósito de la vida se va realizando.

Oración del Día.

Ruego poder escoger lo que sea bueno para mi alma. Pido poder darme cuenta del propósito de Dios para mi vida.

9 de JUNIO.—Pensamiento del Día.

Al seguir bebiendo, llegamos al fondo. No todos nos arruinamos económicamente, aunque a muchos sí les sucedió. Pero todos estábamos en bancarrota espiritual. Teníamos una enfermedad del alma, una repulsión contra nosotros mismos y contra nuestra manera de vivir. La vida había llegado a ser imposible para nosotros. Teníamos que acabar con todo, o bien buscar alguna solución.—"¿Estoy satisfecho de haber buscado una solución?".

Meditación del Día.

La fe no significa ver, sino creer. Me encuentro en una caja de tiempo y espacio, y no puedo ver ni la eternidad ni la inmensidad. Pero Dios no se halla dentro de esta caja. Es ilimitado y eterno. No puede ser abarcado totalmente por nuestras mentes finitas. Pero tenemos que tratar de establecer una unión entre nuestros propósitos y los propósitos de Dios. Al tratar de fundir nuestros pensamientos con los pensamientos de Dios, se realiza una unidad de propósito. Esta unidad de propósito nos coloca en armonía con Dios y con nuestros semejantes. El mal proviene del hecho de no estar en armonía con Dios, y el bien llega cuando sí existe tal armonía.

Oración del Día.

Ruego poder estar en armonía con Dios. Pido poder entrar en el curso de la bondad del universo.

10 de JUNIO.—Pensamiento del Día.

Si una persona tiene cierta preparación moral, religiosa o espiritual, constituye un mejor prospecto para A.A. Cuando llega al fondo, a ese momento crucial en que ha sido totalmente derrotado, se vuelve instintivamente a la decencia que aún le quede. Acude a las reservas de moral y de fe que hayan quedado en el fondo de su alma.—"¿He tenido yo esta experiencia espiritual?".

Meditación del Día.

El mundo se maravilla cuando ve que un hombre puede sacar inesperadamente grandes e insospechadas cantidades de dinero del banco para alguna emergencia. Pero lo que el mundo no ha visto han sido las incontables pequeñas sumas depositadas en ese banco, logradas mediante un trabajo constante a través de largo tiempo. Y así sucede con el banco del espíritu. El hombre ve al hombre de fe hacer una súbita demanda de fortaleza a los almacenes de Dios, y la demanda es satisfecha. El mundo no ve lo que ese hombre ha estado depositando en forma de gratitud, alabanzas oración y comunión por medio de pequeñas buenas obras realizadas con constancia y con firmeza a través de los años.

Oración del Día.

Ruego poder seguir haciendo depósitos en el banco de Dios. Pido que en mis horas de necesidad, pueda recurrir a ellos.

11 de JUNIO.—Pensamiento del Día.

Los alcohólicos tenemos que creer en un Poder Superior a nosotros mismos. Sí, tenemos que creer en Dios. No creer en un Poder Superior nos lleva al ateísmo. El ateísmo, ya se ha dicho antes, es la fe ciega en la extraña proposición de que este universo tuvo su origen en la nada, y se mueve desesperadamente hacia ninguna parte. Esto es prácticamente imposible de creer. Así, acudimos a aquel Divino Principio del Universo al que llamamos Dios.—"¿He dejado yo de tratar de gobernar mi propia vida?".

Meditación del Día.

"Señor, te damos gracias por el inmenso don de la paz, esa paz que escapa de todo conocimiento, esa paz que el mundo no puede dar ni quitar." —Esa es la paz que únicamente Dios puede dar en medio de un mundo agitado y rodeado de problemas y dificultades. Conocer esa paz es haber recibido la imagen del reino de Dios. Cuando se ha ganado esa paz, se está capacitado para juzgar entre los falsos y los verdaderos valores; entre los valores del reino de Dios y los valores de todo lo que el mundo tiene que ofrecer.

Oración del Día.

Ruego porque hoy pueda tener paz interior. Pido porque hoy pueda estar en paz conmigo mismo.

12 de JUNIO.—Pensamiento del Día.

Cuando llegamos a A.A. hicimos un gran descubrimiento. Encontramos que éramos personas enfermas, más bien que leprosos morales. No éramos unos bichos tan extraños como creíamos serlo. Encontramos a otras personas que padecían de la misma enfermedad que nosotros teníamos; que habían pasado por idénticas experiencias por las que nosotros habíamos pasado. Se habían recuperado. Si ellos pudieron hacerlo, nosotros también podíamos.—"¿Nació en mí la esperanza el día que entré en A.A.?".

Meditación del Día.

"Aquel que oyese estas palabras y las practicase, es como el hombre que construyó una casa sobre una roca, y cayó la lluvia y vinieron las inundaciones y sopló la tempestad y azotó sobre aquella casa, y no se derrumbó, porque estaba cimentada sobre una roca". Cuando la vida se construye sobre el principio de la obediencia a Dios y sobre el cumplimiento de su voluntad, como cada quien la entienda, se estará firme e inmutable aún en medio de las tormentas. La vida serena, firme, inmutable —la casa sobre la roca— está levantada piedra sobre piedra (cimientos, muros y techos) por actos de obediencia a la visión celestial. La diaria obediencia a la dirección de Dios y el diario cumplimiento de su voluntad levantan la casa sobre una roca.

Oración del Día.

Ruego porque mi vida pueda cimentarse sobre la roca de la fe. Pido poder ser obediente a la visión celestial.

13 de JUNIO.—Pensamiento del Día.

En A.A. tenemos que reeducar nuestras mentes. Tenemos que aprender a pensar en forma diferente. Tenemos que tener una larga visión sobre la bebida, en lugar de una visión corta. Tenemos que examinar a través del cristal lo que se encuentra detrás de él. Tenemos que contemplar tanto la noche como las consecuencias de la mañana siguiente. Sin tomar en cuenta lo bueno que pueda parecer el alcohol a primera vista, tenemos que darnos cuenta de que, más pronto o más temprano, es un veneno para nosotros.—"¿He aprendido yo a mirar más allá de la botella y a vislumbrar esa vida mejor que existe sin ella?".

Meditación del Día.

Si se está tratando de vivir en la forma en que se cree que Dios desea que se viva, se puede obtener la dirección de Dios en los momentos de callada comunión con El, siempre que los pensamientos estén encaminados hacia Su voluntad y hacia todas las cosas buenas. La actitud de "Hágase Tu voluntad, no la mía", conduce a una clara orientación. Hay que actuar de acuerdo con esta orientación, y se podrá ser conducido a mejores cosas. Los impulsos parecen haberse convertido menos en los propios y más en la dirección del espíritu de Dios actuando a través de los pensamientos. La obediencia traerá la respuesta a las oraciones.

Oración del Día.

Ruego porque pueda tratar de pensar los pensamientos que Dios me envíe. Pido que mis pensamientos puedan ser guiados por sus Deseos.

14 de Junio.—Pensamiento del Día.

En A.A. tenemos que aprender que la bebida es nuestro mayor enemigo. Aun cuando solíamos pensar que el alcohol era nuestro amigo, llegó el momento en que se volvió contra nosotros y se convirtió en nuestro enemigo. No sabemos exactamente cuando sucedió esto, pero sabemos que ocurrió, porque empezamos a tener dificultades, ingresos en las cárceles y en los hospitales. Ahora nos damos cuenta de que el alcohol es nuestro enemigo.—"¿Es todavía mi principal meta conservarme sobrio?".

Meditación del Día.

No son tanto las circunstancias como uno mismo quien necesita cambiar. Después de que se ha cambiado, las condiciones cambian en forma natural. No hay que escatimar esfuerzos para llegar a ser lo que Dios desea que se sea. Hay que seguir toda buena indicación de la conciencia. Hay que aceptar cada día sin mirar hacia atrás. Hay que enfrentarse a los problemas del día sintiendo que se está con Dios, y hay que buscar su ayuda y orientación para decidir lo que se deba hacer en cada situación que pueda presentarse. No se debe mirar hacia atrás. No hay que dejar para mañana lo que debe realizarse HOY.

Oración del Día.

Ruego porque Dios me ayude a llegar a ser todo lo que El desea que yo llegue a ser. Pido poder enfrentarme a los problemas de hoy con buena disposición y voluntad.

15 de JUNIO.—Pensamiento del Día.

En A.A. tenemos tres cosas: compañerismo, recuperación y servicio. El compañerismo es maravilloso; pero su maravilla dura justamente lo que dura la fe. Pueden presentarse algunas murmuraciones, la desilusión y el aburrimiento. La preocupación y el temor vuelven a invadirnos en ocasiones, y hallamos que el compañerismo no lo es todo. Entonces, necesitamos la fe para transmitirla en el servicio que hay que dar a quien aún sufre. Cuando estamos solos, sin que nadie nos de una palabra de aliento, tenemos que acudir a Dios en busca de ayuda.—"¿Puedo yo decir "Hágase tu voluntad" y sentirlo sinceramente?".

Meditación del Día.

En una vida dirigida por Dios existe belleza. Existe encanto en el sentimiento de ser guiado por Dios. Hay que tratar de comprender la magnitud de la bondad de Dios. Dios proyecta lo mejor para nosotros. Sus rutas son maravillosas; se hallan más allá de nuestro conocimiento. Pero la dirección de Dios va penetrando cada vez más paz y alegría. La vida está siendo proyectada y bendecida por Dios. Se pueden contar como perdidas todas las cosas materiales, si éstas impiden conquistar el camino hacia la conciencia plena de la dirección de Dios.

Oración del Día.

Ruego poder obtener las recompensas del poder y de la paz de Dios. Pido poder desarrollar el sentimiento de estar conducido por Dios.

16 de JUNIO.—Pensamiento del Día.

Tampoco la fe lo es todo. Tiene que haber servicio. Tenemos que proporcionarlo de buena gana si queremos conservarlo. El Mar Muerto no tiene salida y está estancado y lleno de sal. El Mar de Galilea es claro, limpio y azul, ya que el Río Jordán lo introduce en las vidas de otros. Dar servicio a nuestros semejantes hace a nuestras vidas dignas de vivirse.—"¿Significa para mí un verdadero propósito en la vida el dar servicio a los demás?".

Meditación del Día.

Hay que buscar a Dios al comenzar el día, antes de que El se halle abrumado por los problemas de la vida, las dificultades o las complacencias. Cuando sea temprano, en esos momentos de tranquilidad, hay que adquirir una pacífica y fuerte confianza en la bondad y propósito del universo. No hay que buscar a Dios solamente cuando las luchas del mundo demuestren ser excesivas para ser enfrentadas por sí mismo. Hay que buscar a Dios a primera hora, cuando se pueda tener una conciencia del espíritu de Dios en el mundo. Con frecuencia, la gente solamente busca a Dios cuando sus dificultades son demasiado grandes para poder ser superadas en cualquiera otra forma, olvidándose de que, si se buscase la compañía de Dios antes de necesitarla, muchas de sus dificultades no surgirían jamás.

Oración del Día.

Ruego poder no dejar que Dios se vea abrumado por el torbellino de la vida. Pido poder buscar a Dios temprano y a diario.

17 de JUNIO.—Pensamiento del Día.

Nosotros, en A.A., tenemos el privilegio de vivir dos vidas durante el transcurso de una. Una vida de borrachera, fracaso y derrota. Después, a través de A.A., otra vida de sobriedad, tranquilidad de pensamiento y servicio. Los que nos hemos recobrado alcanzando la sobriedad, somos milagros modernos, y estamos viviendo un tiempo extra que se nos ha concedido. Algunos de nosotros podríamos haber estado muertos hace mucho tiempo. Pero se nos ha brindado otra oportunidad para vivir.—"¿Tengo yo una deuda de gratitud con A.A. que no podré pagar mientras viva?".

Meditación del Día.

Pensando en Dios con amor y veneración se aleja el mal. Ese es el pensamiento ante el cual huyen las huestes del mal. El pensamiento de un Poder Superior es la llamada a una tabla salvadora que nos rescate de la tentación. El pensamiento en Dios desvanece la soledad y disipa la tristeza. Da lugar a la ayuda para vencer los defectos. Hay que pensar en Dios tan a menudo como sea posible. Hay que utilizar ese pensamiento en forma suplicante, y con buen propósito. Apartará los pensamientos de las cosas materiales, y los encauzará hacia las cosas espirituales que hacen a la vida digna de vivirse.

Oración del Día.

Ruego poder pensar en Dios con frecuencia. Pido poder descansar con tranquilidad ante el pensamiento de su amor y cuidado.

18 de JUNIO.—Pensamiento del Día.

No es fácil seguir la forma de vida de A.A. Pero es una aventura que realmente merece la pena de experimentarse. Y es tan superior a la antigua manera de vivir dentro de la borrachera, que ni siquiera puede haber comparación entre ambas formas. Nuestras vidas no tendrían valor alguno sin A.A. Con A.A. tenemos la oportunidad de vivir una vida razonablemente buena. Merece la pena correr la aventura de una nueva vida, a pesar de lo duro que parezca el enfrentarla día por día.—"¿No merece la pena hacer la lucha?".

Meditación del Día.

La vida espiritual se compone de dos elementos. Uno, es la vida interior, la vida de plegaria y de callada comunión con Dios. Se pasa esta parte de la vida a solas con Dios. Cada día el pensamiento puede ser orientado en la debida dirección para que los pensamientos sean positivos. El otro elemento se compone de la vida de comunicación, de comunicar a los demás lo que se ha aprendido a través de la experiencia meditativa. Las victorias que se han obtenido sobre el propio ser mediante la ayuda de Dios pueden ser compartidas con los semejantes. Se les puede ayudar comunicándoles algo de la victoria y seguridad que se ha logrado en la vida interior.

Oración del Día.

Ruego obtener una mayor fortaleza de los momentos que a solas paso con Dios. Pido poder transmitir algo de su fortaleza a los demás.

19 de JUNIO.—Pensamiento del Día.

Todos los días tenemos que hacer una elección de nuestras vidas. Podemos emprender la senda que conduce a la locura y a la muerte, sin olvidar que nuestra próxima borrachera bien puede ser la última. O podemos tomar el camino que lleva a una vida razonablemente feliz y útil. La elección nos pertenece cada día de nuestras vidas. Dios nos concede que emprendamos el camino debido.—"¿He hecho hoy mi elección?".

Meditación del Día.

El propósito real en la vida es progresar espiritualmente. Para hacerlo, se tiene que seguir por el camino de buscar el bien diligentemente. Las ocultas maravillas espirituales son reveladas a aquellos que buscan ese tesoro incansablemente. Después, se tiene que seguir por la senda de la obediencia a la voluntad de Dios, hasta que finalmente se alcancen alturas espirituales cada vez más elevadas. Trabajar en el plano material queda en segundo término dentro del propósito principal de la vida. Las cosas materiales que más se necesitan son aquellas que ayudan a lograr lo espiritual.

Oración del Día.

Ruego porque pueda seguir progresando espiritualmente. Pido poder hacer de ello el propósito principal de mi vida.

20 de JUNIO.—Pensamiento del Día.

Hay que estar preparado y dispuesto a transmitir el mensaje de A.A. al ser llamado para hacerlo. Hay que vivir para algún propósito superior a los propios intereses. Todos los días se tendrá algo por lo cual trabajar. Se ha recibido tanto de este programa, que se debe tener una visión que proporcione dirección y propósito a la vida, para dar significado a cada nuevo día. No nos deslicemos por la vida. Tengamos una meta para cada día, y formémonos ese propósito para algo superior a nuestros propios intereses.—"¿Cuál es mi propósito para hoy?".

Meditación del Día.

Ver a Dios con los ojos de la fe es hacer que el poder de Dios se exprese en la vida material. Dios no puede llevar a cabo su labor cuando hay incredulidad. En respuesta a la creencia, Dios puede operar un milagro en la personalidad. En el reino de la personalidad acaecen todos los milagros y todos son causados por la creencia en la infabilidad del poder de Dios. Pero el poder de Dios no puede manifestarse en las personalidades, a menos que esas personalidades hagan factible su poder mediante la fe. Unicamente podemos ver a Dios con los ojos de la fe, pero esta forma de ver produce un gran cambio en nuestra forma de vivir.

Oración del Día.

Ruego porque pueda ver a Dios con los ojos de la fe. Pido porque esta visión produzca un cambio en mi personalidad.

21 de JUNIO.—**Pensamiento del Día.**

La fe inteligente en ese Poder Superior a
nosotros mismos puede considerarse como
la estabilizadora de nuestras emociones.
Tiene una capacidad incomparable para
ayudarnos a contemplar la vida
equilibradamente. Miramos en torno, hacia
arriba y más allá de nosotros mismos, y
vemos que nueve de cada diez de las cosas
que momentáneamente nos trastornan
desaparecerán en breve. Los problemas se
resuelven por sí mismos; la crítica y el
desamor se desvanecen, como si jamás
hubieran existido.—"¿He adquirido yo
una perspectiva equilibrada de la vida?".

Meditación del Día.

A un hombre verdaderamente espiritual le agrada tener
una mente serena. La única forma de mantenerse
tranquilo y cuerdo en este mundo agitado es teniendo
un pensamiento sereno. La mente tranquila y cuerda ve
lo espiritual como la verdadera realidad, y a las cosas
temporales únicamente como temporales y fugitivas.
Jamás se podrá tener ese razonamiento mediante el
pensamiento, porque los poderes de raciocinio están
limitados por el tiempo y el espacio. Es la clase de
pensamiento que nunca se podrá obtener con la lectura,
porque las otras mentes están igualmente limitadas en
la misma forma. Unicamente se puede lograr ese
pensamiento mediante un acto de fe, arriesgándose a
creer.

Oración del Día.

Ruego poder tener una mente tranquila y cuerda. Pido
poder mirar en torno hacia arriba y más allá de mí
mismo.

22 de JUNIO.—Pensamiento del Día.

Si se tiene alguna duda, hay que preguntar a cualquiera de los miembros más antiguos del grupo de A.A., y prontamente dirán que desde que entregaron sus vidas al cuidado de Dios, tal y como ellos lo conciben, muchos de sus problemas se han desvanecido en las nieblas del ayer. Cuando se permite que algo llegue a trastornar, solamente se consigue abrir la puerta a futuros centenares de trastornos.—"¿Estoy permitiendo que me trastornen pequeñas cosas?".

Meditación del Día.

Haría bien en no pensar en el Mar Rojo de dificultades que se hallan ante Mí. Estoy seguro de que cuando llegue a ese Mar Rojo, se abrirán las aguas y se me concederá toda la fuerza que necesito para enfrentarme y vencer muchas dificultades, y recibir con valor lo que me espere. Creo que atravesaré ese Mar Rojo y llegaré a la tierra prometida, la tierra del espíritu donde muchas almas se encuentran disfrutando de perfecta camaradería. Creo que cuando llegue ese momento, me hallaré libre de toda la escoria de las cosas materiales, y encontraré la paz.

Oración del Día.

Ruego porque pueda hacer frente al futuro con valor. Pido poder recibir fortaleza para enfrentarme sin temor a la vida y a la muerte.

23 de JUNIO.—Pensamiento del Día.

Ninguna cadena es más fuerte que un eslabón más débil. Igualmente, si usted fracasa en el programa de vivir día por día, con seguridad se ha de deber a su punto más débil. Una gran fe y el contacto con Dios puede ayudarlo a descubrir, defender y fortalecer su punto más débil con una fortaleza adicional a la suya. La fe inteligente en el poder de Dios puede ayudarlo a dominar sus emociones, ayudarlo a pensar amablemente acerca de los demás, y ayudarlo en cualquier proyecto que emprenda, por difícil que sea.—"¿Soy yo dueño de mis emociones?".

Meditación del Día.

Hay que estar constantemente provisto del poder del espíritu de Dios. Hay que comulgar con Dios en los momentos tranquilos hasta que la vida de Dios, la vida Divina, mediante ese contacto, fluya en el ser y reviva el espíritu desfalleciente. Cuando llegue la fatiga, hay que sentarse junto al manantial y descansar. Hay que reposar y obtener poder y fortaleza de Dios, y entonces se estará preparado para hacer frente a cualesquiera oportunidades que puedan presentarse en el camino. Hay que descansar hasta que todo cuidado y preocupación hayan desaparecido, y entonces la ola de paz y serenidad, de amor y de alegría, fluirán en la conciencia.

Oración del Día.

Ruego poder reposar y llegar a sentirme reconfortado. Pido poder detenerme y esperar la renovación de mi fortaleza,

24 de JUNIO.—Pensamiento del Día.

El alcohol es nuestra debilidad. El origen de nuestro alcoholismo puede ser atribuido en gran parte a nuestras emociones inestables. Sufrimos de conflictos mentales de los que buscamos escapar ahogando nuestros problemas en la bebida. Tratamos, a través de la copa, de huir de las realidades de la vida. Pero el alcohol no alimenta, el alcohol no construye, únicamente vive a cuenta del futuro, y, en definitiva, lo destruye. Tratamos de ahogar nuestros sentimientos con objeto de escapar de las realidades de la vida, dándonos escasa cuenta o preocupándonos poco de que con el continuo beber no estamos sino multiplicando nuestros problemas.—"¿He obtenido yo el control sobre mis inestables emociones?".

Meditación del Día.

Cuando permito que los incidentes personales y los resentimientos interfieran con lo que yo sé que es mi conducta adecuada, voy por el camino errado y estoy deshaciendo todo lo que he levantado mediante una manera justa de ser. Jamás debo permitir que los incidentes personales interfieran con la manera de vivir que sé que Dios desea que siga. Cuando no tenga una clara orientación de Dios, he de seguir adelante tranquilamente por la senda del deber. La actitud de tranquila fe recibirá su recompensa tan seguramente como la actuación basada en la directa orientación de Dios. No tengo que debilitar mi fuerza espiritual permitiendo que me trastornen los incidentes individuales.

Oración del Día.

Ruego poder no llegar a estar demasiado trastornado. Pido poder seguir adelante con tranquilidad, por la senda que he escogido.

25 de JUNIO.—Pensamiento del Día.

Uno de los hechos más alentadores de la vida es que su flaqueza puede llegar a ser su mayor caudal. Las velas de las naves y los aviones se elevan contra el viento. Al trepar una elevada montaña, necesitamos de los despeñaderos pedregosos y de los lugares ásperos para ayudarnos en nuestro ascenso. Así, la flaqueza puede llegar a ser un caudal si se sabe enfrentarse a ella, analizarla y seguir su rastro hasta su origen. Hay que tenerla en el centro del pensamiento. Ninguna flaqueza, como la bebida, se transformó jamás en algo positivo hasta que fue debidamente enfrentada primero.—"¿Estoy yo convirtiendo mi flaqueza en mi mayor caudal?".

Meditación del Día.

Cuando los hombres tratan de venerar a Dios piensan en el gran universo que Dios gobierna, en la creación, en la ley y en el orden todopoderoso que hay en todo el universo. Entonces, los hombres sienten el temor que procede a la veneración. Yo también tengo que sentir temor, sentir el deseo de venerar a Dios con maravillada admiración. Mi pensamiento se encuentra en una caja de tiempo y de espacio, y está formado de tal manera que no puedo concebir lo que se halla más allá del espacio y del tiempo: lo ilimitado y eterno. Pero sé que tiene que haber algo más allá del espacio y del tiempo, y que ese algo tiene que ser el ilimitado y eterno Poder que hay detrás del universo. También sé que puedo experimentar ese poder en mi vida.

Oración del Día.

Ruego poder aceptar el Espíritu Ilimitado y Eterno. Pido poder expresarlo a El en mi vida.

26 de JUNIO.—Pensamiento del Día.

Tenemos que determinar la naturaleza de nuestra flaqueza antes de que podamos saber cómo tratarla. Cuando somos sinceros en cuanto a su presencia, podemos descubrir que es imaginaria y que puede ser vencida con un cambio de pensamiento. Admitimos que somos alcohólicos, y estaríamos locos si rehusásemos aceptar nuestra debilidad para hacer algo acerca de ella. Así, enfrentándonos sinceramente a nuestra flaqueza y teniendo siempre presente el conocimiento de que para nosotros el alcoholismo es una enfermedad de la que nos vemos afligidos, podemos dar los pasos necesarios para detenerla.—"¿He aceptado yo totalmente mi debilidad?".

Meditación del Día.

Existe el momento adecuado para todo. Tengo que aprender a no hacer las cosas en el momento inconveniente, esto es, antes de que esté preparado o que las condiciones sean adecuadas. Existe siempre la tentación de hacer las cosas inmediatamente, en lugar de esperar el momento propicio. La determinación del tiempo es importante. Tengo que aprender, en las pequeñas situaciones de la vida, a demorar la acción hasta que esté seguro de que estoy haciendo lo debido en el momento adecuado. En las decisiones importantes y en las crisis de la vida se puede solicitar la orientación de Dios, pero en las pequeñas situaciones de la misma, se marcha solo, cuando en todo momento debería estarse con El.

Oración del Día.

Ruego poder demorar la acción hasta que me sienta seguro de que estoy haciendo lo que debo. Pido poder no marchar solo.

27 de JUNIO.—Pensamiento del Día.

Si puede usted aceptar sus disgustos tal y como vienen; si puede conservar su tranquilidad y presencia de espíritu en medio de agobiantes obligaciones e interminables compromisos; si puede levantarse por encima de las aflictivas y perturbadoras circunstancias en las que se halla sumido, habrá usted descubierto un inapreciable secreto del diario vivir. Es más, si está usted forzado a pasar por la vida sobrecargado por alguna inescapable desventura o desventaja, y sin embargo vive cada día como se presenta, con equilibrio y paz de pensamiento, habrá usted triunfado allí donde la mayoría de las personas han fracasado. Habrá usted realizado una hazaña mayor que la de una persona que gobierna una nación.—"¿He logrado yo equilibrio y paz de pensamiento?".

Meditación del Día.

Vaya donde vaya, lleve siempre consigo una bendición; por eso, bendiga a los demás. Esos acopios de bendiciones le están esperando en los meses y años que se hallan por delante. Transmita sus bendiciones. La bendición puede y lo hace, dar la vuelta al mundo, pasando sobre la corrientes de hombre a hombre. Derrame una pequeña bendición en el corazón de una persona. Esta persona es alentada a transmitirla, y así viaja el mensaje vivificador, portador de alegría, de aliento de Dios. Sea un transmisor de las bendiciones de Dios.

Oración del Día.

Ruego porque pueda transmitir mis bendiciones. Pido porque puedan fluir en las vidas de los demás.

28 de JUNIO.—Pensamiento del Día.

Usted puede probarse a sí mismo que la vida es, básica y fundamentalmente, una actitud interior. Trate tan sólo de recordar lo que más le perturbaba hace una semana. Problamente encontrará difícil recordarlo. ¿Por qué, pues, debe usted preocuparse o enojarse indebidamente por los problemas que surjan hoy? Su actitud hacia ellos puede ser cambiada poniéndose usted mismo y a sus problemas en manos de Dios, y confiando en que El verá que todo suceda perfectamente, siempre que usted esté tratando de hacer bien las cosas. Su tranformada actitud mental hacia sus problemas lo libera de sus cargas, y puede usted hacerles frente sin temor.—"¿He cambiado mi actitud mental?".

Meditación del Día.

Usted no puede ver el futuro. Es una bendición que no pueda hacerlo. No podría soportar conocer todo el futuro. Es por eso que Dios solamente se lo revela a usted día por día. El primer paso de cada día es poner su voluntad ante Dios como una ofrenda, dispuesto a que Dios haga lo que mejor le convenga a usted. Tenga la seguridad de que si confía usted en Dios, lo que El haga por usted será para su bien. El segundo paso es tener confianza en que Dios es lo bastante poderoso para hacer cualquier cosa que El desee, y que con El ningún milagro es imposible en las vidas humanas. Por lo tanto, deje el futuro a Dios.

Oración del Día.

Ruego porque pueda dejar alegremente mi futuro en manos de Dios. Pido poder tener confianza en que, mientras me halle sobre la buena senda, sucederán cosas buenas.

29 de JUNIO.—Pensamiento del Día.

El programa de Alcohólicos Anónimos implica un esfuerzo continuo de mejoramiento. No puede haber un largo período de descanso. Tenemos que tratar de trabajar en él en todo momento. Tenemos que tener en el pensamiento continuamente que un programa que no puede medirse en años, porque un alcohólico no logra nunca cumplirlo a la perfección, ni se cura jamás. El alcoholismo es tan sólo arrestado mediante el diario vivir del programa. En todo sentido, es un programa infinito. Lo vivimos día a día, o más exactamente, momento a momento; ahora.—"¿Estoy siempre esforzándome por mejorar?".

Meditación del Día.

Toda la vida es una preparación para algo mejor por venir. Dios tiene un plan para cada cual y para su vida, y se realizará si se trata de cumplir su voluntad. Dios tiene proyectadas cosas para cada quien, mucho más allá de lo que pueden imaginarse ahora. Pero hay que prepararse para estar dispuesto a recibir esas cosas mejores que vendrán. Ahora es el momento de usar la disciplina y entrar en oración. El momento de la expresión llegará más tarde. La vida puede inundarse de júbilo y alegría aquí y allá. Por eso, hay que prepararse para esas cosas mejores por venir.

Oración del Día.

Ruego porque pueda prepararme para las cosas mejores que Dios me tiene destinadas. Pido poder confiar en Dios para el futuro.

30 de JUNIO.—Pensamiento del Día.

Un alcohólico, durante su alcoholismo activo, es incapaz, o no está dispuesto, a vivir en el Presente. El resultado es que vive en un estado de constante remordimiento y de temor a causa de su pasado, o del futuro incierto y sus vagos presentimientos. Por lo tanto, la única esperanza real para el alcohólico es hacer frente al presente. Ahora es el momento. El ahora es nuestro. El pasado no puede volver. El futuro es tan incierto como la vida misma. Solamente el ahora nos pertenece.—"¿Estoy viviendo yo en el ahora?".

Meditación del Día.

Tengo que olvidar el pasado todo lo posible. El pasado ya no me pertenece. Nada puede hacerse sobre el pasado, excepto hacer la reparación que se pueda. Debo deshacerme del peso de mis pasados fracasos. Tengo que ir adelante con fe. Las nubes desaparecerán y se iluminará el camino. La senda se hará menos pedregosa a cada paso que dé hacia adelante. Dios no tiene reproches por nada de lo que El ha curado. Puedo sanar y ser libre, aun cuando haya destruido mi vida en el pasado. Hay que recordar las palabras: "Nada te condeno; marcha y no peques más".

Oración del Día.

Ruego porque pueda librarme del peso del pasado. Pido poder desprenderme de él, y avanzar con fe.

1o. de JULIO.—Pensamiento del Día.

Siguiendo el programa de A.A. con sus doce pasos, tenemos la ventaja de una mejor comprensión de nuestros problemas. Día a día nuestra sobriedad da por resultado la formación de nuevos hábitos, hábitos normales. A medida que termina cada período de veinticuatro horas, descubrimos que la cuestión de permanecer sobrios es una prueba mucho menos temible de lo que parecía ser al principio.—"¿Encuentro yo que es más fácil la nueva vida a medida que progreso?".

Meditación del Día.

Hay que aprender diariamente a tener confianza y calma en medio de las tormentas de la vida. Sea cual sea la dificultad o trastornos que pueda traer el día, el deber hacia Dios continúa siendo el mismo. Hay que ser agradecido, humilde, tranquilo y amoroso con todo el mundo dejar en cada alma lo mejor, por haberla conocido o escuchado. Esto debe ser la actitud con todas las personas; un deseo genuino de ayudar y un espíritu de contagiosa tranquilidad y confianza en Dios. Tenemos la solución para la soledad y el temor, que es una tranquila fe en la bondad y propósito del universo.

Oración del Día.

Ruego poder permanecer tranquilo en medio de las tormentas. Pido poder transmitir esta tranquilidad a otros que se encuentren solitarios y llenos de temor.

2 de JULIO.—Pensamiento del Día.

En la asociación, con miembros del grupo de A.A. al cual pertenezco, tenemos la ventaja de contar con la amistad sincera y con la comprensión de los demás miembros, quienes, a través del contacto social y personal, nos apartan de nuestros viejos hábitos y ambientes y nos ayudan a eliminar en gran medida las tentaciones que se presenten de que bebamos. Encontramos en esta asociación una comprensión y buena voluntad por parte de la mayoría de los miembros para hacer todo lo que esté dentro de sus fuerzas para ayudarnos.—"¿Aprecio yo la maravillosa camaradería de A.A.?".

Meditación del Día.

"A menos que lleguéis a ser como niños pequeños, no podréis entrar al reino de los cielos." En estas palabras se precisa que todos aquellos que buscan el cielo en la tierra o en el futuro deben llegar a ser como niños pequeños. Al buscar las cosas del espíritu y en nuestra fe, debemos tratar de llegar a ser pueriles. Es más, a medida que nos hagamos mayores, los casos de búsqueda pueden darnos la actitud del niño confiado. No solamente por la sencilla confianza debemos tener el espíritu infantil, sino también por la alegría en la vida, la risa pronta, la falta de crítica, y el deseo de compartir. En el cuento de Carlos Dickens, "El Villancico de Navidad", hasta el viejo Scrooge cambió cuando alcanzó el espíritu infantil.

Oración del Día.

Ruego porque pueda llegar a ser como un niño en fe y esperanza. Pido poder como un niño, ser amigable y confiado.

3 de JULIO.—Pensamiento del Día.

Alcohólicos Anónimos solamente se inició con dos personas. Ahora hay muchos grupos y millares de miembros. Sin embargo, únicamente se ha tocado la superficie. Probablemente en América existen cuatro millones de personas que necesitan nuestra ayuda. Cada día, más y más personas están ingresando a A.A. En el caso de cada miembro individual, el ingreso se ha efectuado cuando admite que es impotente ante el alcohol, y acude a un Poder Superior, admitiendo que su vida ha llegado a ser ingobernable. Ese Poder Superior opera en todas las cosas y nos ayuda a obtener mucho en el mejoramiento individual y en el crecimiento de los grupos de A.A.—"¿Estoy yo poniendo mi parte para que crezca A.A.?".

Meditación del Día.

"Benditos sean los que tienen hambre y sed de honradez, porque serán satisfechos". Unicamente en la plenitud de la fe puede al afligido y el abatido y el fatigado ser satisfecho, sanado puesto en descanso. Hay que pensar en las maravillosas revelaciones espirituales que les falta encontrar a aquellos que están tratando de vivir la vida espiritual. Mucho de la vida es terreno espiritualmente inexplorado. Unicamente para las personas consagradas y amantes que caminan con Dios en espíritu pueden revelarse esos grandes descubrimientos espirituales. Hay que seguir marchando adelante, y creciendo en rectitud.

Oración del Día.

Ruego poder no ser detenido por las cosas materiales del mundo. Pido que pueda dejar a Dios conducirme hacia adelante.

4 de JULIO.—Pensamiento del Día.

En Alcohólicos Anónimos no existe la idea del beneficio individual; ninguna codicia ni lucro; ninguna cuota de afiliación; ninguna obligación. Unicamente las contribuciones voluntarias de nuestro dinero y de nosotros mismos. Todo lo que esperamos es la sobriedad y la recuperación, de modo que podamos vivir vidas normales y respetables y ser reconocidos por los demás como hombres y mujeres dispuestos a hacer por otros lo que ha sido hecho por nosotros. Realizamos estas cosas mediante la ayuda recíproca, siguiendo los doce pasos y por la gracia de Dios.—"¿Estoy yo dispuesto a trabajar por A.A. sin provecho material para mí?".

Meditación del Día.

Lo que algunas veces es llamado conversión por la religión, con frecuencia solamente es el descubrimiento de Dios como un amigo en momentos de necesidad. Lo que a veces es llamado religión, a menudo es únicamente el conocimiento espiritual de la ayuda y fortaleza del poder de Dios en nuestras vidas. Lo que a veces es llamado perfección es, frecuentemente, tan solo la invitación de Dios para ser nuestro amigo. Cuando Dios llega a ser nuestro amigo, llegamos a ser amigos para los demás. Experimentamos la verdadera amistad humana, y por esta experiencia podemos imaginar qué clase de gran amigo puede ser Dios. Creemos que El es un amigo infatigable, altruista, victorioso, hacedor de milagros. Podemos elevarnos hasta el Gran Amigo y, figuradamente, tomar su mano entre las nuestras.

Oración del Día.

Ruego poder pensar en Dios como un gran amigo en momentos de necesidad. Pido poder acompañar a Dios.

5 de JULIO.—Pensamiento del Día.

Hasta que llegamos a A.A., la mayoría de nosotros había tratado desesperadamente de dejar de beber. Estábamos dominados por la ilusión de que podíamos beber como nuestros amigos. Una y otra vez tratamos de tomarlo o dejarlo, pero no podíamos hacer ni una cosa ni la otra. Siempre caíamos en un beber incesante, infeliz. Las esposas, las madres, los familiares, amigos y jefes meneaban la cabeza con doloroso asombro, con desesperación, y, finalmente, con disgusto. Nosotros queríamos detenernos. Nos dábamos cuenta de que toda razón para beber era solamente una excusa tonta. "¿He renunciado yo a toda excusa para beber?".

Meditación del Día.

Muchas cosas pueden trastornarnos y hacer que nos desviemos del camino. Pero hay que recordar que Dios está cerca de nosotros en todo momento, dispuesto a ayudarnos si acudimos a El. Ningún hombre puede mantenerse para siempre en contra de la voluntad de Dios, ni puede trastornar el plan de Dios para su vida, aun cuando ese proyecto de Dios pueda ser pospuesto por la terquedad y la deliberada elección del mal por un hombre. Un mundo entero de hombres y mujeres no pueden cambiar permanentemente las leyes de Dios ni su propósito para el universo. El mar de la vida puede parecernos muy agitado; pero podemos creer que nuestro Capitán conduce la nave en el debido curso.

Oración del Día.

Ruego poder tratar de seguir el curso debido. Pido poder aceptar la dirección de Dios en el viaje de mi vida.

6 de JULIO.—Pensamiento del Día.

Tratamos de estudiar nuestro problema alcohólico, preguntándonos cuál sería la causa de nuestra extraña obsesión. Muchos de nosotros seguimos tratamientos especiales, hospitalizaciones, y aun reclusiones en instituciones. En cada caso, el alivio era sólo temporal. Tratamos mediante absurdas excusas de convencernos de que sabíamos por qué bebíamos, pero a pesar de ello, continuábamos haciéndolo. Finalmente, la bebida había llegado mucho más lejos. Nos habíamos convertido en alcohólicos; hombres y mujeres que habían estado destruyéndose contra su propia voluntad.—"¿Estoy yo completamente libre de mi obsesión alcohólica?".

Meditación del Día.

"Pedid y recibiréis". No hay que permitirse nunca pensar que no se puede hacer algo útil, o que jamás se estará en condiciones de realizar una labor útil. La verdad es que se puede hacer prácticamente todo en el campo de las relaciones humanas, si se está dispuesto a pedir la concesión de fortaleza a Dios. Esta concesión puede no ser obtenida de inmediato, porque no se está enteramente preparado para recibirla. Pero con seguridad vendrá cuando se esté adecuadamente preparado para ello. A medida que se crezca espiritualmente, un sentimiento de estar plenamente provisto de la fortaleza de Dios invadirá el espíritu, y se podrán realizar muchas cosas útiles.

Oración del Día.

Ruego poder pretender la concesión de fortaleza por Dios a través de mi fe en El. Pido que me sea concedida en proporción a mi fe.

7 de JULIO.—Pensamiento del Día.

Habíamos llegado a ser personas espiritual, emocional y físicamente, sin esperanza. El poder que nos controlaba era superior a nosotros, era el alcohol. Muchos bebedores han dicho: "Yo no había llegado tan lejos; yo no había perdido mi trabajo por causa de la bebida; yo conservaba todavía mi familia; yo me las arreglaba para no ir a parar a la cárcel. Es cierto que algunas veces bebía demasiado, y sospecho que me portaba como un asno cuando lo hacía; pero todavía pensaba que podría controlar mi bebida. Realmente, no creo que yo era un alcohólico".—¿He cambiado totalmente mi manera de pensar?".

Meditación del Día.

Por doloroso que sea el presente, algún día se verá la razón para que así sea. Se verá que no era sólo una prueba, sino que la preparación para el trabajo de por vida que se ha de realizar. Hay que tener fe en que las oraciones y aspiraciones se contestarán y realizarán algún día. Serán contestadas en una forma que quizá parezca dolorosa, pero que es el único camino recto. El egoísmo y el orgullo nos hacen desear cosas que con frecuencia no son buenas para nosotros. Necesitan ser eliminados de nuestro ser. Tenemos que librarnos de los obstáculos que nos estén reteniendo, antes de que podamos esperar que nuestras oraciones sean contestadas.

Oración del Día.

Ruego porque pueda estar dispuesto a pasar por un período de prueba. Pido poder confiar en Dios para el logro del éxito.

8 de JULIO.—Pensamiento del Día.

Los miembros de A.A. le dirán que ellos pueden mirar hacia atrás y ver claramente que se hallaban fuera de control mucho antes de que finalmente lo admitieran. Cada uno de nosotros ha pasado esa etapa en la que no queríamos admitir que éramos alcohólicos. Hace falta mucho sufrimiento para convencernos; pero una cosa es cierta: todos nosotros sabemos por nuestra experiencia actual que, cuando llega para atormentarnos, el alcohol no tiene igual.—"¿Tengo yo alguna reserva en cuanto a mi condición de alcohólico?".

Meditación del Día.

Existe una fuerza para el bien en el mundo, y cuando se está cooperando con esa fuerza para el bien, suceden cosas buenas. Se tiene libre albedrío; la elección para encontrarse en el lado recto o en el erróneo. A esta fuerza para el bien la llamamos voluntad de Dios. Dios tiene un propósito para el mundo, y El tiene un propósito para la vida de cada quien. El quiere que nuestros deseos estén en consonancia con los deseos de El. El únicamente puede operar a través de las personas. Si se trata de hacer de la voluntad de Dios la voluntad propia, se será guiado por El. Se estará en la corriente de la bondad, arrastrado por todo lo que es bueno. Se estará del lado de Dios.

Oración del Día.

Ruego porque pueda tratar de hacer de la voluntad de Dios mi propia voluntad. Pido porque pueda mantenerme en la corriente de la bondad en el mundo.

9 de JULIO.—Pensamiento del Día.

La desilusión y la confusión espiritual marcan nuestra edad. Muchos de nosotros hemos eliminado viejos ideales sin adquirir otros nuevos. Muchos hombres y mujeres se arrastran a través de la vida simplemente porque se rehusan a confiar en otro poder que no sea ellos mismos. Muchos de ellos creen que están siendo independientes; pero realmente sólo están cortejando al desastre. La ansiedad y el complejo de inferioridad han llegado a ser la mayor de las plagas modernas. En A.A. tenemos la solución para estas enfermedades.—"¿He cesado yo de confiar solamente en mí?".

Meditación del Día.

La desilusión y la duda arruinan la vida. Los que dudan son los desilusionados. Cuando se está en duda, se está en el peligro del principio, y no se va a ninguna parte. La duda envenena toda acción. Hay que enfrentarse a la vida con una actitud afirmativa. Existe el bien en el mundo, y se puede seguir ese bien. Existe un poder a nuestra disposición para ayudarnos a hacer lo debido. Por lo tanto, aceptemos ese poder. Existen milagros manifestados en cambios de vida de las personas. Por lo tanto, aceptemos esos milagros como evidencia del poder de Dios.

Oración del Día.

Ruego no quedar paralizado por la duda. Pido poder seguir adelante en el camino de la fe.

10 de JULIO.—Pensamiento del Día.

En Alcohólicos Anónimos no entramos en discusiones teológicas; pero al transmitir el mensaje, tratamos de explicar el sencillo modo de la vida espiritual. Cómo la fe en un Poder Superior puede ayudar a vencer la soledad, el temor y la ansiedad. Cómo puede ayudar a convivir con las demás personas. Cómo puede hacer posible el elvarse sobre el dolor, la lástima y el desaliento. Cómo puede ayudar a vencer los deseos por las cosas destructivas.—"¿He alcanzado yo una fe sencilla y efectiva?".

Meditación del Día.

Hay que esperar milagros manifestados en los cambios de vida de las personas. No hay que retenerse por la incredulidad. Las personas pueden ser transformadas, y con frecuencia, están preparadas y esperando tener este cambio. No hay que creer jamás que la naturaleza humana no puede ser cambiada. Todos los días vemos personas transformadas. ¿Tenemos fe para hacer posibles esos cambios? En las vidas de las personas suceden milagros modernos diariamente. Todos los milagros tienen lugar en el reino de las personalidades. La naturaleza humana puede transformarse y siempre está siendo cambiada. Pero hay que tener suficiente fe para poder ser conductos de la voluntad de Dios para las vidas de otros.

Oración del Día.

Ruego poder tener la fe de esperar milagros. Pido porque pueda ser utilizado por Dios para ayudar a cambiar las vidas de otros.

11 de JULIO.—Pensamiento del Día.

En Alcohólicos Anónimos no tratamos de marcar la senda para el alma humana, ni tratamos de dar testimonio escrito de las obras de la fe. Decimos al recién llegado que hemos renovado nuestra fe en un Poder Superior. Al decírselo, nuestra fe se renueva aún más. Creemos que la fe siempre está al alcance de la mano, esperando a aquellos que quieran escuchar el latido del espíritu. Creemos que existe una fuerza para el bien en el universo, y que si nos unimos a esa fuerza, somos llevados hacia adelante a una nueva vida.—"¿Estoy yo en esta corriente de bondad?".

Meditación del Día.

Dios nos protegerá contra las fuerzas del mal, si confiamos en El. Mediante el poder de Dios, que fortalece, se puede hacer frente a todo. Una vez que Dios ha puesto en cada uno su marca y sello de propiedad, toda su fuerza habrá de servir y proteger. Hay que recordar que se es hijo del Padre. Hay que darse cuenta de que la ayuda del Padre está siempre a disposición de todos sus hijos, para que puedan hacer frente a todo. La voluntad de Dios hace todo lo necesario para el bienestar espiritual, si se desea que él guíe el camino.

Oración del Día.

Ruego porque pueda confiar en Dios a través de este día. Pido poderme sentir profundamente seguro, sin importar lo que me suceda.

12 de JULIO.—Pensamiento del Día.

El hoy es nuestro. Vivamos hoy como creamos que Dios quiere que lo hagamos. Cada día tendremos una nueva situación que no podemos prever. Pero podemos iniciar cada día con un callado momento en el cual pronunciemos una pequeña oración pidiendo a Dios que nos ayude ese día. El contacto personal con Dios, tal y como lo concebimos, nos llevará día con día más cerca de un conocimiento de su voluntad para nosotros. Al terminar el día le damos gracias a El por otras 24 horas de sobriedad. Un día completo, constructivo, ha sido vivido, y estamos agradecidos.—"¿Estoy yo pidiendo a Dios fortaleza cada día, y dándole las gracias cada noche?".

Meditación del Día.

Si se cree que la gracia de Dios nos ha salvado, entonces hay que creer que El está dispuesto a salvarnos más aún, y a mantenernos en el camino por aquel que hay que andar. Es más, un salvador humano no salva de ahogarse a un hombre para colocarlo en otras aguas profundas y peligrosas, sino para ponerlo en tierra firme. Dios, que es nuestro salvador, haría ciertamente esto, y aún más. Dios completaría la obra que El comenzó a hacer. El no habrá de arrojarnos por la borda, si se confía en El.

Oración del Día.

Ruego poder confiar en que Dios me conservará en el camino recto. Pido porque pueda confiar en que El no me dejará ir.

13 de JULIO.—Pensamiento del Día.

Un alcohólico, antes de llegar a A.A., está "volando a ciegas". Pero A.A. le brinda una nave salvadora en el programa de A.A. Mientras se conserve dentro de esta nave, la señal de sobriedad continuará llegando. Si tiene una recaída, la señal se interrumpe. Si se desvía de la ruta hasta la borrachera continua, la señal se detiene. A menos que vuelva a la nave salvadora de A.A., se halla en peligro de estrellarse contra la cima de la montaña de la desesperación.—"¿Me encuentro yo dentro de la nave salvadora?".

Meditación del Día.

Hay que esperar. Hay que esperar mejores cosas constantemente. Hay que creer que lo que Dios tiene en reserva para cada cual es mejor que todo lo que se ha obtenido antes. El medio para hacerse viejo felizmente es esperar cosas mejores hasta el fin de la vida, e incluso más allá. Una buena vida es una vida creciente, de ampliación, con horizontes cada vez más amplios, con un círculo cada vez mayor de amigos, con mayores conocimientos y una oportunidad de ser útil cada vez más grande.

Oración del Día.

Ruego porque pueda esperar con fe completa el próximo evento grato que hay reservado para mí. Pido poder mantener siempre una actitud de esperanza respecto a la vida.

14 de JULIO.—Pensamiento del Día.

Una de las mejores cosas del programa de A.A. es la paz de pensamiento y la serenidad interior que puede traernos. Cuando bebíamos, no teníamos paz de pensamiento ni serenidad. Teníamos exactamente lo contrario; una especie de confusión, y aquella "callada desesperación" que conocíamos tan bien. La confusión de aquellos días era causada parcialmente por nuestro sufrimiento físico —las terribles crudas, los sudores, los temblores y los estremecimientos. Pero en mayor grado era causada por nuestro sufrimiento moral; la soledad, el sentimiento de inferioridad, la mentira, el remordimiento que todo alcohólico conoce. "¿He logrado yo más paz de pensamiento?".

Meditación del Día.

Hay que tratar de buscar la dirección de Dios en todas las relaciones personales, en todos los tratos con otras personas. Dios habrá de ayudar a tener cuidado en todas las relaciones con la gente si se está dispuesto a dejar que Dios sea quien guíe. Hay que alegrarse de que Dios puede protegernos y defendernos de la tentación y del fracaso, Dios puede protegernos en todas las situaciones durante el día, si se confía en su fortaleza y se sigue adelante. Se debe pensar que se está entrando en la etapa del éxito, en la forma adecuada de vivir. No hay que dudar, de que adelante hay mejores cosas para cada cual. Hay que seguir adelante sin temor, porque existe la profunda seguridad de la protección de Dios.

Oración del Día.

Ruego porque Dios pueda protegerme y sostenerme en la medida en que yo trate de servirle a El. Pido poder seguir hoy adelante sin temor.

15 de JULIO.—Pensamiento del Día.

Después de que dejamos de beber mediante el programa de A.A., gradualmente comenzamos a disfrutar de una paz de pensamiento y de una serenidad que jamás pensamos que fuera posible lograr. Esta paz de pensamiento está basada en el sentimiento de que, fundamentalmente, todo está bien. Esto no significa que todo esté bien aparentemente. Hay pequeñas cosas que pueden seguir marchando mal, y las grandes cosas pueden continuar transtornándonos. Pero en lo profundo de nuestras almas sabemos que, con el tiempo, todo marchará perfectamente ahora que estamos viviendo sobrios.—"¿He logrado yo una profunda calma interior?".

Meditación del Día.

Se va ascendiendo por la escala de la vida que llega hasta la eternidad. ¿Colocaría Dios nuestros pies sobre una escala insegura? Su apoyo puede estar oculto, escondido en lugares secretos, pero si Dios nos ha pedido que ascendamos por ella firmemente, con seguridad que El ha asegurado la escalera. La fe ofrece la fortaleza para subir firmemente por esta escala de la vida. Hay que dejar toda seguridad a Dios, y confiar en que El no habrá de dejarnos caer. El está aquí para darnos toda la fuerza que se necesite para continuar ascendiendo.

Oración del Día.

Ruego porque pueda ascender por la escala de la vida sin temor. Pido poder adelantar firmemente durante el resto de mi vida con fe y confianza.

16 de JULIO.—Pensamiento del Día.

Podemos creer que Dios está en su cielo, y que tiene un propósito para nuestras vidas que, con el tiempo, operará en la medida en que tratemos de vivir en la forma en que creamos que El desea que vivamos. Una señora dijo una vez que ella "soportaba el mundo como un traje cómodo". Esto quería decir que nada podía trastornarla gravemente, porque tenía una fe profunda y perseverante en que Dios se ocuparía siempre de ella. Para nosotros quiere decir no trastornarnos demasiado por la maldad superficial de las cosas, sino sentirnos profundamente seguros de que la bondad fundamental y el propósito del universo.—"¿Me siento yo seguro en el fondo?".

Meditación del Día.

Como la sombra de una gran roca en una tierra desierta, Dios es nuestro refugio contra los males de la vida. El antiguo himno dice: "Dios puede ser tu refugio ante la tormenta. El poder de Dios puede protegerte contra toda tentación y derrota. Trata de sentir su divino poder; solicítalo, acéptalo, y utilízalo. Armado con esa fuerza, puedes hacer frente a todo. Cada día, busca seguridad en el lugar secreto de Dios, en comunión con El. Allí no puedes ser gravemente tocado ni dañado. Dios puede ser tu refugio."

Oración del Día.

Ruego porque pueda hallar un cielo en el pensamiento de Dios. Pido poder morar en esa Fuerte Torre, poderosamente guarecida.

17 de JULIO.—Pensamiento del Día.

La nueva vida de sobriedad que estamos aprendiendo a vivir en A.A. va progresando lentamente en nosotros, y estamos comenzando a obtener algo de esa profunda paz de pensamiento y serenidad que jamás habíamos pensado que fuera posible lograr. Al principio, pudimos haber dudado de que esto podría sucedernos, pero tras de cualquier período considerable de tiempo en A.A., mirando a los rostros felices en torno nuestro, sabemos que algo nos está ocurriendo. En realidad, no puede menos de suceder a todo el que sigue el programa de A.A. seriamente día a día.—"¿Puedo ver mi propia felicidad reflejada en los rostros de los demás?".

Meditación del Día.

Dios no habrá de retirar su presencia de nosotros. El no se rehusa a revelarnos su verdad. El no aleja su espíritu de nosotros. No retiene la fortaleza que necesitamos. Su presencia, su verdad, su espíritu, su fortaleza, siempre están inmediatamente disponibles para nosotros, siempre que estemos totalmente dispuestos a recibirlo todo. Pero esto puede verse rechazado por el egoísmo, el orgullo intelectual, el temor, la codicia y el materialismo. Tenemos que tratar de librarnos de estos obstáculos y dejar que nos llegue el espíritu de Dios.

Oración del Día.

Ruego poder remover todos los obstáculos que me están separando de Dios. Pido poder dejar que Dios, con su poder, entre en mi vida.

18 de JULIO.—Pensamiento del Día.

Dos cosas pueden arruinar la unidad del grupo; el chismorreo y la crítica. Para evitar estas cosas decisivas, tenemos que darnos cuenta de que todos estamos embarcados en la misma lancha. Somos como un grupo de personas en una lancha salvavidas después de haberse hundido el barco. Si hemos de ser salvados, tenemos que marchar de acuerdo. Es cuestión de vida o muerte para nosotros. El chismorreo y la crítica son formas seguras para la destrucción de cualquier grupo de A.A. Todos estamos en A.A. para mantenernos sobrios y para ayudar a cada uno de los demás a conservarse sobrio. Y ni el chismorreo ni la crítica ayudan a nadie a permanecer sobrio.—"¿Soy con frecuencia culpable de la murmuración y la crítica?".

Meditación del Día.

Debemos tratar de estar agradecidos por todas las bendiciones que hemos recibido, y que no merecemos. La gratitud a Dios por todas sus bendiciones nos hace humildes. Hay que recordar qué poco podemos hacer por nosotros mismos, y ahora confiamos en la gracia de Dios para ayudarnos a nosotros mismos y a los demás. La gente no se preocupa mucho por aquellos que son vanidosos y sienten ser mejores que los demás, ni por aquellos que murmuran y critican. Pero la gente se impresiona ante la verdadera humildad. Por eso, debemos tratar de practicar la humildad en todo momento. La gratitud a Dios y la verdadera humildad son lo que nos hace eficaces.

Oración del Día.

Ruego porque pueda marchar humildemente con Dios. Pido poder confiar en su gracia para sostenerme.

19 de JULIO.—Pensamiento del Día.

La murmuración o la crítica acerca de las personas no tiene lugar en un salón de A.A. Todo hombre en A.A. es un hermano y toda mujer es una hermana, en tanto que él o ella sean miembros de A.A. No debemos murmurar acerca de las relaciones de cualquier hombre y mujer del grupo. Y si decimos de un miembro compañero: "Creo que se está tomando algunas copas a escondidas", es lo peor que podemos hacerle a esa persona. Si un hombre o mujer no está viviendo los principios de A.A. o tiene una recaída, es cosa de él o de ella el levantarse en una reunión y decirlo. Si no lo hacen, solamente se están dañando a sí mismos.—"¿Hablo yo acerca de otros miembros a sus espaldas?".

Meditación del Día.

Para Dios, el milagro de un cambio en la vida de una persona es solamente un acontecimiento natural. Pero es un acontecimiento natural operado por fuerzas espirituales. No existe milagro demasiado maravilloso en las personas para ser un suceso diario. Pero los milagros acontecen solamente a aquellos que son totalmente dirigidos y fortalecidos por Dios. Los cambios maravillosos en las naturalezas de las personas suceden muy sencillamente, y, sin embargo, no dependen de ninguna otra cosa que no sea la gracia de Dios. Pero estos milagros han sido preparados durante días y meses de una aspiración a algo mejor. Están siendo acompañados por un deseo real de vencerse a sí mismo y entregar a Dios la propia vida.

Oración del Día.

Ruego poder esperar milagros en las vidas de las personas. Pido poder ser utilizado para ayudar a cambiar a la gente.

20 de JULIO.—Pensamiento del Día.

Tenemos que ser leales al grupo y a cada miembro de él. Jamás tenemos que acusar a un miembro a sus espaldas, ni tampoco en su cara. Es asunto de él el decirnos si algo marcha mal. Aún más, tenemos que tratar de no pensar mal acerca de ningún miembro, porque si lo hacemos, estamos dañando consciente o inconscientemente a esa persona. Tenemos que ser leales entre nosotros para que A.A. opere con éxito en nosotros. Mientras nos encontremos en esta lancha salvavidas, tratando de salvarnos nosotros y entre nosotros del alcoholismo, tenemos que ayudarnos verdadera y sinceramente los unos a los otros.—"¿Soy yo un miembro leal de mi grupo?".

Meditación del Día.

Hay que seguir la orientación de Dios lo mejor que se pueda, y dejarle a El los resultados. Hay que hacer esto obediente y fielmente, sin preguntarse si al dejar la realización de la orientación en manos de Dios los resultados serán buenos. Hay que creer que la orientación que Dios presta ha sido ya practicada por Dios para producir los resultados requeridos de acuerdo con cada caso y circunstancia. Por eso, hay que seguir la orientación de Dios de acuerdo con la propia conciencia. Dios sabe sobre la vida individual y el carácter de cada quien, así como sobre las capacidades y debilidades de todos.

Oración del Día.

Ruego poder vivir de acuerdo con los dictados de mi conciencia. Pido poder dejar a Dios los resultados.

21 de JULIO.—Pensamiento del Día.

Si sentimos la necesidad de decir algo para encauzar a otro miembro de A.A. por el buen camino, debemos decírselo a él con comprensión y benevolencia, y no con una actitud crítica. Debemos poner todas las cartas sobre la mesa. El programa de A.A. es maravilloso; pero tenemos que seguirlo realmente. Tenemos que marchar de acuerdo todos, o todos nos hundimos. Disfrutamos del privilegio de estar asociados con A.A., y tenemos derecho a todos sus beneficios. Pero la murmuración y la crítica no son tolerancia, y la tolerancia es un principio de A.A. absolutamente necesario para la unidad del grupo.—"¿Soy yo tolerante con mis compañeros?".

Meditación del Día.

"La fe mueve montañas". Esta expresión significa que la fe puede cambiar cualquier situación en el terreno de las relaciones personales. Si se confía en El, Dios muestra la forma para "mover montañas". Si se es lo bastante humilde para saber lo poco que se puede hacer por sí mismo para cambiar una situación, si se tiene fe suficiente para pedir a Dios que conceda la fuerza que se necesita, y si se es lo bastante agradecido por la gracia que El otorga, se pueden "mover montañas". Las situaciones mejorarán ante sus propios ojos.

Oración del Día.

Ruego poder tener suficiente fe para hacerme realmente efectivo. Pido poder aprender a depender menos de mí mismo y más de Dios.

22 de JULIO.—Pensamiento del Día.

Una de las cosas más hermosas en A.A. es la diversidad de sus miembros. Llegamos por todos los caminos y de todas partes del mundo. Todos los tipos y clases de personas están representados en un grupo de A.A. Aún siendo diferentes unos de otros en ciertas formas, cada uno podemos hacer una diferente contribución al todo. Algunos de nosotros somos débiles en un aspecto, pero fuertes en otro. A.A. puede utilizar los puntos fuertes de todos sus miembros y puede ignorar sus debilidades. A.A. es fuerte, no sólo porque todos tenemos el mismo problema, sino también porque existen las diversas capacidades de sus miembros. Cada uno puede aportar su parte.—"¿Reconozco yo los puntos positivos de mis compañeros?".

Meditación del Día.

"Y mayores cosas que ésta haréis". Cada individuo tiene la capacidad de hacer buenas obras mediante el poder del espíritu de Dios. Esta es la maravilla del mundo, el milagro de la tierra, que el poder de Dios sale para bendecir a la raza humana a través de tantas personas que son movidas por Su gracia. No necesitamos ser retenidos por la duda, la desconfianza y el temor. Un futuro maravilloso puede existir ante toda persona que confíe en el poder de Dios, un futuro de poder ilimitado para realizar buenas obras.

Oración del Día.

Ruego no estar limitado por la duda. Pido tener confianza en poder ser efectivo para el bien.

23 de JULIO.—Pensamiento del Día.

Debemos recordar que todos los A.A. tenemos una estructura de vidrio. No debemos colocar a ningún miembro de A.A. sobre un pedestal y señalarlo como un A.A. perfecto. No es bueno para la persona ser colocada en un pedestal, y si él es prudente, no lo deseará. Si simbolizamos a algún miembro de A.A. como nuestro ideal y tiene una recaída, estamos en peligro de caer con él. Sin excepción, todos estamos a una copa de distancia de un borracho, sin importar el tiempo que hayamos estado en A.A. Nadie está completamente seguro. A.A. en sí debe ser nuestro ideal, y no algún miembro en lo particular.—"¿Estoy yo poniendo mi confianza en los principios de A.A. y no en algún miembro del grupo?".

Meditación del Día.

La paz interior que nos viene de la confianza en Dios sobrepasa toda comprensión. Esa paz ningún hombre puede arrancarla. Ninguna persona tiene el poder de perturbar esa paz interior. Pero hay que tener cuidado de no caer en las preocupaciones y distracciones del mundo. Hay que tratar de evitar que penetren los temores y el desaliento. Hay que rehusar el abrir la puerta a las distracciones que perturben la paz interior. Hay que hacer un asunto de honor el no permitir hoy que algo perturbe la paz interior, la tranquilidad del alma.

Oración del Día.

Ruego poder no permitir a los que se ocupan de mí perjudicar mi paz de pensamiento. Pido poder conservar una profunda calma interior durante el día.

24 de JULIO.—Pensamiento del Día.

A.A. es como un dique que retiene el océano de licor. Si bebemos una copa de licor, es como hacer un pequeño agujero en el dique, y una vez que se ha hecho ese orificio, todo el océano de alcohol puede verterse sobre nosotros. Practicando los principios de A.A. mantenemos el dique fuerte y en reparación Buscamos toda fragilidad o grieta en ese dique y hacemos las reparaciones necesarias antes de que ocurra algún daño. Fuera del dique se halla todo el océano de alcohol, esperando engullirnos de nuevo si nos desesperamos.—"¿Mantengo yo el dique en perfectas condiciones?".

Meditación del Día.

Hay que mantenerse tan próximo como se pueda del Poder Superior. Hay que tratar de pensar, de actuar y de vivir como si siempre se estuviera en presencia de Dios. El mantenerse cerca de un Poder Superior a uno mismo es la solución para la mayoría de los problemas de la tierra. Hay que tratar de practicar la presencia de Dios en las cosas que se piensen y hagan. Este es el secreto de la fuerza personal Esto es lo que tiene influencia en las vidas de los demás para su bien. Hay que morar en el Señor y disfrutar de su amor. Hay que mantenerse cerca del Divino Espíritu del universo. Hay que tener a Dios en los pensamientos.

Oración del Día.

Ruego poder mantenerme cerca del Pensamiento de Dios. Pido poder vivir con El en mi corazón y en mi pensamiento.

25 de JULIO.—Pensamiento del Día.

Estamos viviendo tiempo extra. Vivimos hoy debido a A.A. y a la gracia de Dios. Y lo que queda de nuestras vidas se lo debemos a A.A. y a Dios. Debemos hacer el mejor uso que podamos de nuestro tiempo extra, y en cierta pequeña medida restituir aquella parte de nuestras vidas, de ahora en adelante, no son nuestras. Las tenemos en depósito para Dios y para A.A. Y tenemos que hacer todo lo que podamos para llevar adelante el gran movimiento que nos ha dado un nuevo arrendamiento sobre la vida.—"¿Estoy yo teniendo en depósito mi vida para Dios y para A.A.?".

Meditación del Día.

Hay que mantener en depósito la vida para Dios. Hay que meditar profundamente en lo que eso quiere decir. ¿Hay que esperar demasiado de esa vida? ¿Empezamos a ver lo consagrada que puede ser una vida depositada para Dios? En una vida tal pueden acaecer milagros. Si se es fiel, se puede creer que Dios tiene muchas cosas buenas en reserva para nosotros. Dios puede ser Señor de la vida, controlador de los días; del presente y del futuro. Hay que tratar de actuar de acuerdo con la dirección de Dios y dejarle a El los resultados. No hay que detenerse; hay que seguir adelante para Dios y una vida mejor.

Oración del Día.

Ruego poder mantener mi vida en depósito para Dios. Pido no poder ya considerar mi vida como mía propia.

26 de JULIO.—Pensamiento del Día.

Cuando lleguemos al final de nuestras vidas en la tierra, no llevaremos con nosotros las cosas materiales. No llevaremos ni un centavo en nuestras manos frías, muertas. Lo único que podemos llevar son las cosas que hemos dado de nosotros mismos. Si hemos ayudado a nuestros semejantes, podemos llevar eso con nosotros; si hemos entregado nuestro dinero y nuestro tiempo por el bien de A.A., podemos llevar eso con nosotros. Mirando hacia atrás en nuestras vidas, ¿de qué estamos orgullosos? No de lo que hemos obtenido por nosotros mismos, sino de las pocas buenas obras que hemos realizado. Estas son las cosas que, a la larga, importan realmente.—"¿Qué llevaré conmigo cuando me vaya?".

Meditación del Día.

"Santificado sea tu nombre". ¿Qué quiere decir esto para nosotros? Aquí, "nombre" es empleado en el sentido de "espíritu". Las palabras significan alabanza a Dios por su espíritu en el mundo, haciendo mejores a los hombres. Debemos estar especialmente agradecidos por el espíritu de Dios que nos da la fortaleza para vencer todo lo que es despreciable en nuestras vidas. Su espíritu es poderoso. Puede ayudarnos a vivir una vida triunfante, plena. Por tanto, alabamos y damos gracias a El por su espíritu en nuestras vidas y en las vidas de los demás.

Oración del Día.

Ruego poder estar agradecido por el espíritu de Dios que hay en mi. Pido poder tratar de vivir de acuerdo con él.

27 de JULIO.—Pensamiento del Día.

Parafraseando el salmo: "Nosotros los alcohólicos declaramos que la fuerza del licor y la borrachera mostraron su obra destructiva. Día tras día traían por consecuencia las crudas, y noche tras noche ocasionaban sufrimiento. La ley de A.A. es perfecta al transformar al borracho. El testimonio de A.A. es una seguridad, porque hace que lo sabio se efectúe en forma simple. Los estatutos de A.A. son justos, porque dan alegría al corazón. El programa de A.A. es puro y lleva la luz a los ojos. El temor a la primera copa es sano, y continúa para siempre.—"¿Tengo alguna duda acerca del poder del licor?".

Meditación del Día.

"Caminad humildemente junto al Señor". Caminar con Dios significa practicar la presencia de Dios en el diario vivir. Quiere decir pedir a Dios fortaleza para hacer frente a cada nuevo día. Significa acudir a El con frecuencia en oración durante el día para uno mismo y para las demás personas. Quiere decir darle Gracias a El por la noche por las bendiciones que se han recibido durante el día. Nada puede trastornarnos gravemente si estamos "caminando con Dios". Se puede creer que El está a nuestro lado en espíritu para ayudarnos y guiar nuestro camino.

Oración del Día.

Ruego porque pueda tratar de caminar humildemente con Dios. Pido poder acudir a El con frecuencia como a un amigo íntimo.

28 de JULIO.—Pensamiento del Día.

Refiriéndonos de nuevo al salmo que dice: "El significado de los doce pasos es cierto y recto en su totalidad. Son más deseables que el alcohol, que el alcohol más fino; más dulces también que el vino. Además, mediante estos pasos, los alcohólicos reciben siempre una advertencia, y siguiéndolos, trae por resultado una gran recompensa. ¿Quién puede comprender su propio alcholismo? La práctica de los pasos nos limpia de defectos secretos. Nos aleja de resentimientos vanos. No dejamos que tengan un dominio sobre nosotros. Viviéndolos quedaremos situados en el camino de la rectitud, y nos veremos libres de la gran transgresión".—"¿Estoy resuelto a que el licor no vuelva a tener dominio sobre mí?".

Meditación del Día.

Dios puede ser su escudo. Con El, ningún golpe del mundo puede dañarle. Entre usted y todo el desprecio y ultrajes de los demás se encuentra su confianza en Dios, como un brillante escudo. Nada puede, por tanto, tener fuerza para perjudicar su paz interior. Con este escudo, puede usted alcanzar rápidamente esa paz interior, tanto en lo que lo rodea como en su alma. Con esta paz interior, no necesita usted resentirse con la persona que le perturbe. En lugar de ello, puede usted vencer el resentimiento en su propia mente, ese resentimiento que pueda haber surgido por esa persona.

Oración del Día.

Ruego poder esforzarme por lograr paz interior. Pido poder no ser trastornado gravemente, sin importar lo que en torno mío suceda.

29 de JULIO.—Pensamiento del Día.

Hay dos días en cada semana de los cuales no debemos preocuparnos, dos días que deben quedar libres de temor y de recelo. Uno de estos días es el ayer, con sus errores y preocupaciones, sus faltas y desatinos, sus penas y dolores. El ayer está para siempre más allá de nuestro control. Todo el dinero del mundo no puede hacer regresar el ayer. No podemos deshacer ni un solo acto de los que realizamos. No podemos borrar una sola palabra de las que dijimos. El ayer se ha ido sin remedio.—"¿Me preocupo yo de lo que sucedió ayer?".

Meditación del Día.

"Dios no permitirá que usted sufra de una tentación que esté por encima de sus fuerzas; pero con la tentación El hallará también un camino de escape, para que usted sea capaz de soportarle". Si tiene usted suficiente fe y confianza en Dios, El le dará toda la fortaleza que necesite para hacer frente a toda tentación y vencerla. Nada podrá ser para usted demasiado difícil de soportar. Puede hacer frente a toda situación. "Alegraos, he vencido al mundo". Puede usted vencer cualquier tentación con la ayuda de Dios. No hay nada que temer.

Oración del Día.

Ruego porque pueda hacer frente a toda situación sin temor. Pido que nada sea demasiado difícil para ser soportado por mí.

30 de JULIO.—Pensamiento del Día.

Otro día del que no debemos preocuparnos en el mañana, con sus posibles adversidades, sus cargas, su gran promesa, y quizá su pobre resultado. Mañana es algo más allá de nuestro control inmediato. El sol de mañana saldrá, ya sea con esplendor o cubierto por una nube, pero saldrá. Hasta que así sea, no tenemos interés en el mañana, porque todavía no ha nacido.—"¿Me preocupo todavía demasiado acerca del mañana?".

Meditación del Día.

"La fe es la substancia de las cosas esperadas; la evidencia de las cosas no vistas". Fe no es ver, sino creer. A través de las edades siempre han existido aquellos que obedecieron la visión celestial, no viendo sino creyendo en Dios. Y su fe fue recompensada. En esa misma forma le sucederá a usted. Le sobrevendrán cosas buenas. Usted no puede ver a Dios, pero puede ver los resultados de la fe en las vidas humanas, que las ha cambiado de la derrota a la victoria. La gracia de Dios está a disposición de todos los que tienen fe, no viendo, sino creyendo. Con la fe, la vida puede ser victoriosa y feliz.

Oración del Día.

Ruego poder tener fe suficiente para creer sin ver. Pido poder estar satisfecho con los resultados de mi fe.

31 de JULIO.—Pensamiento del Día.

Solamente contamos con un día, Hoy. Todo ser humano puede luchar contra las batallas de un solo día. Es solamente cuando usted y yo agregamos la carga de esas dos espantosas eternidades —ayer y mañana— cuando nos derrumbamos. No es la experiencia de hoy lo que vuelve loco al hombre. Es el remordimiento o la amargura de algo que sucedió ayer o el temor de lo que mañana pueda traer. Hagamos, pues, todo lo posible para no vivir sino un día a la vez.—"¿Estoy yo viviendo un día cada vez?".

Meditación del Día.

Hacer a Dios el regalo de un alma agradecida. Tratad de ver motivos de agradecimiento en vuestra vida diaria. Cuando la vida parece dura y se amontonan las dificultades, buscad entonces algunas razones para el agradecimiento. Casi siempre hay algo por lo que se puede estar agradecido. El ofrecer la acción de gracias es sin duda un dulce incienso que asciende hasta Dios a través de todo un día agitado. Buscad diligentemente algo por lo que estar contentos y agradecidos. Con el tiempo, adquiriréis el hábito de estar constantemente agradecidos a Dios por todas sus bendiciones. Cada día surgirá algún nuevo motivo de alegría y gratitud en el pensamiento, y se dará gracias a Dios sinceramente.

Oración del Día.

Ruego tener un alma verdaderamente agradecida. Pido poder estar constantemente movido por motivos de sincera gratitud.

1o. de AGOSTO.—Pensamiento del Día.

El programa de Alcohólicos Anónimos ha tomado principios de la medicina, de la psiquiatría y de la religión. Ha adoptado de ellas lo que necesitaba y lo ha combinado en el programa de acuerdo con lo que se ha considerado más conveniente para la mentalidad alcohólica, y que más eficazmente pueda ayudar para la recuperación del alcohólico. Los resultados han sido muy satisfactorios. No tratamos de perfeccionar el programa de A.A. Su valor ha quedado demostrado por el éxito que ha tenido ayudando a recuperarse a millares de alcohólicos. Tiene todo lo que los alcohólicos necesitamos para detener nuestra enfermedad.—"¿He tratado yo de seguir el programa de A.A. tal cual es?".

Meditación del Día.

Debe usted luchar por la unión entre su objeto en la vida y los propósitos del Divino principio que gobierna el universo. No existe vínculo en la tierra que pueda compararse con la unión entre un alma humana y Dios. Esta unión es más inapreciable que todas las recompensas de la tierra. Fundiendo su alma y su mente con el alma y la mente del Poder Superior, da por resultado una unidad de propósitos que únicamente aquellos que la experimentan pueden comprender, aunque vagamente. Esa unidad de propósitos lo coloca a usted en armonía con Dios y con todos los que están tratando de cumplir con su voluntad.

Oración del Día.

Ruego poder llegar a estar a la altura de la voluntad de Dios. Pido que pueda encontrarme en armonía con la música celestial.

2 de AGOSTO.—Pensamiento del Día.

Alcohólicos Anónimos no está peleada con la medicina, la psiquiatría ni la religión. Tenemos un gran respeto por los métodos de cada una de ellas, y nos sentimos satisfechos por cualquier éxito que puedan obtener con los alcohólicos. Estamos siempre deseosos de cooperar con ellas en cualquier forma. Cuantos más médicos, psiquiatras, sacerdotes o ministros logremos que trabajen con nosotros, mayor será nuestro agrado. Existen muchos que tienen auténtico interés por nuestro programa, y nos "gustaría que fuesen muchos más.—"¿Estoy dispuesto a cooperar con aquellos que tienen un interés sincero en A.A.?".

Meditación del Día.

Dios siempre está dispuesto a derramar sus bendiciones sobre nuestros corazones en forma generosa. Pero como en el caso de la siembra, la tierra tiene que prepararse antes de que en ella se deposite la semilla. Es nuestra labor la de preparar el suelo; la de Dios, dejar caer la semilla. Esta preparación del suelo significa muchos días de rectitud en el vivir, eligiendo lo adecuado y evitando lo erróneo. A medida que usted va siguiendo su camino, está mejor preparado para la siembra de Dios, hasta que llegue el tiempo de la cosecha. Entonces comparte usted con Dios la cosecha, la cosecha de una vida útil y más plena.

Oración del Día.

Ruego porque mi modo de vivir pueda ser debidamente preparado día tras día. Pido poder esforzarme para estar preparado para recoger la cosecha que Dios ha sembrado en mi alma.

3 de AGOSTO.—Pensamiento del Día.

En Alcohólicos Anónimos tenemos que recordar que estamos ofreciendo algo intangible. Estamos ofreciendo un programa psicológico y espiritual. No estamos ofreciendo un programa médico. Si una persona necesita tratamiento médico, acudimos a un doctor. Si una persona necesita una receta médica, dejamos que el doctor la prescriba. Si una persona necesita tratamiento de hospital, dejamos que el hospital se haga cargo de él. Nuestra labor vital de A.A. comienza cuando la persona está físicamente capacitada para captarla.—"¿Estoy dispuesto a dejar a los médicos el cuidado médico?".

Meditación del Día.

Cada momento del día que usted dedique a esta nueva forma de vivir es un presente para Dios. Es una ofrenda de los momentos. Aun cuando su deseo de servir a Dios sea sincero, no es fácil entregarle muchos de estos momentos. Las cosas que usted ha proyectado hacer durante el día, ceden su lugar alegremente para que pueda usted llevar a cabo un buen servicio o decir una palabra amable. Si puede usted ver la intención de Dios en muchas situaciones, será más fácil consagrarle muchos momentos de su día. Toda situación tiene dos interpretaciones; la suya propia y la de Dios. Trate de manejar cada situación en la forma que usted crea que Dios desea que la maneje.

Oración del Día.

Ruego poder dedicar a Dios algo de mí diariamente. Pido no emplear todo mi tiempo egoístamente.

4 de AGOSTO.—Pensamiento del Día.

En A.A. ofrecemos una especie de programa tanto psicológico como espiritual. En primer lugar, el individuo tiene que estar en condiciones de aceptarlo. Tiene que haberse hecho a la idea de que desea dejar de beber y tiene que estar dispuesto a hacer algo al respecto. Hay que ganar su confianza. Tenemos que demostrarle que somos sus amigos, y que estamos sinceramente deseosos de ayudarlo. Cuando hayamos ganado su confianza, nos escuchará. Después, el compañerismo de A.A. es una especie de terapia de grupo. Un recién llegado necesita la comprensión de otros alcohólicos que también han tenido el mismo problema. El individuo tiene que aprender a reeducar su manera de pensar. Tiene que aprender a pensar de modo diferente.—"¿Hago todo lo que puedo para prestar ayuda mental?".

Meditación del Día.

"Y es vida eterna el que puedan conocerte". Es la corriente de la vida eterna a través del espíritu, la mente y el cuerpo lo que limpia, sana, repara y renueva. Hay que buscar cada día un mayor contacto consciente con Dios. Hay que tener continuamente presente durante el día a Dios. Hay que estar conscientes de que su espíritu nos ayudará. Todo lo que se hace sin el espíritu de Dios es pasajero. Todo lo que se hace con el espíritu de Dios es vida eterna.

Oración del Día.

Ruego poder hallarme en la corriente de la vida eterna. Pido que pueda ser purificado y curado por el Espíritu Eterno.

5 de AGOSTO.—Pensamiento del Día.

En A.A. ofrecemos un programa espiritual. La base fundamental de A.A. es la creencia en algún Poder Superior a nosotros. Esta creencia hace que el individuo siga sintiéndose el centro del universo, y le permite transferir sus problemas a algún poder fuera de él. Acude a este Poder en busca de la fortaleza que necesita para adquirir y conservar la sobriedad. Pone en manos de Dios su problema de la bebida, y en ellas lo deja. Renuncia a tratar de gobernar su propia vida y busca a Dios para que El la gobierne. "¿Hago todo lo que puedo para dar ayuda espiritual?".

Meditación del Día.

Dios es su curación y su fuerza. No tiene que pedirle que venga a usted. Siempre está con usted en espíritu. En el momento de necesidad, allí está El para ayudarle. Si usted pudiera conocer el amor de Dios y su deseo de ayudarle, sabría que El no necesita que se le suplique que ayude. La necesidad de usted es la oportunidad de Dios. Tiene que aprender a confiar en la fortaleza de Dios siempre que la necesite. Siempre que se sienta incapacitado para manejar cualquier situación, debe usted darse cuenta de que el sentimiento de incapacidad es una deslealtad hacia Dios. Dígase solamente: "Se que Dios está conmigo y que me ayudará a pensar y hacer lo que debo".

Oración del Día.

Ruego porque jamás me sienta incapaz en situación alguna. Pido ser sostenido por el sentimiento de que Dios está conmigo.

6 de AGOSTO.—Pensamiento del Día.

Los psicólogos están acudiendo a la religión, porque el solo conocimiento de nosotros mismos no es suficiente. El hombre necesita, además, la dinámica de la fe en un Poder exterior a él, en el cual pueda apoyarse. Los libros sobre psicología y los tratamientos psiquiátricos no bastan sin la fortaleza que proviene de la fe en Dios. Y los sacerdotes y ministros están acudiendo a la psicología, porque la fe es un acto de la mente y de la voluntad. La religión tiene que ser presentada en términos psicológicos, hasta cierto punto, para satisfacer al hombre moderno. La fe tiene que levantarse en gran parte sobre nuestra propia experiencia psicológica.—"¿He adoptado lo que necesito tanto de la psicología como de la religión cuando vivo conforme al programa de A.A.?".

Meditación del Día.

La animación del espíritu es algo que usted necesita cada día. Para esta animación del espíritu, necesita usted esos momentos de callada comunión, aparte, solo, sin ruido, sin actividad. Necesita usted este retiro; aislarse en el lugar más íntimo de su ser, apartarse a solas con su Creador. De estos momentos de comunión sale usted con nueva fuerza. Este estímulo es la mejor preparación para una labor efectiva. Estando estimulado espiritualmente, no existe trabajo que sea demasiado pesado.

Oración del Día.

Ruego poder ser confortado diariamente con el debido espíritu. Pido poder estar lleno de la alegría del verdadero vivir.

7 de AGOSTO.—Pensamiento del Día.

En A.A. ofrecemos algo intangible; un programa psicológico y espiritual. Es un programa maravilloso. Cuando aprendemos a acudir a un Poder Superior, con fe en que ese Poder puede darnos la fortaleza que necesitamos, hallamos sosiego de pensamiento. Cuando reeducamos nuestras mentes aprendiendo a pensar en forma diferente, hallamos nuevos intereses que hacen la vida digna de vivirse. Los que hemos logrado la sobriedad a través de la fe en Dios y la reeducación mental, somos milagros modernos. Producir modernos milagros es la función de nuestro programa de A.A.—"¿Considero el cambio en mi vida un milagro moderno?".

Meditación del Día.

Jamás debe dudar de que el espíritu de Dios está siempre con usted, en el lugar donde se encuentre, para mantenerlo en la senda recta. El poder de custodia de Dios jamás falla. Lo que se necesita es que usted se dé cuenta de él. Tiene usted que tratar de creer en la proximidad de Dios y en que puede alcanzar su gracia. No se trata de si Dios puede proporcionar un abrigo contra la tormenta, sino de si usted busca o no la seguridad de ese abrigo. Todo temor, preocupación o duda es deslealtad hacia Dios. Usted tiene que esforzarse en confiar plenamente en Dios. Practique diciendo: "Todo va a marchar bien". Dígaselo a usted mismo hasta que lo sienta profundamente.

Oración del Día.

Ruego porque pueda sentir profundamente que todo va bien. Pido que nada sea capaz de apartarme de esa profunda convicción.

8 de AGOSTO.—Pensamiento del Día.

Por algún tiempo volvemos al libro grande, "Alcohólicos Anónimos", y escogemos pasajes de aquí y de allá para que puedan llegar a fijarse en nuestras mentes un poco cada vez, día por día, a medida que vamos avanzando. No existe sustituto para la lectura del Libro Grande. Es nuestra "biblia". Debemos estudiarlo cuidadosamente y hacer que constituya parte de nosotros mismos. No debemos tratar de cambiar nada de él. Dentro de sus cubiertas se halla la exposición completa del programa de A.A. No existe sustituto para él. Debemos estudiarlo con frecuencia.—"¿He estudiado fielmente el Libro Grande?".

Meditación del Día.

Todo en la vida es una fluctuación entre esfuerzo y descanso. Usted necesita de ambos todos los días. Pero el esfuerzo no es verdaderamente efectivo mientras no haya tenido usted primero la preparación adecuada para él, reposando en un tiempo de tranquila meditación. Estos momentos diarios de descanso y meditación le proporcionan la fuerza necesaria para realizar su mejor esfuerzo. Hay días en que se pide de usted mucho esfuerzo, y entonces llega un momento en que necesita mucho reposo. No es bueno descansar demasiado tiempo, y no es bueno soportar un gran esfuerzo sin reposo por demasiado tiempo. La vida provechosa es el resultado de un equilibrio adecuado entre ambos.

Oración del Día.

Ruego poder estar preparado para hacer el esfuerzo adecuado. Pido poder, también, reconocer la necesidad de descanso.

9 de AGOSTO.—Pensamiento del Día.

Somos alérgicos al alcohol. La acción del alcohol sobre los alcohólicos crónicos es una manifestación de una alergia. Nosotros, individuos alérgicos, no podemos hacer uso del alcohol en ninguna de sus formas. No podemos reconciliarnos con la idea de una vida sin alcohol, a menos que podamos experimentar un cambio psíquico completo. Una vez que se ha producido este cambio psíquico, nosotros, que parecíamos sentenciados, nosotros, que teníamos tantos problemas que nos desesperaban y que no podíamos resolver, nos hallamos capacitados para controlar nuestro deseo de beber.—"¿He tenido yo un cambio psíquico?".

Meditación del Día.

Pida a Dios en su oración diaria que le conceda fortaleza para cambiar. Cuando usted pide a Dios que lo cambie, tiene que confiar en El totalmente al mismo tiempo. Si no confía en El completamente, Dios puede responder a su plegaria como lo hace un rescatador con un hombre que se está ahogando, pero que se esfuerza por luchar demasiado. El rescatador tiene que inutilizar aún más al que se ahoga, hasta que queda totalmente a merced del rescatador. Exactamente así tenemos que estar nosotros a merced de Dios antes de poder ser salvados.

Oración del Día.

Ruego poder estar diariamente dispuesto a ser cambiado. Pido poder ponerme totalmente a merced de Dios.

10 de AGOSTO.—Pensamiento del Día.

La fantástica realidad para cada uno de nosotros es que hemos descubierto una solución común. Nosotros, que hemos encontrado esta solución a nuestro problema alcohólico, nosotros, que estamos debidamente equipados con nuestras propias realidades, generalmente podemos ganar la total confianza de otro alcohólico. Nosotros, que estamos acercándonos a un nuevo prospecto, hemos tenido las mismas dificultades que él ha tenido. Nosotros, evidentemente, sabemos de lo que estamos hablando; todo nuestro proceder le grita a esa persona que somos personas que tenemos una solución verdadera.—"¿Soy yo una persona que tiene la solución verdadera para los problemas alcohólicos de otros?".

Meditación del Día.

Para el desvío de la senda recta no existe curación excepto el mantenerse tan cerca del pensamiento de Dios que nada, absolutamente ningún otro interés, pueda interponerse gravemente entre Dios y usted. Con esta seguridad, puede usted permanecer al lado de Dios. Conociendo el camino, nada puede impedir que usted continúe en la senda, y nada puede hacer que se desvíe seriamente de ella. Dios ha prometido paz si usted permanece cerca de El, pero no ocio. Todavía tiene usted que proseguir en el mundo. El ha prometido paz en el alma y ayuda, pero no placer en el sentido ordinario. La paz y la tranquilidad traen verdadera felicidad interior.

Oración del Día.

Ruego porque pueda conservar mis pies sobre la senda recta. Pido porque pueda permanecer al lado de Dios.

11 de AGOSTO.—Pensamiento del Día.

Mientras un alcohólico se mantiene estrictamente apartado de la bebida, reacciona en la vida muy similarmente a las demás personas. Pero la primera copa pone en movimiento el terrible ciclo. Normalmente, un alcohólico no tiene idea de por qué bebe la primera copa. Algunos bebedores tienen excusas con las que quedan satisfechos; pero en el fondo de su alma, saben realmente que no saben por qué lo hacen. La verdad es que en algún punto de su bebida han pasado a un estado en que el más poderoso deseo de dejar de beber no es de ningún provecho. "¿Estoy yo seguro de haber pasado de mi punto de tolerancia al alcohol?".

Meditación del Día.

El, que hizo el mundo ordenado del caos y puso las estrellas en sus cursos e hizo que cada planta supiese su estación; El puede traer la paz y poner orden en su caos privado si usted lo deja. Dios mira por usted también, para bendecirlo y cuidarlo. El lo está conduciendo de las tinieblas a la luz, del desasosiego al reposo, del desorden al orden, de los defectos y el fracaso al éxito. Usted le pertenece a Dios, y sus asuntos son los asuntos de El, y si usted está dispuesto, pueden ser puestos en orden por El.

Oración del Día.

Ruego poder ser conducido del desorden al orden. Pido poder ser llevado del fracaso al éxito.

12 de AGOSTO.—Pensamiento del Día.

Ya nada nos queda sino tomar el sencillo juego de herramientas espirituales puesto a nuestra disposición por Alcohólicos Anónimos. Haciéndolo, tenemos una experiencia espiritual que revoluciona toda nuestra actitud hacia la vida, hacia nuestros semejantes y hacia el universo de Dios. Hoy, la realidad central de nuestras vidas es la absoluta certeza de que nuestro Creador ha entrado en nuestras almas y vive allí, en una forma que indudablemente es milagrosa. El ha comenzado a realizar para nosotros aquellas cosas que jamás pudimos hacer por nosotros mismos.—"¿He dejado yo entrar a Dios en mi vida?".

Meditación del Día.

En el momento en que una cosa le parezca equivocada o que las acciones de una persona no son lo que usted cree que deberían ser, en ese instante empieza su obligación y responsabilidad de orar para que aquellas cosas sean enderezadas o para que cambie aquella persona. ¿Qué anda mal en lo que le rodea o en las personas que usted conoce? Piense sobre estas cosas y haga suya la responsabilidad de estas cuestiones. No interfiera ni sea entrometido, pero ore para que pueda sobrevenir un cambio mediante su influencia. Puede usted ver cambios en muchas vidas y males desvanecidos con el tiempo. Puede usted llegar a ser una fuerza para el bien allí donde se halle.

Oración del Día.

Ruego poder ser compañero de trabajo de Dios. Pido poder ayudar a la gente con mi ejemplo.

13 de AGOSTO.—Pensamiento del Día.

No teníamos sino dos alternativas. Una, era continuar hacia el fin amargo, borrando lo mejor que pudieramos la conciencia de nuestra intolerable situación; la otra, aceptar la ayuda espiritual. Llegamos a estar dispuestos a mantener una determinada y sencilla actitud hacia la vida. Lo que al principio parecía un frágil junco ha resultado ser la amorosa y potente mano de Dios. Nos ha sido concedida una nueva vida, un modo de vivir que realmente funciona. Cada individuo en su manera particular su relación personal con Dios.—"¿He establecido yo mi propia relación con Dios?".

Meditación del Día.

Haga una práctica diaria la de analizar su caracter. Examine su carácter en relación con su vida diaria, con sus seres queridos, sus amigos, sus conocidos y su trabajo. Cada día, trate de ver en qué quiere Dios que usted cambie. Proyecte la mejor manera en que pueda ser eliminada cada falta o corregido cada error. No se conforme nunca comparándose con los que lo rodean. Luche por una vida mejor como su meta definitiva Dios lo acompañará en el trayecto de la flaqueza a la fortaleza, del peligro a la seguridad, del temor y la preocupación a la paz y la serenidad.

Oración del Día.

Ruego poder tener un verdadero adelanto hacia una vida mejor. Pido jamás estar satisfecho con mi estado presente.

14 de AGOSTO.—Pensamiento del Día.

A nadie le agrada pensar que es física y mentalmente diferente de sus semejantes. Nuestra carreras de bebedores se han caracterizado por los incontables vanos intentos de probar que podíamos beber como las demás personas. Esta ilusión de que somos como las demás personas tiene que desbaratarse. Ha sido demostrado definitivamente que ningún alcohólico verdadero ha recuperado jamás el control. A través de un período considerable empeoramos, jamás mejoramos. Nunca puede hacerse de un alcohólico un bebedor normal.—"¿Estoy yo convencido de que jamás podré volver a beber normalmente?".

Meditación del Día.

Debemos vivir la vida, y vivirla más plenamente —una vida espiritual, mental, física, abundante, satisfecha y potente. Esto se puede lograr si seguimos el camino adecuado. No todas las personas aceptan de Dios el don de una vida plena, un don ofrecido libremente a todos. No todas las personas se preocupan por extender una mano y tomar este don. Este don de Dios, el más preciado que El ofrece, es el precioso don de una vida plena. Con frecuencia, la gente se aparta de ella, la menosprecia y no disfruta de ella. No permita que esto suceda con usted.

Oración del Día.

Ruego poder apresurarme a aceptar el don de la vida espiritual plena. Pido poder vivir la vida del bien al máximo de mi capacidad.

15 de AGOSTO.—Pensamiento del Día.

Una vez que se es alcohólico, se sigue siéndolo para siempre. Si comenzamos a beber después de un período de sobriedad, pronto volvemos a estar tan mal como antes. Si hemos admitido que somos alcohólicos, no tenemos que tener reservas de ninguna especie ni alguna noción oculta de que algún día seremos inmunes al alcohol. ¿Qué clase de pensamiento domina a un alcohólico que repite una y otra vez el arriesgado experimento de beber la primera copa? Paralela al razonamiento cuerdo corre alguna excusa locamente trivial para beber la primera copa. Poco se piensa en lo terrible que pueden ser las consecuencias.—"¿He renunciado yo a todas las excusas para beber una copa?".

Meditación del Día.

"Allí donde estén congregados dos o tres, me hallaré en medio de ellos". Cuando Dios encuentra a dos o tres personas reunidas, que únicamente desean que se haga su voluntad, que solamente desean servirle. El tiene un proyecto que puede serles revelado. La gracia de Dios puede llegar a las personas que se hallan reunidas en un lugar con un propósito unánime. Una unión como ésta opera milagros. Dios está en condiciones de hacer uso de esas personas. Unicamente el bien puede venir a través de esa congregación de personas, de esos grupos unificados por un solo propósito y con un solo pensamiento.

Oración del Día.

Ruego poder formar parte de un grupo unificado. Pido poder aportar mi contribución a su propósito consagrado.

16 de AGOSTO.—Pensamiento del Día.

El alcohólico es absolutamente incapaz de dejar de beber a base del autoconocimiento. Tenemos que admitir que nada podemos hacer nosotros mismos acerca del problema. La fuerza de voluntad y el autoconocimiento nunca ayudarán en los extraños estados confusos de la mente cuando estamos tentados de beber. Un alcohólico representa mentalmente una condición desahuciada. La última chispa de convicción de que podemos lograr nuestra recuperación por nosotros mismos tiene que ser apagada. La solución espiritual y el programa de acción constituyen la única esperanza. Sólo los principios espirituales resolverán nuestros problemas. Alejados de la ayuda Divina, somos completamente impotentes. Nuestra defensa contra la bebida tiene que venir de un Poder Superior.—"¿He aceptado yo la solución espiritual y el programa de acción?".

Meditación del Día.

Reposad ahora hasta que la vida, la vida eterna fluyendo por sus venas, su corazón y su mente, lo llame a la actividad. Después vendrá el trabajo satisfactorio. El trabajo hecho con desgano nunca es efectivo. La fortaleza del espíritu de Dios siempre está a la disposición de la mente y del cuerpo cansados. El es su médico y su remedio. Cuide esos momentos sosegados de comunión con Dios en busca de reposo, de paz, de alivio. Después, surja reconfortado de espíritu y vaya a trabajar sabiendo que su fortaleza es capaz de hacer frente a cualesquiera problemas, porque está reforzada por el poder de Dios.

Oración del Día.

Ruego porque la paz que he hallado me haga efectivo. Pido poder ser aliviado de toda tensión durante este día.

17 de AGOSTO.—Pensamiento del Día.

Para el que piensa que es ateo o agnóstico, parece imposible una experiencia espiritual; pero el continuar así significa un desastre. Quedar condenado a una muerte por alcoholismo o vivir sobre una base espiritual no siempre son alternativas fáciles de enfrentar. Pero hay que hacer frente a la realidad de que, o vivimos a base de una vida espiritual, o de lo contrario . . . La falta de fuerza es nuestro dilema. Tenemos que encontrar un poder por medio del cual podamos vivir, y debe ser un poder superior a nosotros mismos.—"¿He encontrado ese poder por medio del cual pueda vivir?".

Meditación del Día.

El resplandor del sol es la risa de la naturaleza. Viva a la luz del sol. El sol y el aire son buenas medicinas. La naturaleza es una buena enfermera para el cuerpo cansado. Permítala hacerse cargo de usted. La gracia de Dios es el resplandor del sol. Deje que todo su ser quede envuelto por el espíritu Divino. La fe es la absorción del espíritu Divino. Alegra al corazón del hombre. El espíritu divino cura la mente. Déjelo que se haga cargo de usted y todo marchará bien.

Oración del Día.

Ruego poder vivir bajo el sol de espíritu de Dios. Pido que mi mente y mi alma puedan fortalecerme con él.

18 de AGOSTO.—Pensamiento del Día.

Nosotros, los de temperamento agnóstico, hemos hallado que, tan pronto como fuimos capaces de hacer a un lado los prejuicios y de expresar buena voluntad para creer en un poder superior a nosotros, comenzamos a obtener resultados, aun cuando era imposible para cualquiera de nosotros definir o comprender plenamente a ese poder, al que llamamos Dios. Tan pronto como una persona pueda decir que cree o que está dispuesta a creer, se encuentra en vías de hacerlo. Sobre esta sencilla piedra angular puede levantarse una estructura espiritual maravillosamente efectiva. —"¿Estoy dispuesto a depender de un Poder que no puedo definir o comprender plenamente?".

Meditación del Día.

Buscamos la presencia de Dios, y "aquellos que buscan, encontrarán". No se trata de buscar una cabal conciencia interior del espíritu Divino. Para comprobar la presencia de Dios, hay que entregarse a su voluntad tanto en las pequeñas como en las grandes cosas de la vida. Esto posibilita la dirección de Dios. Ciertas cosas nos separan de Dios: una palabra falsa, un fracaso ocasionado por el miedo, una crítica dura, un resentimiento tenaz. Estas son las cosas que ponen distancia entre su mente y Dios. Una palabra de amor, una reconciliación desinteresada, un acto amable de ayuda; éstas son las cosas que nos aproximan a Dios.

Oración del Día.

Ruego poder pensar, decir y hacer las cosas que me aproximen a Dios. Pido poder encontrarlo en una oración sincera, una palabra amable o un acto desinteresado.

19 de AGOSTO.—Pensamiento del Día.

Las personas dotadas de fe tienen una idea lógica sobre el significado de la vida. Hay una gran variedad en la forma en que cada uno de nosotros enfoca y concibe el Poder superior a sí mismo. El que estemos de acuerdo con un enfoque o concepción en lo particular no parece tener mucha importancia. Estas son cuestiones que cada persona debe establecer por sí misma. Pero en cada caso la creencia en un Poder Superior ha logrado lo milagroso, lo que era humanamente imposible. Se ha realizado un cambio revolucionario en su forma de vivir y de pensar.—"¿Ha habido en mí un cambio revolucionario?".

Meditación del Día.

La veneración es la conciencia de la divina majestad de Dios. Conforme se detenga a venerar, Dios lo ayudará a elevar su calidad humana a la divinidad de El. La tierra es un templo material que contiene la divinidad de Dios. Dios da a aquellos que lo veneran un poder divino y una curación divina. Sólo hay que abrirle el pensamiento a El y tratar de absorber algo de su divino espíritu. Al detenerse calladamente en el espíritu de veneración, hay que elevar los pensamientos interiores y darse cuenta de que su divino poder puede adquirirse, que se puede experimentar su amor y su poder curativo.

Oración del Día.

Ruego poder venerar a Dios por medio de la percepción del Espíritu eterno. Pido poder experimentar un nuevo poder en mi vida.

20 de AGOSTO.—Pensamiento del Día.

Cuando muchos cientos de personas pueden decir que la conciencia de la presencia de Dios es ahora el hecho más importante de sus vidas, exponen una razón poderosa por la cual se debe tener fe. Cuando vemos que otras personas resuelven sus problemas por medio de la sencilla confianza en algún Espíritu del universo, debemos dejar de dudar sobre el poder de Dios. Nuestras ideas no dieron resultado; pero la idea de Dios sí. En el fondo de toda persona existe la idea fundamental de Dios. La fe en un Poder superior a nosotros mismos y las pruebas milagrosas de ese poder en las vidas humanas son realidades tan antiguas como la humanidad misma.—"¿Estoy dispuesto a confiar en el Espíritu del universo?".

Meditación del Día.

No hay que meditar demasiado sobre las faltas, culpas y fracasos del pasado. Hay que terminar con la vergüenza y el remordimiento y el desprecio de uno mismo. A menos que exista ese autorespeto, los demás no nos respetarán. Corrimos una carrera, tropezamos y caímos, nos hemos vuelto a levantar y ahora luchamos para lograr la meta de una vida mejor. No hay que detenerse a estudiar el punto donde caímos; sólo hay que lamentar la demora, la falta de visión que nos impidió ver la meta con anterioridad.

Oración del Día.

Ruego poder no mirar atrás. Pido poder seguir recuperándome y tener un nuevo comienzo cada día.

21 de AGOSTO.—Pensamiento del Día.

"¿Quién eres tú para decir que no hay Dios?" Este reto se dirige a todos nosotros. ¿Somos capaces de negar que hay un proyecto y propósito en todo lo que es la vida tal como la conocemos? O ¿Estamos dispuestos a admitir que la fe en cierta clase de Divino Principio es una parte de nuestro todo, tanto como lo es el sentimiento que tengamos por un amigo? Encontramos una gran realidad en el fondo de nosotros mismos, si no nos enfrentamos a nosotros tal como realmente somos. En último análisis, es sólo allí donde puede encontrarse a Dios. Cuando encontramos esta realidad dentro de nosotros, recuperamos nuestra mente sana.—"¿He encontrado yo la gran realidad?".

Meditación del Día.

"Mirad, yo hago nuevas a todas las cosas". Cuando se emprende una nueva forma de vida, se dejan muchas cosas atrás. Sólo el espíritu apegado a la tierra es el que no puede remontarse. Hay que aflojar los lazos que atan a la tierra. Son sólo los deseos terrenales los que nos atan. La nueva libertad depende de la capacidad de elevarse por encima de las cosas terrenales. Las alas rotas pueden recobrar una fuerza y belleza antes desconocidas. Si así se desea, puede cada quien ser liberado.

Oración del Día.

Ruego poder liberarme de lo que me detiene. Pido que mi espíritu pueda remontarse en libertad.

22 de AGOSTO.—Pensamiento del Día.

Aquellos que no se recuperan son personas por su naturaleza incapaces de ser honradas consigo mismas. Existen tales desafortunados. Pero no es culpa suya. Parecen haber nacido así. Son naturalmente incapaces de captar y desarrollar una forma de vivir que exige una estricta sinceridad. Sus probabilidades de éxito son inferiores al promedio. Existen también aquellos que sufren graves desórdenes emocionales y mentales; pero muchos de ellos se recuperan si tienen la capacidad de ser honrados.—"¿Soy yo totalmente honrado conmigo mismo y con los demás?".

Meditación del Día.

Se puede sacar provecho de las faltas, fracasos, pérdidas y sufrimientos. No es tan importante lo que suceda como el provecho que se pueda sacar de ello. Hay que tomar los sufrimientos, las dificultades y las penalidades y sacar provecho de ellas, utilizándolas para ayudar a alguna persona desafortunada que padezca por esas mismas dificultades. En esa forma, algo provechoso resultará de ese sufrimiento, y el mundo será un lugar mejor por esa causa. El bien que se haga cada día seguirá viviendo, después de que hayan desaparecido las dificultades y las penalidades, después de que hayan desaparecido los problemas y el dolor.

Oración del Día.

Ruego poder sacar provecho de mis faltas y fracasos. Pido que algo bueno resulte de mi dolorosa experiencia.

23 de AGOSTO.—Pensamiento del Día.

Todos los que hemos aceptado los principios de A.A. nos hemos enfrentado con la necesidad de hacer una total limpieza de nuestro yo interior. Debemos ver de frente y deshacernos de todo aquello que dentro de nosotros mismos nos han estado bloqueando. Por eso hacemos un inventario personal, un inventario totalmente honesto. Buscamos los defectos de nuestro caracter que ocasionaron nuestro fracaso. El resentimiento es uno de los más graves. La vida que encierra resentimientos profundos sólo lleva a la futilidad y a la infelicidad. Si hemos de vivir, debemos liberarnos de la ira.—"¿Estoy yo libre del resentimiento y de la ira?".

Meditación del Día.

Hay que tener presente la meta por la que se está luchando; la vida buena que se está tratando de alcanzar. No hay que permitir que las pequeñas cosas nos desvíen de la senda. No hay que dejarse vencer por las pequeñas pruebas y molestias de cada día. Hay que tratar de ver el propósito y el proyecto a los que todo va conducido. Si al escalar una montaña se mantiene la vista en cada lugar pedregoso o difícil, ¡qué fatigoso es el ascenso! Pero si se piensa que cada paso conduce a la cúspide de la realización, desde donde se revelará ante nosotros un glorioso panorama, entonces el ascenso será llevadero y se logrará la meta.

Oración del Día.

Ruego porque pueda darme cuenta de que la vida, sin una meta, es vana. Pido poder encontrar la vida buena, por la que es digno luchar.

24 de AGOSTO.—Pensamiento del Día.

Cuando vimos nuestros defectos, hicimos una lista de ellos. Los pusimos ante nuestros ojos por escrito. Admitimos honestamente nuestros errores, y estuvimos dispuestos a rectificarlos. Analizamos cuidadosamente nuestros temores. Le pedimos a Dios que eliminara estos temores, y empezamos a vencerlos. Muchos de nosotros necesitamos repasar nuestra vida sexual. Llegamos a la creencia de que las potencias sexuales eran una concesión de Dios, y que por tanto, eran buenas si se usaban adecuadamente, jamás debe utilizarse el sexo en forma ligera o egoísta, ni debe ser despreciado o aborrecido. Si la cuestión sexual nos perturba, intensificamos nuestras energías para ayudar a los demás, y en esa forma apartamos nuestros pensamientos del motivo que nos moleste.—"¿Estoy entrentando mis problemas sexuales en la forma adecuada?".

Meditación del Día.

Hay que aferrase a la creencia de que todo es posible con Dios. Si esta creencia es verdaderamente aceptada, puede considerarse como la escalera por la cual puede ascender el alma humana desde lo más profundo de un pozo de desesperación hasta las más sublimes alturas de la paz de pensamiento. Para Dios es posible cambiar la manera de vivir. Cuando se mira el cambio en otra persona, a través de la gracia de Dios, no se puede dudar de que todo es posible en la vida de las personas mediante la fortaleza que proviene de la fe en Aquel que nos gobierna a todos.

Oración del Día.

Ruego poder vivir con esperanza. Pido poder creer profundamente que todas las cosas son posibles con Dios.

25 de AGOSTO.—Pensamiento del Día.

A menos que expongamos nuestros defectos ante otra persona, no adquirimos la suficiente humildad, valor y honradez para captar verdaderamente el programa. Tenemos que ser enteramente honrados con alguien, si esperamos vivir con felicidad en este mundo. Tenemos que ser rígidos con nosotros mismos, pero tolerantes con los demás. Tenemos que hacer a un lado nuestro orgullo y hablar sobre nuestras faltas, sacando a la luz todo doblez de carácter y toda obscura grieta del pasado. Una vez que hemos dado este paso, sin ocultar nada, podemos mirar al mundo cara a cara. "¿He expuesto yo todos mis defectos ante otra persona?".

Meditación del Día.

No hay que rendirse jamás al cansancio del espíritu. En ocasiones, las preocupaciones y distracciones del mundo irrumpirán, y el espíritu se debilitará. En momentos como éstos, hay que proseguir y pronto el espíritu será fuerte nuevamente. El espíritu de Dios está siempre con nosotros para reconformar y renovar. Nadie, jamás, ha buscado sinceramente en vano la ayuda de Dios. El cansancio y el agotamiento físico hacen más necesario el tiempo de reposo y de comunión con Dios. Cuando se esté abrumado por situaciones temporales fuera de nuestro control, hay que tranquilizarse y esperar a que vuelva la fortaleza del espíritu.

Oración del Día.

Ruego poder no hablar ni actuar cuando esté emocionalmente trastornado. Pido poder esperar hasta que haya pasado la tempestad.

26 de AGOSTO.—Pensamiento del Día.

Si todavía estamos aferrados a algo que no podamos dejar, debemos pedir a Dios sinceramente que nos ayude a estar dispuestos a dejar también. No podemos dividir nuestras vidas en compartimientos y quedarnos con algunos de ellos. Debemos entregárselos todos a Dios. Debemos decir: "Creador mío, estoy ahora dispuesto a que tengas todo lo que soy, bueno y malo. Ruego porque tú elimines cada uno de mis defectos de carácter que se interponga en el camino de mi utilidad para tí y para mis semejantes".—"¿Estoy todavía aferrado a algo que no quiero dejar?".

Meditación del Día.

Las leyes de la naturaleza no pueden ser cambiadas, y deben ser obedecidas si se va a permanecer sano. En ningún caso se harán excepciones. Hay que someterse a las leyes de la naturaleza, o ellas terminarán por destruirnos. Y en el reino del espíritu, en todas las relaciones humanas, hay que someterse a las leyes morales y a la voluntad de Dios. Si se continúan quebrantando las leyes de la honradez, de la pureza, del desinterés y del amor, cada quien será quebrantado en cierto grado. Las leyes morales y espirituales de Dios, como las leyes de la naturaleza, son inquebrantables. Si no se es integro, puro, desinteresado y amoroso, no se esta viviendo de acuerdo con las leyes del espíritu, y habrán de sufrirse las consecuencias.

Oración del Día.

Pido poder someterme a las leyes de la naturaleza y a las leyes de Dios. Ruego poder vivir en armonía con todas las leyes de la vida.

27 de AGOSTO.—Pensamiento del Día.

Tenemos que estar dispuestos a hacer reparaciones a todas aquellas personas a las que hemos perjudicado. Tenemos que hacer todo lo que podamos para reparar el daño causado en el pasado. Cuando hacemos reparaciones, cuando decimos: "Lo siento", es seguro que, por lo menos, la persona quedará impresionada por nuestro sincero deseo de enderezar los cosas. A veces, la persona a quien estamos haciendo reparaciones admite su propia falta, y así desaparecen muchas enemistades que por mucho tiempo han existido. Nuestros acreedores más implacables nos sorprenderán a veces. En general, tenemos que estar dispuestos a hacer lo que debemos, sin importar cuáles puedan ser las consecuencias que nos sobrevengan.—"¿He hecho yo un sincero esfuerzo para hacer reparaciones a las personas que he perjudicado?".

Meditación del Día.

La gracia de Dios cura la falta de armonía el desorden en las relaciones humanas. Se ponen directamente en manos de Dios todos los asuntos de cada quien, con toda su confusión y sus dificultades. El comienza a realizar la curación de toda la falta de armonía y del desorden. Se puede creer que El no causará más dolor al hacerlo que el que ocasionaría un médico al paciente a quien proyecta hacerle una curación. Se puede tener fe en que Dios hará todo lo que sea necesario en la forma menos dolorosa posible. Pero hay que estar dispuesto a someterse al tratamiento de El, aun cuando ahora no se pueda ver ni el significado ni el propósito del mismo.

Oración del Día.

Ruego porque pueda someterme voluntariamente a cualquier disciplina espiritual que sea necesaria. Pido poder aceptar todo lo que se necesite para vivir una vida mejor.

28 de AGOSTO.—Pensamiento del Día.

Tenemos que continuar haciendo nuestro inventario personal y seguir con la corrección de los nuevos errores que vayan surgiendo a medida que avanzamos. Tenemos que crecer en comprension y efectividad. No es ésta una cuestión que se realice de la noche a la mañana; debe proseguir durante el tiempo que dure la vida. Hay que continuar vigilando el egoísmo, la falta de honradez, el resentimiento y el temor. Cuando estos se producen, pedimos a Dios inmediatamente que los elimine. No debemos descansar sobre nuestros laureles. Si lo hacemos, nos encaminamos a la aflicción. No estamos curados de nuestro alcoholismo. Lo que realmente tenemos es una suspensión diaria, condicionada al mantenimiento de nuestro estado espiritual.—"¿Estoy yo analizando mi condición espiritual diariamente?".

Meditación del Día.

La felicidad no puede buscarse directamente; es un fruto del amor y del servicio. El servicio es una ley de nuestro ser. Con amor en el alma, siempre existe algún servicio para los semejantes. Sobre el amor y el servicio se construye una vida de fortaleza, alegría y satisfacción. Un hombre que odia o que es egoísta, está yendo contra la ley de su propio ser. El mismo se aparta de Dios y de sus semejantes. Los pequeños actos de amor y estímulo, de servicio y de ayuda, liman las asperezas de la vida y ayudan a suavizar la senda. Si realizamos estas cosas, no podemos menos que recibir nuestra parte de felicidad.

Oración del Día.

Ruego poder entregar mi parte de amor y servicio. Pido no llegar a cansarme en mis intentos de hacer las cosas debidas.

29 de AGOSTO.—Pensamiento del Día.

No podemos seguir adelante sin la oración y la meditación. Al despertar, pensemos acerca de las 24 horas que tenemos por delante. Consideremos nuestros planes para el día. Antes de iniciarlos, pidamos a Dios encaminar nuestro pensamiento. Nuestro pensamiento se colocará en un plano mucho más elevado cuando iniciemos el día con la oración y la meditación. Concluimos este período de meditación con una súplica de que, a través del día, se nos muestre cuál ha de ser nuestro siguiente paso. La base de todas nuestras súplicas es: "Hágase hoy en mí, y a través de mí, TU voluntad".—"¿Soy sincero en mi deseo de hacer hoy la voluntad de Dios?".

Meditación del Día.

Hay que vivir con la inspiración de la bondad y de la verdad. Es el espíritu de la honradez, de la pureza, del altruismo y del amor. Es fácilmente alcanzable si estamos dispuestos a aceptarlo sinceramente. Dios nos ha dado dos cosas: Su espíritu y la facultad de elegir —aceptarlo o no— según lo deseemos. Tenemos el don del libre albedrío. Cuando escogemos la senda del egoísmo, la codicia y el orgullo, estamos rehusando aceptar el espíritu de Dios. Cuando elegimos la senda del amor y del servicio, aceptamos el espíritu de Dios que fluye dentro de nosotros y hace nuevas todas las coasa.

Oración del Día.

Ruego poder escoger el justo camino. Pido poder seguirlo hasta el final.

30 de AGOSTO.—Pensamiento del Día.

La experiencia práctica demuestra que nada asegurará tanto la inmunidad contra la bebida como el trabajo intenso con otros alcohólicos. Hay que llevar el mensaje a otros alcohólicos. Usted puede ayudar como nadie más puede hacerlo. Usted puede obtener la confianza que los demás no han logrado. La vida tendrá un nuevo significado para usted. Observar la recuperación de las personas, verlas ayudar a otros, a su vez, ver desvanecerse la soledad, ver crecer en torno suyo un compañerismo, tener una legión de amigos, es una experiencia que no debe usted perder.—"¿Estoy siempre preparado y dispuesto para ayudar a otros alcohólicos?".

Meditación del Día.

Uno de los secretos de la vida plena es el arte de dar. La paradoja de la vida es que, cuanto más se da, más se recibe. Si usted dedica su vida al servicio de otros, la salvará. Puede usted dar plenamente y vivir así, plenamente. Es usted rico en un aspecto, —tiene un espíritu que es inagotable. No permita que un pensamiento mezquino o egoísta le impida compartir ese espíritu. De y siga dando amor, ayuda, comprensión y simpatía. Haga entrega de su descanso y comodidad personal, de su tiempo, su dinero, y lo más importante de todo, de usted mismo, y vivirá plenamente.

Oración del Día.

Ruego porque pueda vivir para dar. Pido poder aprender este secreto de vivir plenamente.

31 de AGOSTO.—Pensamiento del Día.

Visite a un nuevo candidato mientras se encuentra aún tembloroso. Puede ser más receptivo cuando se halle deprimido. Véalo a solas si es posible. Háblele bastante acerca de sus hábitos de bebedor, de sus síntomas y experiencias para animarlo o hablar de sí mismo. Si desea platicar, déjelo hacerlo. Si no es comunicativo, hable sobre los trastornos que el alcohol le ha causado a usted, teniendo cuidado de no moralizar ni sermonear. Cuando él vea que usted lo sabe todo respecto a la bebida, comience a describirse usted mismo como un alcohólico, y dígale cómo supo que era un enfermo.—"¿Estoy yo dispuesto a hablar sobre mí mismo a un nuevo candidato?".

Meditación del Día.

Hay que tratar de no dar cabida a la crítica, a la culpa, el escarnio o al juicio sobre los demás cuando se esté tratando de ayudarles. La efectividad de la ayuda a los demás depende del control de uno mismo. Puede uno ser arrastrado por un impulso natural temporal de criticar o culpar, a menos que se mantenga en control la rienda de las emociones. Hay que tener unos cimientos firmes de vida espiritual que nos hagan verdaderamente humildes, si es que hemos de ayudar realmente a otras personas. Hay que ser amable con ellos y severo con uno mismo. Esta es la forma en que se puede ser utilizado con más provecho para levantar un espíritu desesperado. Y no hay que buscar agradecimiento personal por aquello para cuya realización se está siendo instrumento de Dios.

Oración del Día.

Ruego que trate de evitar el juicio y la crítica. Pido que siempre trate de elevar a una persona en lugar de humillarla.

1o. de SEPTIEMBRE.—Pensamiento del Día.

Hay que cuidarse de decirle al nuevo prospecto que él es alcohólico. Hay que dejarlo que saque sus propias conclusiones. Pero sí hay que hablarle acerca de que el alcoholismo es incurable. Dígale exactamente lo que le sucedió a usted, y cómo ha logrado su recuperación. Hable libremente sobre los aspectos espirituales. Si la persona fuere agnóstica o atea, haga hincapié en que no es necesario que esté de acuerdo con nadie respecto a su concepto de Dios. Puede escoger el concepto que más lo satisfaga y que tenga sentido para él. Lo esencial es que esté dispuesto a creer en un Poder Superior a sí mismo, y que viva conforme a principios espirituales. "¿Me reprimo demasiado para hablar de los principios espirituales del programa?".

Meditación del Día.

"Nunca os dejaré ni os desampararé". A través de los siglos miles de seres han creído en la constancia, infatigabilidad e infalibilidad del amor de Dios. Dios tiene amor. Por tanto, se puede estar seguro de su amor para siempre. Dios tiene poder. Por tanto, para siempre se puede estar seguro, en cualquier dificultad o tentación, de su fuerza. Dios tiene paciencia. Por tanto, siempre hay UNO que nunca se cansa. Dios tiene comprensión. Por tanto, siempre comprenderemos y seremos comprendidos. A menos que se desee que Él se vaya, Dios nunca nos abandona. Siempre está listo para proporcionar su fortaleza.

Oración del Día.

Ruego poder sentir que el amor de Dios nunca fallará. Pido poder tener confianza en su poder infalible.

2 de SEPTIEMBRE.—Pensamiento del Día.

Hay que esbozar el programa de acción al nuevo prospecto, explicándole cómo hizo usted su propio avalúo, cómo enmendó su pasado, y por qué está tratando ahora de ayudarlo a él. Es importante que él se dé cuenta de que el intento de pasarle el mensaje es una parte vital para la recuperación de usted. Mientras más desesperado se sienta, será mejor. Estará más dispuesto a seguir sus sugerencias. Háblele acerca de la confraternidad de A.A., y si demuestra interés, préstele un Libro Grande.—"¿Puedo transmitir el mensaje de A.A. a otro alcohólico?".

Meditación del Día.

Hay que tratar de permanecer a un lado y dejar que Dios opere a través de nosotros. Hay que tratar de no estorbarle con nuestros propios esfuerzos, o impedir que su espíritu trabaje a través de nosotros. Dios desea nuestro servicio obediente y nuestra lealtad a los ideales de esa nueva vida que buscamos. Si se es leal con Dios, El brindará su protección contra las faltas. Su espíritu se encargará de nuestros proyectos, y nos proporcionará la suficiente ayuda espiritual. Tendremos un éxito verdadero y real si nos quedamos en la sombra y dejamos que Dios trabaje a través de nosotros.

Oración del Día.

Ruego no interferir en el trabajo del espíritu de Dios en mí y a través de mí. Pido poder darle la dirección total de mis obras.

3 de SEPTIEMBRE.—Pensamiento del Día.

Hay que brindarle amistad y fraternidad al nuevo prospecto. Hay que decirle que, si desea estar bien, haremos lo que sea necesario para ayudarlo. Grabe en la conciencia del nuevo la idea de que puede recuperarse a pesar de cualquiera otra persona. Ya sea que tenga o no tenga empleo, tenga o no esposa, no puede dejar de beber en tanto que dependa más de otra gente que de Dios. No deje que ningún alcohólico diga que no puede recuperarse a menos que recobre a su familia. Esto no es cierto. Su recuperación no depende de otras personas; depende de su propia relación con Dios.—"¿Puedo darme cuenta de todos los pretextos que puede tener un nuevo prospecto?".

Meditación del Día.

La vida espiritual depende de Aquel a quien no vemos. Para vivir la vida espiritual, hay que creer en El, a quien no vemos. Hay que tratar de no perder la conciencia del espíritu de Dios en uno mismo y en los demás. Así como un bebé está protegido en los brazos de su madre, debemos nosotros sentirnos protegidos con la comprensión y el amor de Dios. Dios nos relevará del peso de las preocupaciones, de la aflicción y la depresión, de las necesidades y de las angustias, de la debilidad y del dolor, si dejamos que se haga cargo de ello. Hay que desviar la vista de las dificultades terrenales y percibir la gloria de Dios, a quienes no vemos. Hay que tratar cada día de ver más gente buena, más de aquello que no vemos en lo que sí podemos ver.

Oración del Día.

Ruego que pueda descansar y morar en la presencia de Dios. Pido poder dejarle a El mis cuidados y aflicciones.

4 de SEPTIEMBRE.—Pensamiento del Día.

Debemos cuidarnos de no demostrar, como una sociedad, ni intolerancia ni odio hacia la bebida. La experiencia ha demostrado que esa actitud no ayuda a nadie. No somos fanáticos ni intolerantes respecto a las personas que pueden beber normalmente. Todos los prospectos sienten un alivio cuando saben que no somos un movimiento de temperancia. El beber moderadamente está bien; pero nosotros los alcohólicos no podemos hacerlo. Y a ningún alcohólico le gusta que le hablen del alcohol aquellas personas que odian la bebida. Seremos muy poco útiles si nuestra actitud es amarga u hostil.—"¿Soy yo tolerante con los que pueden tomar normalmente?".

Meditación del Día.

No se deje afectar por pequeños disgustos. Nunca responda a los trastornos emocionales con trastornos emocionales. Trate de conservarse sereno en todas las circunstancias. Trate de no tomar la revancha. Pida que la gracia de Dios lo serene cuando sienta deseos de desquitarse. Busque a Dios para que le conceda la fuerza interior para deshacerse de esos resentimientos que lo hunden. Si lleva usted el peso de los disgustos, perderá la paz interior, y el espíritu de Dios quedará cerrado. Trate de conservar su paz interna.

Oración del Día.

Ruego hacer aquellas cosas que traen la paz. Pido que pueda tener una misión de conciliación.

5 de SEPTIEMBRE.—Pensamiento del Día.

Uno de los axiomas de A.A. es: "Lo primero es lo Primero". Esto significa que debemos tener siempre presente que el alcohol es nuestro problema número uno. No debemos nunca dejar que otro problema, ya sea familiar, de negocios, amistoso o de cualquiera otra índole, se anteponga en nuestros pensamientos. Conforme avanzamos en A.A. aprendemos a reconocer todo aquello que nos trastorna emocionalmente. Cuando sintamos que nos estamos inquietando por algo, debemos darnos cuenta de que ese es un lujo que nosotros los alcohólicos no nos podemos dar. Cualquier cosa que nos haga olvidar nuestro problema número uno es peligrosa para nosotros.—"¿Estoy considerando mi sobriedad en primer lugar en mis pensamientos?".

Meditación del Día.

El progreso espiritual es la ley de todo ser. Hay que tratar de ver más y más belleza y verdad en torno nuestro. Hay que tratar hoy de ser más fuertes, más valerosos, más afectuosos, como resultado de lo que se hizo ayer. Esta ley de progreso espiritual le da significado y propósito a la vida. Hay que esperar siempre mejores cosas por llegar. Se puede realizar mucho de bueno a través del espíritu de Dios que hay dentro de cada quien. No hay que estar nunca demasiado desanimado. Es seguro que el mundo mejorará a pesar de los retrasos ocasionados por la guerra, el odio y la codicia. Hay que ser parte del remedio para los males del mundo, en vez de ser parte de la enfermedad.

Oración del Día.

Ruego poder seguir progresando en la vida mejor. Pido poder ser parte de la fuerza del bien en el mundo.

6 de SEPTIEMBRE.—Pensamiento del Día.

Otro de los axiomas de A.A. es: "Vive y deja vivir". Desde luego, esto significa tener tolerancia para los que piensan diferente a nosotros, ya sea que estén en A.A. o fuera de A.A. No podemos darnos el lujo de ser intolerantes con otras personas, ni de criticarlas. No tratamos de imponer nuestra voluntad sobre quienes difieren con nosotros. No somos "más buenos que tú". No lo sabemos todo. No somos mejores que otras personas buenas. Vivimos en la mejor forma que podemos, y dejamos que los demás también lo hagan.—"¿Estoy yo dispuesto a vivir y dejar vivir?".

Meditación del Día.

"Y esta es la vida eterna, que podemos conocerte a Ti, el único Dios verdadero". Aprender a conocer a Dios lo mejor que podamos acerca a lo eterno. Liberados de algunas de las limitaciones de la humanidad, se puede crecer en las cosas que son eternas. Se puede luchar por lo que es real y tiene un valor eterno. Mientras más se trate de vivir en la conciencia de Dios, será más suave el paso a la vida eterna cuando llegue la hora de partir. Esta vida en la tierra debe ser en gran parte una preparación para la vida eterna que nos espera.

Oración del Día.

Ruego poder vivir cada día como si fuera el último de mi vida. Pido poder vivir mi vida como si fuera eterna.

7 de SEPTIEMBRE.—Pensamiento del Día.

Otro de los axiomas de A.A. es: "Poco a poco se va lejos". Esto significa que solamente vamos caminando en A.A., haciendo todo lo que nos es posible, y sin acalorarnos por los problemas que surgen dentro o fuera de A.A. Nosotros los alcohólicos somos personas emocionales, y nos hemos excedido en casi todo lo que hemos hecho. No hemos sido moderados en muchas cosas. No hemos sabido cómo tomar la vida con calma. La fe en un Poder Superior puede ayudarnos a aprender a tomar las cosas con calma. No estamos manejando el mundo. Cada quien es sólo uno entre muchos. Estamos resueltos a vivir vidas normales. Aprendemos nuestra experiencia en A.A. de que "poco a poco se va lejos".—"¿He aprendido a tomar las cosas con calma?".

Meditación del Día.

"El Dios eterno es vuestro refugio, y debajo están los Brazos Eternos". Los brazos que refugian expresan la protección amorosa del espíritu de Dios. El hombre con sus problemas y dificultades, lo que más necesita es un refugio, un lugar donde descansar, un lugar donde pueda depositar sus aflicciones y ser aliviado de sus cuidados. Dígase a sí mismo: "Dios es mi refugio". Dígalo hasta que esa verdad penetre en lo más profundo de su alma. Dígalo hasta que esté seguro de ello. Nada podrá trastornarlo seriamente, ni atemorizarlo en realidad, si Dios es su refugio.

Oración del Día.

Ruego poder acudir cada día a Dios como un refugio, hasta que se desvanezca el temor y lleguen la paz y la seguridad. Pido poder sentirme profundamente seguro en el abrigo de su espíritu.

8 de SEPTIEMBRE.—Pensamiento del Día.

Otro de los axiomas de A.A. es: "Pero por la gracia de Dios". Una vez que hemos aceptado plenamente el programa, nos volvemos humildes con respecto a lo que realizamos. No atribuimos demasiado nuestra sobriedad a nosotros mismos. Cuando vemos a otro alcohólico sufriendo en las garras del alcoholismo, nos decimos a nosotros mismos: "Ese sería yo; pero por la gracia de Dios voy adelante". No olvidemos la clase de gente que fuimos. Recordamos a las personas que dejamos atrás. Y estamos muy agradecidos por la gracia de Dios que nos ha dado otra oportunidad.—"¿Estoy realmente agradecido por la gracia de Dios?".

Meditación del Día.
El tener conciencia de la presencia de Dios como alguien que nos ama cambia todo el concepto de la vida. La conciencia del amor de Dios estimula la entrega total de nuestro ser a Dios. Trae un maravilloso alivio de los cuidados y aflicciones que surgen en nuestra vida diaria. El alivio trae la paz, y la paz trae la satisfacción. Hay que tratar de caminar imbuído en el amor de Dios. Se tendrá entonces esa paz que sobrepasa toda comprensión, y que nadie nos puede arrebatar. Hay que tener la seguridad del inagotable amor y cuidado de Dios para todos sus hijos. Hay liberación y serenidad en todos los que caminan dentro del amor de Dios, y que se mantienen seguros en su amorosa custodia.

Oración del Día.
Ruego poder caminar imbuído en el amor de Dios. Pido que, conforme avance, pueda sentir la emanación del poder de Dios en mis pasos, y la alegría de su amor en mi corazón.

9 de SEPTIEMBRE.—Pensamiento del Día.

Cuando a un alcohólico se le ofrezca una forma de vivir sobriamente llevando el programa de A.A., pensará en la perspectiva de vivir sin alcohol, y preguntará: "¿Estoy condenado a una vida estúpida, aburrida y de descontento, como la que viven algunas de las personas virtuosas que yo conozco?". "Sé que debo pasármela sin alcohol, pero, ¿cómo puedo hacerlo? ¿Hay un substituto lo suficientemente poderoso?".—"¿He encontrado yo un substituto más que suficiente para la bebida?".

Meditación del Día.

La vida se conquista en el poder de Dios. La capacidad de triunfar es la gracia de Dios. No puede existir el fracaso total cuando se está con Dios. Si se desea obtener lo mejor de la vida, hay que vivir lo más cerca posible de Dios, — Señor y Donador de la vida. La recompensa por depender de la fuerza de Dios será segura. A veces la recompensa se manifestará en una renovación de la fuerza para enfrentar la vida; a veces, en la superación de los pensamientos negativos; a veces, en lograr que otros lleven una nueva forma de vida. Cualquiera que sea el éxito que se tenga, no será por el propio esfuerzo, sino en gran parte debido a la gracia de Dios.

Oración del Día.

Ruego poder confiar más plenamente en la gracia de Dios. Pido vivir una vida de éxito.

10 de SEPTIEMBRE.—Pensamiento del Día.

Estas son las respuestas sobre cómo vivir sin el alcohol y ser feliz: Todas las cosas que tenemos en lugar del alcohol son más que un substituto de él. Una, es la fraternidad de Alcohólicos Anónimos. En esta comunidad se encuentra un alivio a la inquietud y al aburrimiento. La imaginación revive. Por fin llega a significar algo la vida. Se aprende a vivir los años más satisfactorios de la vida. Entre los compañeros de A.A., se encontrarán amigos para toda la vida. Estará unido a ellos por lazos nuevos y maravillosos.—"¿Significa ahora algo para mí la vida?".

Meditación del Día.

¿Quiere la completa y total satisfacción que se halla en servir a Dios, y además todas las satisfaciones del mundo? No es fácil servir tanto a Dios como al mundo. Es difícil pedir las recompensas de ambos. Si se trabaja para Dios, también se tendrán grandes recompensas del mundo; pero hay que estar preparado para apartarse a veces del mundo. No se puede siempre volverse al mundo y esperar todas las recompensas que la vida ofrece. Si se trata sinceramente de servir a Dios, se tendrán otras y mayores recompensas que las que el mundo ofrece.

Oración del Día.

Ruego no esperar demasiado del mundo. Pido estar también satisfecho con las recompensas que vienen por servir a Dios.

11 de SEPTIEMBRE.—Pensamiento del Día.

Otras de las contestaciones a la pregunta de cómo se puede vivir sin el alcohol y ser feliz, son: Le decimos que estará unido a otros A.A. por lazos nuevos y maravillosos, ya que él y ellos se han salvado juntos del desastre, y que hombro con hombro emprenderán una jornada común hacia una vida mejor y más satisfactoria. Sabrá lo que significa dar de sí mismo para que otros puedan sobrevivir y volver a descubrir la vida. Será feliz, respetado y útil nuevamente. Como estas cosas nos han sucedido a nosotros, también le pueden suceder a él.—"¿Me han sucedido a mí estas cosas?".

Meditación del Día.

Dios se manifiesta en las vidas humanas como la fuerza para vencer el mal y el poder para resistir la tentación. La gracia de Dios es ese poder que hace posible que un ser humano se transforme, de una persona inútil e incorregible, en una útil y normal. También se manifiesta Dios como el amor — amor al prójimo, compasión por sus problemas, y un deseo genuino de ayudarlo. La gracia de Dios también se manifiesta en la paz de espíritu y la de serenidad de carácter. Podemos tener bastante fuerza, amor y serenidad en nuestras vidas si estamos dispuestos a pedirle a Dios estas cosas cada día.

Oración del Día.

Ruego poder ver la gracia de Dios en la fuerza que recibo, el amor que conozco y la paz que tengo. Pido poder ser agradecido por las cosas que he recibido mediante la gracia de Dios.

12 de SEPTIEMBRE.—Pensamiento del Día.

¿Qué es lo que atrae a un recién llegado a A.A. y le da esperanza?". Oye los historiales de personas, cuyas experiencias son paralelas a las suyas. La expresión en las caras de las mujeres, ese algo indefinible en los ojos de los hombres, el ambiente estimulante de A.A., conspiran para darle a saber que por fin ha encontrado un refugio. El enfoque práctico a sus problemas, la ausencia de intolerancia de cualquier índole, la falta de formalidad, la genuina democracia, la comprensión única que esta gente de A.A. tiene, es irresistible.—"¿He encontrado un verdadero refugio en A.A.?".

Meditación del Día.

"Si tu ojo fuere único, tu cuerpo será luminoso". El ojo del alma es la voluntad. Si nuestro deseo es hacer la voluntad de Dios, servirle con nuestra vida, servirle ayudando a los demás, entonces de verdad todo nuestro cuerpo será luminoso. Lo importante es esforzarse porque nuestro deseo esté de acuerdo con la voluntad para los propósitos de Dios, sin querer otra cosa que no sea el cumplimiento de sus planes. Hay que tratar de buscar en todas las cosas un anticipo de Su Reino. Hay que buscar los valores espirituales con honestidad, y la pureza, el desprendimiento y el amor, y desear vehementemente un crecimiento espiritual. Entonces la vida surgirá de la obscuridad de la futilidad a la luz de la victoria.

Oración del Día.

Ruego que mi ojo sea único. Pido poder vivir mi vida iluminada por lo mejor que conozco.

13 de SEPTIEMBRE.—Pensamiento del Día.

Nadie está tan desacreditado ni se ha hundido tanto como para no ser bienvenido cordialmente a A.A., si su propósito es sincero. Las distinciones sociales, las pequeñas rivalidades y envidias, son risibles y están fuera de lugar. Habiendo zozobrado en la misma embarcación y habiendo sido recuperados y unidos por el mismo Dios con el corazón y el pensamiento en armonía para el bienestar de los demás, las cosas que le importan tanto a otras personas ya no significan nada para nosotros. En A.A. tenemos una verdadera democracia y una auténtica fraternidad.—"¿Me ha enseñado A.A. a ser verdaderamente demócrata?".

Meditación del Día.

Cuando llamamos a Dios implorándole su ayuda para vencer la debilidad, el pesar, la discordia y el conflicto, Dios nunca falla en dar respuesta a nuestra suplica. Cuando necesita fuerza para usted mismo o para ayudar a otras personas, pídale a Dios. La fortaleza que necesita llegará sencillamente, con naturalidad y con potencia. Récele a Dios no solamente cuando necesite ayuda, sino nada mas para estar en comunicación con El. El espíritu de la oración puede cambiar un ambiente, y hacer que haya conciliación donde hubo discordia. Elevará la calidad del pensamiento y de la palabra, y pondrá en orden lo que fue un caos.

Oración del Día.

Ruego poder llevar paz donde haya discordia. Pido llevar conciliación donde haya conflicto.

14 de SEPTIEMBRE.—Pensamiento del Día.

¿Cómo crece A.A.? Algunos de nosotros somos vendedores. Pequeños grupos de 2, 3 y 5 personas surgen de diferentes comunidades, a través del contacto con centros más grandes. Aquellos que viajamos visitamos otros grupos lo más frecuentemente posible. Esta práctica nos permite ayudar a los grupos nuevos que están surgiendo en todo el mundo. Cada mes se están formando grupos nuevos. A.A. se está extendiendo más y más alrededor del mundo. En esta forma, vamos creciendo.—"¿Estoy haciendo todo lo que puedo para extender el mensaje de A.A. por dondequiera que vaya?".

Meditación del Día.

"Señor, creemos. Ayúdanos en nuestra incredulidad". Este grito del corazón de la humanidad es una expresión de la fragilidad humana. Significa el sincero deseo de progresar del alma. Conforme una persona sienta la existencia de Dios y su poder, esa persona creerá más y más en El. Al mismo tiempo, la persona está más consciente de que su absoluta confianza en Dios puede ser deficiente. El progreso del alma es una creencia que va en aumento; después, una plegaria por tener una mayor fe; una súplica para conquistar toda falta de creencia o de confianza. Podemos creer que esa plegaria es escuchada por Dios, y que en su debido tiempo hay respuesta a la oración. Y así va creciendo nuestra fe, poco a poco, día con día.

Oración del Día.

Ruego que, al tener mayor poder en mi vida, tenga también más fe. Pido llegar a confiar más en Dios cada día.

15 de SEPTIEMBRE.—Pensamiento del Día.

Todos nos damos cuenta de que sabemos sólo un poco. Dios nos va enseñando a todos más cosas constantemente. Hay que preguntarle, en la meditación de la mañana, qué podemos hacer cada día por aquellos que todavía sufren. Las respuestas vendrán si nuestra propia conciencia está en orden. Hay que estar al cuidado de que nuestra relación con Dios esté bien, y entonces nos llegarán grandes acontecimientos. Hay que dar espontáneamente lo que hemos encontrado en A.A.; pero evidentemente no podemos transmitir aquello que no tengamos. Por eso, hay que hacer de A.A. un estudio de toda la vida.—"¿Estoy siempre buscando la forma de transmitir el programa?".

Meditación del Día.

"Su fortaleza estará en la quietud y en la confianza". La confianza significa tener fe en algo. No podríamos vivir sin confiar en otros. Cuando se tiene confianza en la gracia de Dios, se puede hacer frente a lo que llegue. Cuando se tiene confianza en el amor de Dios, se puede tener paz y serenidad. Puede tenerse la fe de que Dios se hará cargo de nosotros. Hay que tratar de permanecer en la presencia de Dios hasta que su fuerza fluya a través de nosotros. Hay que permanecer quietos, y en esa quietud, la voz suave llegará. Esa voz habla quedamente al pensamiento de la humanidad que esté en armonía para recibir su influencia.

Oración del Día.

Ruego poder encontrar hoy la fuerza en la quietud. Pido estar satisfecho de que Dios se hará cargo de mí.

16 de SEPTIEMBRE.—Pensamiento del Día.

Empecemos hoy a hacer un estudio breve de los 12 pasos sugeridos. Estos 12 pasos sugeridos parecen comprender 5 principios. El primer paso es el requisito para ser miembro. El segundo, el tercero y el onceavo, son los pasos espirituales del programa. El cuarto, el quinto, el sexto, el séptimo y el décimo, son los pasos sobre el inventario moral. El octavo y el noveno son los pasos de la reparación. El doceavo es el paso sobre la transmisión del programa, o la ayuda a otros. Por tanto, los cinco principios son: El requisito para ser miembro, las bases espirituales, el inventario moral, la reparación y la ayuda a otros.—"¿Ha hecho de estos pasos una parte de mí mismo?".

Meditación del Día.

Parecemos vivir no sólo en tiempo, sino que en eternidad. Si vivimos con Dios y El vive con nosotros, podremos producir el fruto espiritual que durará por una eternidad. Si vivimos con Dios, nuestras vidas pueden fluir como un río calmado a través de la tierra seca del mundo. Puede hacer que los árboles y las flores de la vida espiritual —el amor y el servicio— surjan y produzcan en abundancia. El trabajo espiritual puede hacerse para la eternidad, no nada más para ahora. Aún aquí en la tierra podemos vivir como si nuestras vidas fueran eternas.

Oración del Día.

Ruego tratar de hacer que mi vida sea como un río fresco en la tierra sedienta. Pido que pueda dar sin reserva a todo el que me pida ayuda.

17 de SEPTIEMBRE.—Pensamiento del Día.

El primer paso dice: "Admitimos nuestra impotencia contra el alcohol, y que nuestras vidas habían llegado a ser ingobernables".—En este paso se señala el requisito para ser miembro de A.A. Debemos admitir que nuestras vidas están en estado de confusión. Debemos aceptar el hecho de que somos impotentes ante el poder del alcohol. Debemos admitir que, por lo que respecta al alcohol, estamos derrotados y necesitamos ayuda. Debemos estar dispuestos a aceptar el amargo hecho de que no podemos beber como la gente normal. Y además, debemos aceptar lo mejor que podamos nuestra derrota ante el hecho ineludible de que tenemos que dejar de beber.—"¿Me es difícil admitir que soy diferente a los bebedores normales?".

Meditación del Día.

"Muéstranos ¡Oh Señor! el camino, y déjanos marchar por tu senda". Parece que hay una manera recta y una manera equivocada de vivir. Se puede hacer una prueba práctica. Cuando se vive en una forma correcta, las cosas parecen marchar bien. Cuando se vive en una forma equivocada, las cosas parecen marchar mal. Parece que obtenemos de la vida lo que hemos puesto en ella. Si se desobedecen las leyes de la naturaleza, lo más probable es que se pierda la salud. Si se desobedecen las leyes espirituales y morales, lo más probable es que seamos desdichados. Al seguir las leyes de la naturaleza y las leyes espirituales de honestidad, pureza, desprendimiento y amor, se puede esperar una vida razonablemente sana y feliz.

Oración del Día.

Ruego poder vivir en la forma correcta. Pido poder seguir la senda que lleva a una vida mejor.

18 de SEPTIEMBRE.—Pensamiento del Día.

El segundo paso dice: "Llegamos al convencimiento de que sólo un Poder Superior a nosotros nos ayudaría a recuperar la cordura". El tercer paso dice: "Decidimos poner nuestras vidas y nuestra voluntad al cuidado de Dios, tal como cada quien lo conciba". El onceavo paso dice: "Procuramos, a través de la oración y la meditación, mejorar nuestro contacto consciente con Dios, pidiéndole que nos iluminase a fin de poder cumplir con su voluntad". La base fundamental de A.A. es la creencia en algún Poder Superior a nosotros mismos. No hay que pasar esto por alto. No podemos seguir de lleno el programa sin esta creencia.—"¿Tengo yo la ventura de creer en un Poder Superior a mí mismo?".

Meditación del Día.

"Aquel que more en el lugar secreto del Altísimo, vivirá bajo la sombra del Todopoderoso".—Hay que morar en un lugar secreto cada día por un momento. Este es el lugar, apartado del mundo, de la comunión con Dios. De allí se recibe fortaleza para enfrentar al mundo. Las cosas materiales no pueden inmiscuirse en este lugar secreto. Ni siquiera pueden encontrarlo, porque está fuera del alcance de las cosas materiales. Cuando se habita en este lugar secreto, se está bajo la sombra del Todopoderoso. Dios está cerca de nosotros en este apacible lugar de comunión. Hay que morar cada día, por un momento, en este lugar secreto.

Oración del Día.

Ruego poder renovar mi fortaleza en la quietud. Pido encontrar descanso en la apacible comunión con Dios.

19 de SEPTIEMBRE.—Pensamiento del Día.

Continuemos con los pasos 2, 3 y 11. Debemos recurrir a un Poder Superior para buscar ayuda, porque nosotros somos impotentes. Cuando ponemos nuestro problema de la bebida en manos de Dios y lo dejamos allí, hemos hecho la decisión más importante de nuestra vida. De allí en adelante confiamos en Dios para que nos dé la fortaleza para permanecer sobrios. Esto nos desplaza del centro del universo y nos permite transferir nuestros problemas a un Poder fuera de nosotros mismos. Por medio de la oración y la meditación buscamos mejorar nuestro contacto consciente con Dios. Tratamos de vivir cada día en la forma que creemos que Dios desea que vivamos.—"¿Estoy confiando en Dios para que me dé la fortaleza para permanecer sobrio?".

Meditación del Día.

"Os he dicho estas cosas para que vuestra alegría sea completa". Aun una parcial concepción de la vida espiritual trae mucha alegría. Nos sentimos contentos en el mundo cuando estamos en contacto con el Espíritu Divino del Universo. La experiencia espiritual trae una satisfacción definitiva. Hay que buscar el significado verdadero de la vida siguiendo las leyes espirituales. Dios desea que tengamos un éxito espiritual. Si vivimos la vida lo más apegadamente posible a las leyes espirituales, podemos esperar lo que nos corresponda de alegría y de paz, satisfacción y éxito.

Oración del Día.

Ruego encontrar la felicidad al hacer lo debido. Pido encontrar satisfacción al obedecer las leyes espirituales.

20 de SEPTIEMBRE.—Pensamiento del Día.

El paso 4 dice: "Sin ningún temor, hicimos un inventario moral completo de nosotros mismos". El paso 5 dice: "Admitimos ante Dios, ante nosotros mismos y ante otro ser humano, la naturaleza exacta de nuestras faltas". El paso 6 dice: "Estuvimos dispuestos a dejar que Dios eliminase todos los defectos de nuestro caracter". El paso 7 dice: "Encarecidamente suplicamos a Dios que nos librase de nuestros defectos". El paso 10 dice: "Proseguimos con nuestro inventario moral, admitiendo sincera y espontáneamente nuestras faltas al irlas reconociendo". Al hacer un inventario moral debemos ser absolutamente sinceros con nosotros mismos y con los demás.—"¿He hecho yo un sincero inventario de mí mismo?".

Meditación del Día.

Dios es bueno. Con frecuencia se puede saber si algo es de Dios o no lo es. Si es de Dios, debe ser bueno. La sinceridad, la pureza, la ayuda desinteresada y el amor son buenos, y estas cosas llevan a una vida plena. Hay que dejar el presente y el futuro en manos de Dios, sabiendo solamente que El es bueno. La mano que cubre el futuro es la mano de Dios. Dios puede transformar el caos en orden, el mal en bien y la confusión en paz. Podemos creer que todo lo que es realmente bueno viene de Dios, y que El comparte su bondad con nosotros.

Oración del Día.

Ruego poder alcanzar lo bueno. Pido poder escoger lo mejor en la vida.

21 de SEPTIEMBRE.—Pensamiento del Día.
Continuemos con los pasos 4, 5, 6, 7 y 10.
Al hacer un inventario moral de nosotros
mismos, debemos enfrentarnos a la verdad
tal como es. Debemos dejar de seguir
escapando. Debemos hacer frente a la
realidad. Debemos vernos a nosotros
mismos tal como somos. Debemos admitir
abiertamente nuestros errores y tratar de
corregirlos. Debemos tratar de ver en qué
hemos sido faltos de sinceridad, impuros,
egoístas e indiferentes. No hay que hacer
esto y después olvidarlo. Hay que hacerlo
cada día de nuestras vidas mientras
existamos. Nunca terminamos con el
análisis de nosotros mismos.—"¿Estoy yo
haciendo un inventario diario de mí
mismo?".

Meditación del Día.
Al mejorar nuestras vidas, tenemos una ayuda que no
alcanzamos a ver. No hemos sido creados con la
capacidad para ver a Dios. Eso sería demasiado fácil
para nosotros, y no tendríamos mérito al obedecerlo. Se
necesita un acto de fe, correr la ventura de creer, para
comprender el poder invisible. Sin embargo, tenemos
amplia evidencia de la existencia de Dios en la
fortaleza que muchas personas han recibido a través del
acto de fe. Estamos en una caja de tiempo y espacio, y
no podemos ver a nuestras almas ni a Dios. Tanto Dios
como el espíritu humano están fuera de las limitaciones
del tiempo y del espacio. No obstante, la ayuda
invisible es efectiva ahora, aquí mismo. Esto se ha
comprobado en el cambio que ha habido en muchas
vidas.

Oración del Día.
Ruego que pueda tener la gran ventura de creer. Pido
que mi visión no se nuble por el obstáculo intelectual.

22 de SEPTIEMBRE.—Pensamiento del Día.

El octavo paso dice: "Hicimos una relación de todas aquellas personas que con las que obramos mal, y nos dispusimos a enmendar el daño que les causamos". El noveno paso dice: "Reparamos, hasta donde humanamente nos fue posible, el daño que causamos a esas personas, salvo en aquellos casos en que el hacerlo habría ocasionado perjuicio, bien a ellas mismas, o a otras personas". Con frecuencia es difícil reparar los daños que hemos ocasionado. Esto lastima nuestro orgullo; pero las recompensas son grandes cuando le decimos a una persona que sentimos haberle hecho daño, y vemos que la reacción es casi siempre buena. Se necesita valor para dar ese salto, pero los resultados justifican con creces el hacerlo. Se quita un peso de encima, y con frecuencia un enemigo se convierte en un amigo.—"¿He hecho todo lo posible por reparar lo más que se ha podido?".

Meditación del Día.

Se debe tener alegría por vivir una vida espiritual. La fe sin alegría no es enteramente genuina. Si no se es más feliz como resultado de la fe, probablemente ésta sea defectuosa. La fe en Dios trae una sensación de felicidad y de seguridad, a pesar de los sucesos superficiales. Cada nuevo día es otra oportunidad para servir a Dios y mejorar las relaciones con los semejantes. Esto debe traer alegría. La vida debe ser plena y amplia. Debe ser resplandeciente, y extenderse en circulos cada vez más grandes.

Oración del Día.

Ruego porque mis horizontes sean cada vez más amplios. Pido poder dar más servicio y compañerismo.

23 de SEPTIEMBRE.—Pensamiento del Día.

El doceavo paso dice: "Habiendo experimentado un despertar espiritual como resultado de estos pasos, tratamos de llevar este mensaje a otros alcohólicos y de practicar estos principios en todos nuestros actos". Hay que notar que la base de nuestra efectividad para llevar el mensaje a otros alcohólicos es el hecho de nuestro propio despertar espiritual. Si no hemos cambiado, no podemos ser instrumentos de un Poder Superior para cambiar a otros. Para seguir este programa debemos trasmitirlo; no podemos guardarlo para nosotros mismos; podemos perderlo si no lo damos; no puede fluir dentro de nosotros y quedarse allí; debe continuar manando dentro de nosotros conforme se vaya transmitiendo a los demás.—"¿Estoy siempre dispuesto a dar lo que he aprendido en A.A.?".

Meditación del Día.

"Acercáos a Dios, y El estará con vosotros". Cuando haya que hacer frente a un problema superior a nuestras fuerzas, hay que recurrir a Dios por medio de un acto de fe. El acto de recurrir a Dios en cada situación difícil debe cultivarse. Se puede recurrir en forma de agradecimiento por la gracia de Dios en nuestras vidas. Puede ser en forma de una petición de su fortaleza para hacer frente a una situación, y un acto de gracias al recibir esa fortaleza cuando se necesita. No hay que pensar que sólo recibimos el poder para hacer frente a las pruebas, sino que también recibimos un gran consuelo y la alegría de la proximidad y la compañía de Dios cuando la solicitamos.

Oración del Día.

Ruego tratar de acercarme más a Dios cada día por medio de la oración. Pido poder sentir su proximidad y su fuerza en mi vida.

24 de SEPTIEMBRE.—Pensamiento del Día.

Continuemos con el paso 12. Debemos practicar estos principios en todos nuestros actos. Esta parte del paso 12 no debe descuidarse. Esta es la práctica de todo el programa. No sólo practicamos estos principios con respecto a nuestro problema alcohólico. Los practicamos en todos nuestros actos. No le damos un compartimiento de nuestras vidas a Dios y nos guardamos los otros. Le entregamos nuestras vidas enteras a Dios, y tratamos de hacer su voluntad en todos los actos. En esto se basa nuestro crecimiento; en esto se basa toda la promesa del futuro; un horizonte que siempre se va extendiendo. "¿Llevo conmigo los principios de A.A. adondequiera que voy?".

Meditación del Día.

"Señor, ¿a quién iremos sino a Tí? Tú tienes las palabras de la vida eterna". Las palabras de la vida eterna son las palabras de Dios que controlan nuestro verdadero ser, el verdadero yo espiritual. Son las palabras de Dios que los hombres escuchan en sus corazones y en sus pensamientos cuando éstos se abren a su espíritu. Estas son las palabras de la vida eterna, que expresan la forma verdadera en que hay que vivir. Nos dicen en la quietud de nuestros corazones, pensamientos y alma: "Obra en esta forma, y vive".

Oración del Día.

Ruego poder seguir los dictados de mi conciencia. Pido poder seguir los anhelos interiores de mi alma.

25 de SEPTIEMBRE.—Pensamiento del Día.

Estudiemos el término "Experiencia espiritual", tal como se describe en el libro Alcohólicos Anónimos: "Una experiencia espiritual es algo que da origen a un cambio de personalidad. Al entregar nuestras vidas a Dios, tal como lo concebimos, sufrimos un cambio. La naturaleza de este cambio es evidente en los alcohólicos recuperados. Este cambio de personalidad no se manifiesta necesariamente en una experiencia espectacular. No necesitamos adquirir inmediatamente una arrolladora conciencia de Dios, seguida de súbito por un cambio de sentimientos y de perspectiva. En la mayoría de los casos el cambio es gradual.—"¿Noto un cambio gradual y continuo en mí mismo?".

Meditación del Día.

"Venid a mí todos aquellos que trabajen y se ven agobiados, porque yo les daré reposo". Para descansar de los cuidados de la vida se puede recurrir a Dios cada día en la oración y en la comunión. El descanso verdadero y la serenidad nacen de un profundo sentido de la bondad fundamental del universo. Los brazos eternos de Dios están detrás de todo, y nos apoyan Hay que comunicarse con Dios, no tanto para hacerle peticiones como por el resultado de la confianza en su voluntad y en sus propósitos para nuestras vidas. Hay que estar seguros de la fuerza que Dios tiene a nuestra disposición, estar conscientes de su apoyo, y esperar con calma hasta que Dios llene totalmente nuestras vidas.

Oración del Día.

Ruego poder estar consciente hoy del apoyo de Dios. Pido poder descansar y sentirme seguro con El.

26 de SEPTIEMBRE.—Pensamiento del Día.

Al continuar con la expresión de "despertar espiritual", podemos decir: El tener una conciencia de Dios inmediata y arrolladora, que resulte en una transformación extraordinaria, aunque frecuente, es un hecho que de ningún modo representa la regla. La mayoría de nuestras experiencias espirituales son el resultado de la práctica de los pasos, y se desarrollan lentamente. Con bastante frecuencia los amigos del compañero recién llegado se dan cuenta de la diferencia mucho antes que él mismo. A la postre se da cuenta de que ha sufrido un cambio en sus reacciones hacia la vida, y que ese cambio podría difícilmente haberlo realizado él solo.—"¿Está cambiando mi actitud hacia la vida?".

Meditación del Día.

Hay que mirar al mundo como la casa de Dios. Hay que pensar que toda la gente vive como invitada en la casa de nuestro Padre, y que por tanto debe ser tratada con amor y consideración. Hay que mirarse a uno mismo como un servidor en casa de nuestro Padre, como un servidor de todos. No hay que pensar que trabajo alguno es indigno de nosotros. Hay que estar siempre listos para hacer todo lo que se pueda por los que necesitan nuestra ayuda. Hay alegría en servir a Dios. Hay mucha satisfacción en servir al máximo de las posibilidades. Hay que expresar el amor a Dios por medio del servicio a todos los que habitan en la casa de nuestro Padre.

Oración del Día.

Ruego poder servir a los demás por gratitud a Dios. Pido que mi trabajo sea una pequeña recompensa por la gracia que me ha concedido.

27 de SEPTIEMBRE.—Pensamiento del Día.

Continuemos con la expresión "despertar espiritual". Lo que con frecuencia se logra en algunos meses, raramente se podría lograr por medio de la autodisciplina. Con pocas excepciones nuestros miembros encuentran que han descubierto recursos interiores insospechados que ahora identifican como su propio concepto de un Poder Superior a ellos mismos. La mayoría de nosotros pensamos en esta conciencia de un Poder Superior a nosotros mismos como en la esencia del despertar espiritual. Algunos de nosotros le decimos conciencia de Dios. De cualquier modo, la voluntad, la sinceridad y el tener una mente receptiva son las cosas esenciales para la recuperación.—"¿He descubierto ese recurso interior que puede cambiar mi vida?".

Meditación del Día.

El poder de Dios crece en nuestras vidas conforme crece nuestra capacidad de comprender su gracia. El poder de la gracia de Dios está solamente limitado por la cantidad de comprensión y de voluntad de cada individuo. El poder milagroso de Dios está solamente limitado en cada alma por la falta de visión espiritual. Dios respeta el libre albedrío, el derecho de que cada persona acepte o rechace su poder milagroso. Sólo el sincero deseo del alma le da a El la oportunidad para colmarla.

Oración del Día.

Ruego no. limitar el poder de Dios por mi falta de visión. Pído poder conservar una mente receptiva a su influencia.

28 de SEPTIEMBRE.—Pensamiento del Día.

Durante los dos últimos meses hemos venido estudiando pasajes y pasos del Libro Grande "Alcohólicos Anónimos". Ahora bien ¿por qué no leer el libro nuevamente? Es esencial que el programa de A.A. llegue a ser parte de nosotros mismos. Debemos conocer a fondo su esencia. Nunca llegaremos a estudiar demasiado el libro grande. Mientras más lo leamos y lo estudiemos, estaremos mejor dotados para pensar, actuar y vivir el programa de A.A. No podemos saber demasiado acerca de él. Lo más probable es que nunca lleguemos a saber lo suficiente. Pero podemos incorporar lo que más podamos del programa a nosotros mismos.—"¿Qué tan a fondo he conocido el Libro Grande?".

Meditación del Día.

Tenemos que aceptar las dificultades y las disciplinas de la vida para poder compartir plenamente la vida con nuestros semejantes. Muchas de las cosas que tenemos que aceptar no deben tomarse como experiencias necesarias para nosotros en lo personal, sino que para que podamos compartir los sufrimientos y problemas de la humanidad. Necesitamos tener compasión. Debemos compartir muchas experiencias de la vida para comprender a los demás. A menos que hayamos pasado por las mismas experiencias, no podremos comprender a otra persona lo suficientemente para estar en capacidad de ayudarla.

Oración del Día.

Ruego poder aceptar todo lo que me suceda como parte de la vida. Pido que pueda utilizar estas experiencias para ayudar a mis semejantes.

29 de SEPTIEMBRE.—Pensamiento del Día.

Habiendo llegado hasta aquí, hagamos una pausa y preguntémonos algunas cosas. Debemos examinarnos a nosotros mismos periódicamente. ¿Qué tan buen A.A. soy? ¿Estoy asistiendo con regularidad a las juntas? ¿Estoy poniendo mi parte para la existencia de A.A.? Cuando hay que hacer algo, ¿ofrezco mi colaboración espontánea? ¿Hablo en las juntas aunque me sienta nervioso? ¿Acepto las oportunidades que hay de hacer pasos 12? ¿Doy espontáneamente mi tiempo y mi dinero? ¿Estoy tratando de difundir el mensaje de A.A. por dondequiera que voy? ¿Es mi conducta diaria una demostración de los principios de A.A.— "¿Soy yo un buen A.A.?".

Meditación del Día.

¿Cómo obtener la fortaleza para ser efectivos y aceptar la responsabilidad? Pidiéndole al Poder Superior que nos dé esa fortaleza que necesitamos cada día. Ha sido comprobado en un sinnúmero de casos que, por cada día que vivamos, se nos dará la fuerza necesaria para poder enfrentarnos a cada desafío que nos llegue durante el día, con la seguridad de que Dios nos dará la fortaleza que pedimos. Por cada tarea que se nos dé, también se nos proporciona toda la fuerza necesaria para la realización de ella. No es necesario detenernos.

Oración del Día.

Ruego poder aceptar cada tarea como un reto. Yo sé que no puedo fracasar totalmente si Dios está conmigo.

30 de SEPTIEMBRE.—Pensamiento del Día.

En A.A. no hay directores, con excepción de los compañeros que voluntariamente aceptan responsabilidades, como son el trabajo de llevar adeante a A.A., coordinar juntas, servir en los comités, hablar en otros grupos, hacer pasos 12, extender el mensaje de A.A. entre los alcohólicos que haya en la comunidad. Todas estas son cosas que se hacen voluntariamente. Si no me ofrezco como voluntario para hacer algo concreto por A.A., el movimiento será proporcionalmente menos efectivo. Debo ejecutar la parte que me corresponda en esta tarea. A.A. depende de todos sus miembros para que se conserve con vida, y para que siga creciendo.—"¿Estoy cumpliendo con mi parte en A.A.?".

Meditación del Día.

Cuando se le pide fortaleza a Dios para enfrentarse con las responsabilidades, su contacto curativo hace que el fluido divino penetre en nuestro ser. Cuando en los momentos de debilidad se implora a Dios, su contacto trae la renovación del valor, y el poder para enfrentarse a cada situación y salir victorioso. Cuando se siente desmayar o vacilar en el camino, o llega un sentimiento de inferioridad, hay que confiar en el espíritu de Dios para apoyarnos en nuestro camino. Entonces, hay que levantarse y seguir adelante con confianza.

Oración del Día.

Ruego permanecer receptivo al contacto curativo de Dios. Pido no desmayar en el camino, y renovar mi valor a través de la oración.

1o, de OCTUBRE.—Pensamiento del Día.

A.A. perderá algo de su efectividad si no cumplo yo con la parte que me corresponde. ¿En qué estoy fallando? ¿Hay cosas que no deseo hacer? ¿Me detengo por estar demasiado consciente de mí mismo o por miedo? El estar consciente de uno mismo es una manifestación de orgullo. Es el miedo de que algo nos vaya a pasar. Lo que nos suceda no es muy importante. La impresión que se haga en los demás no depende tanto de la clase de labor que se realice como de la sinceridad y honestidad del propósito.—"¿Me estoy deteniendo por miedo a no hacer una buena impresión?"

Meditación del Día.

Hay que buscar a Dios para tener el verdadero poder que nos haga efectivos. No hay que tratar de encontrar otra fuente de provisión que sea tan completa. Este es el secreto de la vida realmente efectiva. Nosotros, a nuestra vez, seremos instrumentos para ayudar a otros a encontrar la efectividad. Cualquiera que sea la ayuda espiritual que necesitamos, cualquiera que sea la ayuda que se desee para otros, hay que buscarla en Dios. Hay que buscar que la voluntad de Dios se haga en nuestras vidas, y que nuestra voluntad se conforme a la de El, Los fracasos resultan por depender demasiado de nuestra propia fortaleza.

Oración del Día.

Ruego que pueda sentir que nada bueno es excesivo para mí, y buscar la ayuda de Dios. Pido poder ser efectivo por medio de su dirección.

2 de OCTUBRE.—Pensamiento del Día.

¿Qué es lo que hace que una plática sea efectiva en una junta de A.A.? No es un magnífico discurso lleno de palabras elegantes, ni es una forma de expresión solemne. Con frecuencia algunas palabras dichas de corazón son más efectivas que un discurso muy pulido. Siempre existe la tentación de hablar más allá de nuestra propia experiencia para hacer una buena impresión. Esto no es nunca efectivo. Lo que no venga del corazón no llega al corazón. Lo que venga de la experiencia personal unido al sincero deseo de ayudar a otras personas, sí llega al corazón.—"¿Hablo yo para buscar los efectos, o con un sincero deseo de ayudar?"

Meditación del Día.

"Hágase Tu voluntad" debe ser nuestra oración continúa. En la voluntad de Dios habrá alegría. Deseamos alegrarnos de hacer esa voluntad, porque cuando es así, todo en nuestra vida marcha bien, y todo tiende a salir bien para nosotros a la larga. Cuando sinceramente estamos tratando de hacer la voluntad de Dios y aceptamos humildemente los resultados, nada nos puede dañar seriamente. El que acepta la voluntad de Dios en su vida puede no heredar la tierra, pero habrá de heredar la paz interior.

Oración del Día.

Ruego poder tener una voluntad dócil. Pido que mi voluntad pueda armonizar con la voluntad de Dios.

3 de OCTUBRE.—Pensamiento del Día.

¿Cómo hablo con un nuevo prospecto? ¿Trato siempre de dominar la conversación? ¿Trato de imponer leyes y le digo lo que debe hacer? ¿Lo juzgo en privado y siento que tiene pocas esperanzas de seguir el programa? ¿Lo empequeñezco ante mí mismo? ¿O estoy dispuesto a enseñarle el alma para que él hable de sí mismo? y después ¿estoy dispuesto a saber escuchar a no interrumpir y a oírlo hasta el final? ¿Siento profundamente que es mi hermano? —"¿Haré todo lo que pueda para ayudarlo en el camino a la sobriedad?"

Meditación del Día.

"El trabajo de la rectitud será la paz, y el efecto de la rectitud será la serenidad y la seguridad para siempre." Sólo cuando el alma logra esta calma puede efectuarse una verdadera labor espiritual y pueden ser fuertes la mente, el alma y el cuerpo para conquistar y tolerar todas las cosas. La paz es el resultado de la rectitud. No hay paz cuando se obra mal. Pero si vivimos en la forma en que Dios desea que vivamos, la calma y la seguridad nos llegarán. La seguridad en la calma nacida de la profunda certeza de que la fuerza de Dios está a nuestra disposición, y de que su capacidad de amor nos librará de todo daño y maldad.

Oración del Día.

Ruego que pueda lograr un estado de verdadera calma. Pido poder vivir en la quietud y en la paz.

4 de OCTUBRE.—Pensamiento del Día.

¿Critico a otros miembros de A. A. o a los nuevos prospectos? ¿Digo acerca de algún compañero que no creo que sea sincero, que creo que está fanfarroneando o que está tomándose unos tragos a escondidas? ¿Me doy cuenta de que mi actitud de duda y escepticismo está lastimando a esa persona, aunque sea sólo esa actitud mía que no puedo evitar sentir? ¿Digo de un nuevo prospecto que no podrá seguir el programa, o digo que solamente durará unos meses? Si adopto esta actitud, estoy lastimando inconscientemente la oportunidad que pueda tener esa persona de recuperarse.—"¿Es mi actitud siempre constructiva y jamás destructiva?"

Meditación del Día.

Para ser atraídos hacia Dios y hacia una vida mejor, hay que guiarse por el espíritu. Hay una maravillosa iluminación de pensamiento para aquellos que se guían por el espíritu. Para aquellos guiados por lo material, no hay nada en Dios ni en una vida mejor que los atraiga. Pero para los que se guían por el espíritu hay fortaleza, paz y calma por medio de la comunión con el Señor. Para quienes creen en ese Dios invisible para los humanos, pero cuyo poder se puede sentir, la vida tiene un significado y un propósito verdaderos. Son los hijos del Señor Invisible, y todos los seres humanos son sus hermanos.

Oración del Día.

Ruego poder ser dirigido por el espíritu. Pido que pueda sentir la presencia y el poder de Dios en mi vida.

5 de OCTUBRE.—Pensamiento del Día.

¿Tengo resentimientos acerca de mis compañeros o hacia otro grupo de A. A.? ¿Critico la forma de pensar o de actuar de algún compañero? ¿Siento que otro grupo está trabajando en forma equivocada y lo divulgo? ¿O me doy cuenta de que cada miembro de A. A., cualesquiera que sean sus limitaciones, tiene algo que ofrecer, algo bueno por poco que sea, y de que puede seguir el programa a pesar de sus limitaciones? ¿Creo que hay lugar para toda clase de grupos en A. A., siempre que sigan las tradiciones de A. A. y sean efectivos, a pesar de que no esté yo de acuerdo con sus procedimientos? — "¿Soy tolerante con la gente y con los grupos?"

Meditación del Día.

"El Señor tendrá en cuenta vuestros actos desde ahora y para siempre". Todos nuestros movimientos, nuestras idas y venidas, pueden ser dirigidas por el Espíritu Divino. Cada visita que hagamos para ayudar a otra persona, cada esfuerzo desinteresado para ayudar, pueden ser bendecidos por el Espíritu Oculto. Puede haber una bendición en todo lo que hagamos, en cada entrevista a un compañero que esté sufriendo. Cada encuentro con una necesidad puede no ser un encuentro casual, sino que algo proyectado por el Espíritu Oculto. Guiados por el Espíritu del Señor, podemos ser tolerantes, compasivos y compresivos con otros, y así lograr mucho.

Oración del Día.

Ruego que sea guiado por el espíritu de Dios. Pido que el Señor tenga en cuenta mis idas y venidas.

6 de OCTUBRE.—Pensamiento del Día.

Tengo el deseo de ser muy importante en A. A.? ¿Quiero ser siempre el centro de atención? ¿Creo que nadie más puede trabajar mejor que yo? ¿Estoy dispuesto a permanecer en la sombra de vez en cuando y permitir que otro se haga cargo de las cosas? Parte de la efectividad de cualquier grupo de A. A. es el desarrollo de nuevos miembros y su capacidad para llevar adelante la tarea. ¿Estoy renuente a renunciar a mi autoridad? ¿Trato de ser yo solo el responsable del Grupo? Si es así, no estoy siendo justo con los recien llegados. Me doy cuenta de que nadie es indispensable?—"¿Se yo que A. A. podría seguir adelante sin mí en caso necesario?

Meditación del Día.

Dios puede ayudar a transformarnos en personas realmente agradecidas humildes. Ya que no podíamos ver a Dios, debemos creer en El sin verlo. Lo que podemos ver claramente es el cambio en un ser humano, cuando le pide sinceramente a Dios la fuerza para cambiar. Debemos acrecentar nuestra fe en Dios y en su poder para cambiar nuestra manera de ser. Nuestra fe en Dios será recompensada por una vida útil y servicial. Dios no dejará de enseñarnos la forma en que debemos vivir cuando acudamos a El con verdadera gratitud y amor.

Oración del Día.

Ruego para que pueda creer que Dios puede cambiarme. Pido poder estar siempre dispuesto a ser transformado.

7 de OCTUBRE.—Pensamiento del Día.

¿Dependo demasiado de algún miembro del grupo? ¿Convierto a alguna persona en un ídolo de barro? ¿La tengo en un pedestal y la venero? Si lo hago, estoy construyendo mi casa sobre la arena. Todos los mienbros de A. A., tienen "pies de barro". Todos están a una distancia de una borrachera, de tan solo una copa, a pesar del tiempo que hayan estado en A. A. Esto ha sido comprobado en más de una ocasión. No es justo para una persona el que sea señalada como líder sobresaliente de A. A., y que se le mencione en cada aspecto del programa. Si llegara a fallar, ¿en qué me apoyaría? — "¿Puedo darme el lujo de caer por el fracaso de mi ídolo?"

Meditación del Día.

Hay que recordar siempre que somos débiles, pero que Dios es fuerte. Dios conoce todas nuestras debilidades. Escucha cada clamor de piedad, cada señal de fatiga, cada súplica de ayuda, cada pena por el fracaso, cada debilidad que se sienta o que se exprese. Solamente fallamos cuando confiamos demasiado en nuestra propia fuerza. No hay que sentirse mal por la propia debilidad. Cuando nos sentimos débiles es cuando Dios está fuerte para ayudarnos. Hay que tener suficiente confianza en Dios, y no importará nuestra debilidad. Dios siempre tiene la fuerza para salvar.

Oración del Día.

Ruego poder aprender a apoyarme en la fuerza de Dios. Pido poder saber que mi debilidad es la oportunidad de Dios.

8 de OCTUBRE.—Pensamiento del Día.

No hay que ser exclusivamente leal a un solo grupo. ¿Me siento molesto cuando se forma otro grupo y algunos de mis compañeros dejan el mío para emprender el nuevo? ¿O parte con mis bendiciones? ¿Visito al nuevo grupo y lo ayudo? ¿O me enfurruño y me quedo bajo mi propio techo? A. A. crece con la formación constante de grupos nuevos. Debo darme cuenta de que es bueno que un grupo grande se divida en varios pequeños, aun cuando esto signifique que el grupo grande (el mío) se vuelva más pequeño.—"¿Estoy siempre dispuesto a ayudar a los grupos nuevos?

Meditación del Día.

Hay que orar y seguir orando hasta que nos llegue la paz y la serenidad, y un sentimiento de comunión con Aquel que siempre está cerca y dispuesto a ayudar. El pensamiento de Dios es un bálsamo para nuestros odios y nuestros temores. Al rezarle a Dios encontramos la curación para los sentimientos heridos y los resentimientos. Al pensar en Dios, nos abandonan las dudas y los temores. En vez de esas dudas y de esos temores, fluirá dentro de nuestro corazón una fe y un amor que están por encima de lo que puedan proporcionar las cosas materiales, y una paz que el mundo no puede ni otorgar ni destruir. Con Dios podemos tener la tolerancia para vivir y dejar vivir.

Oración del Día.

Ruego poder tener una verdadera tolerancia y comprensión. Pido poder seguir luchando por alcanzar estas difíciles virtudes.

9 de OCTUBRE.—Pensamiento del Día.

¿Estoy dispuesto a aburrirme a veces en las juntas? ¿Estoy dispuesto a escuchar la continua repetición de los principios de A.A.? ¿Estoy dispuesto a oír lo mismo una y otra vez? ¿Estoy dispuesto a escuchar los historiales largos porque pienso que pueden ayudar a alguien? ¿Estoy dispuesto a sentarme y escuchar a los miembros que cuentan con todo detalle su pasado? Estoy dispuesto a hacerlo porque a ellos les hace bien desahogarse? Mis sentimientos no son demasiado importantes. El bienestar de A.A., está en primer lugar, aun cuando no siempre sea ameno para mí.—"¿He aprendido a tomar todas las fases de A. A.?

Meditación del Día.

Dios desea tenernos más cerca de El en los lazos del espíritu. Dios desea tener a todas las personas más cerca entre sí en los lazos del espíritu. Dios, el Gran Espíritu del universo, del que cada uno de nuestros espíritus es tan sólo una pequeña parte, desea la unión de todos sus hijos con El. "La unión del espíritu en los lazos de la paz." Cada una de las experiencias de la vida del hombre, sean de alegría, de pena, de peligro, de seguridad, de derrota, de éxito, de privación o de holganza, deben aceptarse como parte de lo que a todos toca, en los lazos del espíritu.

Oración del Día.

Ruego que pueda recibir con agrado los lazos de la verdadera fraternidad. Pido llegar a tener una unión más estrecha con Dios y con mis semejantes.

10 de OCTUBRE.—Pensamiento del Día.

Cuando llega un miembro nuevo a mi grupo, ¿hago un esfuerzo especial para que se sienta en su casa? ¿Lo escucho con atención aun cuando sus ideas sobre A. A. sean muy vagas? ¿Hago que sea para mí un hábito el hablar con cada miembro nuevo, o le dejo esa tarea a otra persona? Tal vez no pueda ayudarlo, pero por otro lado, quizás hay algo que yo diga que logre encauzarlo. Cuando veo a cualquier miembro solo, ¿Hago lo posible por ser agradable con él, o me quedo con mi grupito especial de amigos y lo dejo solo? "¿Son todos los nuevos miembros de A. A. mi responsabilidad?".

Meditación del Día.

Somos los servidores de Dios. Hay que servirlo con alegría. A nadie le gusta un servidor que evite trabajar más, que se queje de que lo cambien de una tarea para hacer otra menos agradable. Quien tuviere a tal servidor, se sentiría mal atendido con un servicio así. Sin embargo, ¿no es de ese modo como con frecuencia servimos a Dios? Hay que analizar nuestra tarea del día desde este punto de vista. Hay que realizar la labor del día en la forma en que se crea que Dios desea que se efectúe, sin eludir ninguna responsabilidad, y haciendo lo más que se pueda para ser servicial.

Oración del Día.

Ruego que pueda ser un buen servidor. Pido hacer lo más que pueda para ser servicial.

11 de OCTUBRE.—Pensamiento del Día.

¿Qué clase de padrino soy? Cuando llevo a un nuevo miembro a una junta, ¿siento que allí ha terminado mi responsabilidad? ¿O permanezco cerca de él en las buenas y en las malas hasta que se convierta en un buen miembro o bien encuentre a otro padrino? Si no se presenta a una junta, ¿me digo a mí mismo que ése es su problema y que si no quiere el programa allá él? ¿o lo busco y averiguo si hay alguna buena razón que justifique su ausencia o bien no desea realmente el programa de A.A.? ¿Hago todo lo que esté de mi parte para averiguar lo que le pasa y ver si puedo hacer algo más para ayudarlo? —"¿Soy un buen padrino?"

Meditación del Día.

"Reconcíliate primero con tu hermano, y después ven a Dios con tu ofrenda." Primero debemos estar bien con nuestros semejantes, y luego podemos estar bien con Dios. Si tenemos resentimientos contra algún semejante, que nos es difícil vencer, debemos tratar de tener otros pensamientos constructivos. Debemos rezar por aquél contra quien tenemos el resentimiento. Debemos ponerlo en las manos de Dios, y dejar que Dios le muestre la forma de vivir. "El que dijere amo a Dios y odiare a su hermano, es un mentiroso, porque aquel que no amare a su hermano a quien puede ver, ¿cómo puede amar a Dios a quien nunca ha visto?"

Oración del Día.

Ruego poder ver algo bueno en cada persona, aun cuando no sea de mi agrado. Pido que pueda estar deseoso de que Dios desarrolle el bien en él.

12 de OCTUBRE.—Pensamiento del Día.

¿Estoy todavía de "gratis" en A.A.? ¿Soy de los que reciben todo y nada dan? ¿Voy a las juntas y me siento hasta atrás para dejar que los demás hagan todo el trabajo? ¿Creo que es suficiente estar sobrio y sentarme sobre mis laureles? Si es así, no he avanzado mucho en el programa, ni he obtenido casi nada de lo que ofrece. Seré una persona débil en tanto que no coopere con los trabajos del grupo. Alguna vez tengo que levantarme y entrar en acción. No soy sólo un espectador; se supone que soy un miembro del equipo. "¿Ayudo yo en los trabajos del grupo?"

Meditación del Día.

Hay que tratar de estar agradecidos por cualquier visión que se tenga. Hay que tratar de realizar, en las pequeñas cosas, un servicio fiel a Dios y a los semejantes. Hay que hacer cada día nuestra pequeña parte con un espíritu de servir a Dios. Hay que poner en acción la palabra de Dios, y no permanecer pasivo. En la vida diaria, hay que tratar de conservar la fe en Dios. Cada día trae una nueva oportunidad para ser útil. Hasta cuando estemos tentados a descansar o evadir el problema, hay que enfrentarlo honestamente como un reto, y no detenerse.

Oración del Día.

Ruego poder realizar cada tarea fielmente, Pido que pueda enfrentarme a cada problema de la vida honestamente sin detenerme.

13 de OCTUBRE.—Pensamiento del Día.

El trabajo de A. A. es ciento por ciento voluntario. Depende de todos y cada uno de los miembros el hacer voluntariamente su parte. El recién llegado puede permanecer al margen hasta que haya vencido su nerviosidad y confusión. Tiene el derecho de que todos lo ayuden hasta que pueda caminar por sus propios pies. Pero inevitablemente llegará el momento en que deba caminar y ofrecerse voluntariamente a ejecutar su parte en las juntas y en los pasos 12. En tanto que no llegue ese momento, no es una parte vital de A. A. Solamente está en el proceso de ser asimilado.—"¿Ya ha llegado mi momento de hacer trabajo voluntario?"

Meditación del Día.

El Reino de Dios en la tierra está creciendo lentamente como la semilla en la tierra. En el crecimiento de Su Reino siempre hay crecimiento entre los pocos que van adelante de los demás. Hay que tratar de luchar por algo mejor, y entonces no habrá un estancamiento en la vida. La vida enterna, la vida plena, será nuestra si la buscamos. No hay que perder el tiempo con los fracasos pasados. Hay que contar las lecciones que los fracasos nos han enseñado, como si fueran descansos en la escalera del progreso. Hay que seguir adelante hacia la meta.

Oración del Día.

Ruego estar dispuesto a crecer. Pido que pueda seguir ascendiendo por encima de los descansos de la escalera de la vida.

14 de OCTUBRE.—Pensaimento del Día.

¿Cuánto es lo que representa en mi vida A.A.? ¿Es tan sólo una pequeña parte de mis actividades? ¿Sólo voy a las juntas de A. A. de vez en cuando, y a veces ni siquiera voy? ¿Pienso sólo ocasionalmente en A. A.? ¿Soy reservado para mencionar el asunto de A. A. a la gente que puede necesitar ayuda? o bien ¿llena A.A. una gran parte de mi vida? ¿Qué sería de mi sin A. A.? ¿No depende todo lo que tengo y hago de los cimientos que tengo en A.A.?—"¿Es A.A. el cimiento sobre el cual construyo mi vida?"

Meditación del Día.

Hay que dejar las faltas y los defectos en manos de Dios. No hay que seguir recordando los fracasos pasados, ni el hecho de que se ha sido más la bestia que el ángel. Tenemos un mediador entre nosotros y Dios, que es la fe creciente, la cual puede levantar del fango y orientar hacia el cielo. Todavía podemos reconciliarnos con el espíritu de Dios. Todavía podemos recuperar nuestra armonía con el Principio Divino del Universo.

Oración del Día.

Ruego no dejar que mi yo negativo se detenga en mi crecimiento espiritual. Pido poder levantarme y caminar erguido.

15 de OCTUBRE.—Pensamiento del Día.

¿Estoy agradecido con A.A. por lo que ha hecho para que recupere mi sobriedad y por haberme mostrado una forma completamente nueva de vivir? A.A. ha hecho posible que me ocupe de otros intereses, tanto de negocios como de otra índole. Ha hecho que pueda tener una vida plena. Tal vez no estaría bien que todas mis actividades se limitaran al trabajo de A.A. Ha hecho que pueda llevar una vida redondeada con el trabajo, las diversiones y las relaciones humanas. Pero, ¿abandonaré a A.A. debido a esto? ¿Se me dará un diploma por haberme ya recibido en A.A. algún día?—"¿Me doy cuenta de que no tendría nada que valga la pena sin A.A.?".

Meditación del Día.

Solamente hay una forma para obtener una plena satisfacción de la vida, y ello consiste en vivir de la manera en que creamos que Dios desea que vivamos. Hay que vivir con Dios en el lugar secreto del espíritu, y tendremos una sensación de estar en el buen camino. Se tendrá una sensación profunda de satisfacción. El mundo tendrá un significado, y tendremos un lugar en el mundo. Muchas cosas nos saldrán bien mientras sintamos que estamos del lado de Dios.

Oración del Día.

Ruego que pueda percibir el valor eterno del trabajo que realizo. Pido que no trabaje nada más para ahora sino que para la eternidad.

16 de OCTUBRE.—Pensamiento del Día.

¿Con cuánta seriedad tomo mis obligaciones con A.A.? ¿He tomado todo lo bueno que me puede dar y he hecho a un lado mis obligaciones? ¿O siento constantemente una profunda deuda de gratitud y un hondo sentimiento de lealtad hacia el movimiento de A.A. ¿Estoy no sólo agradecido sino que también orgulloso de ser parte de una Fraternidad tan maravillosa que está realizando una labor tan formidable entre los alcohólicos? ¿Estoy contento de ser parte del gran trabajo que A.A. está efectuando, y siento una profunda obligación de llevar adelante ese trabajo en cada oportunidad? — "¿Siento que le debo a A.A. mi lealtad y mi dedicación?".

Meditación del Día.

Si nuestro corazón es justo, el mundo será justo. El principio de toda reforma debe empezar en uno mismo. No es tan importante lo que nos suceda, como la forma en que lo tomamos. No importa qué tan restringidos nos encontremos, ni con cuánta lentitud vayamos arreglando nuestra situación económica, sino que podamos siempre ver dentro de nosotros mismos, encontrar algo que no vaya bien, y enmendarlo. Y como toda reforma viene del interior al exterior, notaremos que el exterior siempre mejora cuando mejoramos interiormente. Conforme mejoremos nosotros, las circunstancias exteriores también irán mejorando. El poder que surge del interior cambia la vida exterior.

Oración del Día.

Ruego que pueda surgir el poder que hay dentro de mí. Pido que no aprisione al espíritu que hay dentro de mí.

17 de OCTUBRE.—Pensamiento del Día.

¿Que voy a hacer hoy por A.A.? ¿Debo llamar por teléfono o ir a ver a alguien? ¿Hay alguna carta que debo escribir? ¿Existe la oportunidad para adelantar algún trabajo de A.A. que haya dejado pendiente? Si es así, ¿lo haré hoy? ¿Dejaré de ser moroso y haré hoy lo que tenga que hacer hoy? Mañana será demasiado tarde ¿Cómo puedo saber si habrá un mañana para mí? ¿Qué tal si hago a un lado la ociosidad y me pongo en marcha?—"¿Siento que hoy depende en parte A.A. de mí?".

Meditación del Día.

Alcemos los ojos hoy y miremos hacia Dios, en vez de ponerlos en nosotros mismos. Desviemos la mirada de las cosas desagradables, de lo que no tenga belleza, de las imperfecciones en nosotros mismos y en los que nos rodean. En nuestra inquietud, miremos la calma de Dios; en nuestra impaciencia, la paciencia de Dios. Mirando arriba hacia Dios, empezaré a crecer en espíritu. Entonces los demás verán en mí algo que también ellos desean lograr. Conforme crezca en la vida espiritual podré hacer muchas cosas que me parecían demasiado difíciles antes.

Oración del Día.

Ruego mantener los ojos acostumbrados a mirar por encima del horizonte de mí mismo. Pido poder ver las posibilidades infinitas para el crecimiento espiritual.

18 de OCTUBRE.—Pensamiento del Día.

¿Ya superé mi forma sensitiva de ser y a mis sentimientos que tan fácilmente son lastimados? ¿Ya superé mi flojera y mi autosuficiencia? ¿Estoy dispuesto a hacer todo lo que pueda por A.A. al costo que sea para mi preciado yo? ¿Es mi propia comodidad más importante para mí que hacer las cosas que debo hacer? ¿Ya llegue al punto en que lo que me suceda a mi no es tan importante? ¿Puedo enfrentarme a las cosas que me perturban o me incomodan si son las que se deben de hacer para el bien de A.A.? ¿Le he dado a A.A. una pequeña parte de mí mismo?—"¿Estoy dispuesto a darme por entero cuando sea necesario?".

Meditación del Día.

El hombre sólo aprende la verdadera humildad hasta que ha fracasado. La humildad nace de un profundo sentimiento de gratitud a Dios por haber podido levantarse por encima de los fracasos sufridos. La humildad no está peleada con el respeto a uno mismo. El verdadero hombre se respeta a sí mismo y a los demás, y sin embargo, es humilde. La persona humilde es tolerante respecto a las faltas de los demás; no tiene una actitud de crítica hacia los fracasos de sus semejantes. Es rígido consigo mismo e indulgente con los demás.

Oración del Día.

Ruego ser verdaderamente humilde, y con todo, conservar el respeto a mí mismo. Pido ver tanto lo bueno como lo malo que haya en mí.

19 de OCTUBRE.—Pensamiento del Día.

¿Me doy cuenta de que no sé cuánto tiempo he dejado pasar? Puede ser más tarde de lo que me imagine. ¿Voy a hacer las cosas que sé que debo hacer antes de que se acabe el tiempo? Por otro lado, ¿cuál es mi propósito para el resto de la vida? ¿Me doy cuenta de todo lo que tengo que reponer por la vida que antes desperdicié? ¿Sé que estoy viviendo tiempo extra y que ni siquiera tendría este tiempo de no ser por A.A. y por la gracia de Dios?—"¿Voy a hacer que el tiempo que tengo le sirva a A.A.?".

Meditación del Día.

Podemos creer que en alguna forma las súplicas del alma humana nunca son desatendidas por Dios. Puede ser que Dios escuche la súplica aun cuando el hombre no perciba la respuesta que Dios le dé a esa súplica. La petición de ayuda debe siempre evocar alguna respuesta proveniente de Dios. Puede ser que el hecho de que el hombre no logre discernir adecuadamente lo mantenga ignorante de la respuesta de Dios. Pero podemos creer una cosa, y es que la gracia de Dios siempre está a disposición para cada ser humano que sinceramente pida ayuda. Muchas vidas transformadas son pruebas vivientes de este hecho.

Oración del Día.

Ruego confiar en que Dios responderá a mi plegaria en la forma en que sea más conveniente. Pido quedar satisfecho con la contestación que reciba a ella.

20 de OCTUBRE.—Pensamiento del Día.

Durante las últimas semanas nos hemos estado haciendo preguntas escrutadoras. No hemos podido contestar a todas como lo hubiéramos deseado. Pero la utilidad y efectividad de nuestras vidas, y hasta cierto grado la utilidad y efectividad de todo el movimiento de A.A. dependerán de las contestaciones positivas a esas preguntas. Todo se reduce a esto: Tengo una profunda deuda con A.A. y con la gracia de Dios. ¿Voy a hacer todo lo que pueda para pagar esta deuda? Escudriñemos en nuestras almas, hagamos nuestras decisiones y actuemos de acuerdo con ellas. Cualquier éxito verdadero que tengamos en la vida dependerá de eso Ahora es el momento de hacer efectivas nuestras conclusiones.— "¿Qué voy a hacer con respecto a mi actitud?".

Meditación del Día.

"Nuestro Señor y Dios, hágase de nosotros lo que sea tu voluntad." La simple aceptación de la voluntad de Dios sobre lo que suceda es la llave de la vida plena. Debemos continuar orando: "Que se haga tu voluntad y no la mía." Tal vez no resulte lo que nosotros deseamos, pero a la larga, lo que resulte será lo mejor porque es la voluntad de Dios. Si nos decidimos a aceptar lo que suceda como la voluntad de Dios para nosotros, sea lo que sea, nuestras aflicciones serán menores. Hay que tratar de ver en todas las cosas una parte del cumplimiento de la intención Divina.

Oración del Día.

Ruego poder ver el resultado de la voluntad de Dios en mi vida. Pido que esté satisfecho con lo que sea que me tenga reservado.

21 de OCTUBRE.—Pensamiento del Día.

Ahora que hemos considerado las obligaciones de los miembros verdaderamente trabajadores de A.A., estudiemos cuáles son las recompensas que nos han llegado como resultado de nuestra nueva forma de vivir. Primero, me comprendo a mí mismo mucho más que antes pude haberlo logrado jamás. He aprendido qué es lo que pasa, y sé mucho de lo que me hace correr. Nunca volveré a estar solo. Soy solamente uno de los muchos que tienen la enfermedad del alcoholismo, y uno de los muchos que han aprendido lo que se debe hacer acerca de ello. No soy un bicho raro. Parece que he encontrado mi lugar en el mundo. "¿Estoy empezando a entenderme a mí mismo?".

Meditación del Día.

"Mirad, me paro en la puerta y toco. Si algún hombre oyere mi voz y abriere la puerta, entraré con él y me quedaré con él y él conmigo." El llamado del espíritu de Dios pidiendo entrar en nuestra vida no se debe a ningún mérito nuestro, sino que es la respuesta a un anhelo del corazón. Hay que mantener un oído inclinado a percibir el sonido de la llamada gentil a la puerta del corazón, hecha por el espíritu de Dios. Entonces, hay que abrir la puerta del corazón y dejar que penetre el espíritu de Dios.

Oración del Día.

Ruego dejar entrar en mi corazón al espíritu de Dios Pido que me llene una paz duradera.

22 de OCTUBRE.—Pensamiento del Día.

Además, estoy dispuesto a hacerle frente al resto de mi vida sin alcohol. He hecho la importante decisión de una vez por todas. Me he rendido lo mejor que he podido a lo inevitable. Espero no tener más resistencias. Espero que nada de lo que me llegue a suceder ahora lo utilice para justificar el que me tome un trago. Ni la muerte de un ser querido, ni una catástrofe en cualquier aspecto de mi vida debe justificar el que yo beba. Aun cuando estuviera en una isla desierta, lejos del resto del mundo, pero no lejos de Dios, debo jamás sentir el derecho de beber. Para mí se acabó el alcohol. Siempre estaré a salvo, a menos que tome esa primera copa.—"¿Estoy plenamente resignado a este hecho?".

Meditación del Día.

Día por día debemos de construir una fe firme en un Poder Superior, y en la capacidad de ese poder de darnos toda la ayuda que necesitamos. Teniendo estos momentos de meditación cada mañana, comenzamos el día con la renovación de nuestra fe, hasta que llega a ser una parte de nosotros y se convierte en un hábito firme. Debemos llenar los lugares callados en nuestras almas con la esencia de nuestra fe. Debemos tratar de llenar nuestros pensamientos cada día con todo lo que es armonioso y bueno, bello y duradero.

Oración del Día.

Ruego construir un hogar en mi alma para que more en él el espíritu de Dios. Pido llegar a tener al fin una fe inconmovible.

23 de OCTUBRE.—Pensamiento del Día.

También he aprendido a ser sincero. ¡Qué descanso! Ya no es necesario seguir escondiéndome. Ya no es necesario contar historias. Ya no es necesario pretender que soy lo que no soy. Mis cartas están sobre la mesa, listas para que las vea todo el mundo. Soy quien soy, y eso es todo lo que soy. He tenido un pasado desagradable. Lo siento, es cierto; pero ya no puede cambiarse. Todo eso pertenece al ayer y ya pasó. Pero ahora mi vida es un libro abierto. Puede venir quien sea y verlo. Estoy tratando de hacer lo mejor que pueda. Con frecuencia fallaré, pero no seguiré excusándome. Me enfrentaré a las cosas tal como son, y no escaparé.—"¿Soy realmente sincero?".

Meditación del Día.

Aunque parezca una paradoja, debemos creer más en las fuerzas espirituales que no podemos ver que en las cosas materiales que podemos ver, si hemos de vivir verdaderamente. En último análisis, el universo consiste más del pensamiento o de las fórmulas matemáticas que de la materia, tal como la comprendemos. Entre hombre y hombre, sólo las fuerzas espirituales bastarán para conservarlos en armonía. Conocemos estas fuerzas espirituales, porque podemos ver sus resultados, aunque no podamos verlas a ellas. Una vida transformada (una nueva personalidad) resulta de esas fuerzas espirituales que no se ven, operando en nosotros y a través de nosotros.

Oración del Día.

Ruego creer en lo que no puedo ver. Pido que quede convencido por los resultados que veo, realizados por Aquel que está oculto a los ojos humanos.

24 de OCTUBRE.—Pensamiento del Día.

Además, he recurrido a un Poder Superior a mí mismo. Gracias a Dios, ya no estoy en el centro del universo. El mundo ya no gira a mi alrededor. Soy nada más uno entre muchos. Tengo un Padre en el cielo, y soy sólo uno de sus hijos, y uno pequeño también. Pero puedo depender de que El me habrá de enseñar lo que hay que hacer, y de que me habrá de dar la fortaleza para hacerlo. Estoy en el buen camino, y todo el poder del universo me apoya cuando hago lo que debo. Ya no tengo que depender totalmente de mí mismo. Con Dios, puedo enfrentarme a todo.—"¿Está mi vida en manos de Dios?".

Meditación del Día.

La gracia de Dios es una seguridad contra toda la maldad. Le presta seguridad a las almas que creen. La gracia de Dios significa una seguridad en medio de la maldad. Se puede permanecer sin mancha del mundo a través del poder de Su gracia. Se puede tener una nueva vida con poder; pero sólo que se este en contacto con Dios se puede hacer patente su poder. Para darse cuenta y tener provecho de ese poder, hay que tener una comunión diaria con Dios y así recibir la fuerza de su gracia en el alma, sin que haya obstáculos.

Oración del Día.

Ruego librarme de la maldad por la gracia de Dios. Pido que en adelante trate de conservarme sin mancha del mundo.

25 de OCTUBRE.—Pensamiento del Día.

Además, he aprendido a vivir día por día. Por fin me he dado cuenta de la gran verdad de que todo lo que tengo es el Ahora. Esto elimina todo pesar vano, y hace que mis pensamientos para el futuro estén libres del temor. El Ahora es mío. Puedo hacer lo que quiera con él Es mío para bien o para mal. Lo que haga ahora, en este momento, es lo que forma mi vida. Toda mi vida es sólo una sucesión de Ahoras. Tomaré este momento, que se me ha dado por la gracia de Dios, y haré algo con él. Lo que haga con cada Ahora me formará o me destruirá. "¿Estoy viviendo en el Ahora?".

Meditación del Día.

Debemos ocuparnos de nuestra superación; de superar nuestros deseos egoístas y nuestro egocentrismo. Esto nunca se llega a realizar plenamente. Nunca podemos llegar a ser totalmente desinteresados. Pero podemos legar a darnos cuenta de que no somos el centro del universo, y de que no todo gira alrededor de nosotros. Soy solamente una célula en una vasta red de células humanas. Puedo por lo menos hacer el esfuerzo de conquistar la vida propia y a diario tratar de obtener la conquista de mí mismo. "Aquel que se supera a sí mismo es más grande que el que conquista un pueblo."

Oración del Día.

Ruego que luche por superarme a mí mismo. Pido que logre la debida perspectiva de mi posición en el mundo.

26 de OCTUBRE.—Pensamiento del Día.

Además, gracias a Dios puedo ir a las juntas de A.A. ¿A dónde iría a parar sin ellas? ¿Dónde estaría sin ellas? ¿Dónde podría encontrar la comprensión, la fraternidad, el compañerismo que allí existe? En ninguna parte del mundo. He llegado a casa. He encontrado el lugar al que pertenezco. Ya no vago solo por el mundo. Estoy en paz y en sosiego. ¡Qué gran don me ha sido hecho por A.A.! No lo merezco; pero de cualquier modo es mío. Tengo al fin un hogar. Estoy contento.—"¿Doy gracias a Dios cada día por la fraternidad de A.A.?".

Meditación del Día.

Hay que caminar a través de la vida con nuestros semejantes y con Dios. No hay que desviarse del camino y detenerse. No hay que dejar a Dios tan atrás que no tenga efecto en nuestra vida. Hay que caminar junto a El. Hay que hacer de Dios una buena compañía, rezándole con frecuencia durante el día. No hay que dejar que se rompa el contacto con El por un período demasiado largo. Hay que caminar a través de la vida con los semejantes y con Dios, por dondequiera que vayamos.

Oración del Día.

Ruego caminar con Dios y con mis semejantes. Pido encontrar en Dios a un amigo.

27 de OCTUBRE.—Pensamiento del Día.

Además, puedo ayudar a otros alcohólicos. Soy útil al mundo en algo. Tengo un propósito en la vida. Por fin valgo algo. Mi vida tiene una dirección y un significado. Todo ese sentimiento de futilidad se ha ido. Puedo hacer algo que valga la pena. Dios me ha dado un nuevo contrato para la vida, para que pueda ayudar a mis compañeros alcohólicos. Me ha dejado vivir a través de todos los peligros de mi vida de alcohólico, para colocarme al fin en un lugar donde pueda ser realmente útil en el mundo. Pero esto me ha dejado vivir. Esta es mi oportunidad y mi destino. ¡Tengo algún valor! —"¿Daré todo lo que pueda de mi vida a A.A.?".

Meditación del Día.

Cada uno de nosotros tiene una batalla que ganar; la batalla entre el punto de vista material y el punto de vista espiritual de la vida. Alguien tiene que dirigir nuestras vidas. ¿Será la riqueza, el orgullo, el egoísmo, la codicia? o bien, ¿será la fe, la honradez, la pureza, el desinterés, el amor y el servicio? Todo ser tiene una alternativa. Podemos escoger el bien o el mal. No podemos escoger a ambos. ¿Vamos a seguir luchando hasta que ganemos la batalla? Si ganamos, podemos creer que hasta Dios en el cielo se regocijará.

Oración del Día.

Ruego escoger el bien y resistir el mal. Pido no ser derrotado en la batalla por el bien.

28 de OCTUBRE.—Pensamiento del Día.

¿Qué otras recompensas se han llegado como resultado de mi nueva forma de vivir? Cada uno de nosotros podemos contestar esta pregunta en muchas formas. Mis relaciones con mi esposa e hijos están en un plano enteramente diferente. El egoísmo se ha ido, y en su lugar hay más cooperación. Mi hogar es un verdadero hogar nuevamente. La comprensión ha tomado el lugar de la incomprensión, la recriminación, los altercados y el resentimiento. Se ha desarrollado un compañerismo que significa una buena promesa para el futuro.—"Hay hogares donde las chimeneas están encendidas, donde hay pan, las lámparas están prendidas y se dicen las oraciones. Aunque la gente vacile en la oscuridad y los pueblos anden a tientas, al estar Dios en esos hogares todavía tenemos esperanza.—"¿He regresado a mi hogar?".

Meditación del Día.

Podemos inclinarnos a la voluntad de Dios en anticipación de lo que esté sudiendo, y que será, a la larga, lo mejor para todos. No siempre habrá de parecer que es lo mejor por el momento, pero no podemos ver a la misma distancia que Dios. No sabemos cómo estén trazados sus planes, y sólo necesitamos creer que, si confiamos en El y aceptamos lo que sea que venga como Su voluntad y con un espíritu de fe, todo saldrá mejor a la larga.

Oración del Día.

Ruego que no pida ver a mayor distancia que la que me sea dada. Pido que un paso sea suficiente para mí.

29 de OCTUBRE.—Pensamiento del Día.

Mis relaciones con mis hijos han mejorado grandemente; esos hijos que me vieron borracho y estaban avergonzados; esos hijos que se apartaban con temor y hasta con aversión, me han visto sobrio y me quieren, han vuelto a mí con confianza y han olvidado el pasado o más que han podido. Me han dado la oportunidad de gozar de su compañía que había yo pasado completamente por alto. Ahora ya soy su padre, y no nada más "ese hombre con quien se casó mi madre, sólo Dios sabe por qué". Soy parte de mi hogar y no un extraño.—"¿He encontrado algo que había perdido?".

Meditación del Día.

Nuestra medida real de éxito en la vida es la medida de progreso espiritual que hemos revelado en nuestras vidas. Los demás deberían ver una demostración de la voluntad de Dios en nuestras vidas. La medida de Su voluntad, que los que nos rodean han visto operar en nuestra vida diaria, es la medida del éxito verdadero. Podemos hacer todo lo posible por ser cada día una demostración del poder de Dios en las vidas humanas, un ejemplo de los resultados de la gracia de Dios en los corazones de los hombres.

Oración del Día.

Ruego que viva en forma tal, que los demás lleguen a ver en mí algo de los resultados de la voluntad de Dios. Pido que mi vida sea una demostración de lo que puede hacer la gracia de Dios.

30 de OCTUBRE.—Pensamiento del Día.

Tengo verdaderos amigos, y antes no tenía ninguno. Mis compañeros de tragos no podrían llamarse amigos, aunque cuando estábamos borrachos parecía que éramos los grandes camaradas del alma. Mi concepto de la amistad ha cambiado. Los amigos ya no son aquellos a quienes pueda utilizar para mi propia satisfación y beneficio. Los amigos son ahora personas que me entienden y yo a ellos, a quienes puedo ayudar y ellos a mí, a vivir una vida mejor. He aprendido a no detenerme y esperar a que los amigos vengan a mí, sino a encontrarlos abierta y libremente a la mitad del camino.—"¿Tiene la amistad un nuevo significado para mí?".

Meditación del Día.

Hay un momento para todo. Debemos aprender a esperar pacientemente hasta que llegue el momento oportuno. Poco a poco se va lejos. Desperdiciamos nuestras energías al tratar de obtener las cosas antes de estar preparados para tenerlas, antes de habernos ganado el derecho de recibirlas. Una gran lección que tenemos que aprender es cómo esperar con paciencia. Podemos creer que toda nuestra vida es una preparación para algo mejor por venir, cuando hayamos ganado el derecho de tenerlo. Podemos creer que Dios tiene un proyecto para nuestras vidas, y que este proyecto se realizará plenamente con el tiempo.

Oración del Día.

Ruego que aprenda la lección de esperar pacientemente. Pido que no espere las cosas en tanto que no haya ganado el derecho a tenerlas.

31 de OCTUBRE.—Pensamiento del Día.

Gozo de más paz y de más contento. La vida se ha colocado en su lugar. Los pedazos del rompecabezas han encontrado su sitio apropiado. La vida es completa, de una sola pieza. No soy arrojado aquí y allá por cada circunstancia o capricho. Ya no soy una hoja arrojada por doquiera por la brisa. He encontrado mi lugar de reposo, el lugar al que pertenezco. Estoy satisfecho. Ya no deseo vanamente las cosas que no puedo tener. Tengo "la serenidad para aceptar las cosas que no puedo cambiar; el valor para cambiar aquellas que puedo, y la sabiduría para reconocer la diferencia."—"¿He encontrado el contento en A.A.?".

Meditación del Día.

En todos nosotros hay una conciencia interior que nos habla de Dios; una voz interior que habla a nuestros corazones. Es una voz que nos habla íntimamente, personalmente, en los momentos de quieta meditación. Es como una lámpara dirigida a nuestros pies y como una luz dirigida en nuestro camino. Podemos levantar la mano en la oscuridad y, figuradamente, tocar la mano de Dios. Como dice el Libro Grande: "En el fondo de cada hombre, mujer o niño está la idea fundamental de Dios. Podemos encontrar la gran realidad en el fondo de nosotros mismos, y cuando la encontramos, cambia toda nuestra actitud hacia la vida."

Oración del Día.

Ruego que siga la dirección de mi voz interior. Pido no poner oídos sordos a los llamados de mi conciencia.

1o. de NOVIEMBRE.—Pensamiento del Día.

Tengo esperanza. Ese algo mágico que había perdido. Ya el futuro no me parece oscuro. Ya ni siquiera me asomo a él, excepto cuando es necesario para hacer proyectos. Trato de que el futuro se haga cargo de sí mismo. El futuro se formará de muchos ahoras, extendiéndose a corto plazo a hoy, y a largo plazo hasta la eternidad. La esperanza está justificada por muchos ahoras, por la rectitud del presente. Nada me puede suceder que Dios no pueda ayudarme a sobrellevar. Puedo esperar lo mejor, siempre que tenga lo que tengo, y que sea bueno. "¿Tengo esperanza?".

Meditación del Día.

La fe es el mensajero que lleva las oraciones a Dios. La oración puede ser como el incienso, que sube más y más alto. La oración con fe es la oración de la confianza que siente aquel que se eleva al encuentro de Dios y siente su presencia. Quien lo hace, puede estar seguro de alguna respuesta de Dios. Podemos decir una oración de gracias a Dios por cada día de su gracia en que nos ha conservado por el buen camino y nos ha permitido empezar a vivir una buena vida. Por eso debemos orarle a Dios con fe, confianza y gratitud.

Oración del Día.

Ruego sentirme seguro de alguna respuesta a mis oraciones. Pido estar satisfecho con la forma que tenga esa respuesta.

2 de NOVIEMBRE.—Pensamiento del Día.

Tengo fe. Eso que hace que el mundo parezca bueno. Eso que por fin le da sentido a la vida. Esa conciencia del Principio Divino del Universo que abarca todo y le da unidad, propósito, bondad y significado. La vida ya no es amarga ni gris. Es un todo glorioso, porque Dios la abarca toda. La fe —ese salto a lo desconocido, la aventura hacia lo que está más allá de nuestra percepción —trae incontables recompensas de paz y de serenidad—. "¿Tengo fe?".

Meditación del Día.

Hay que permanecer como un recipiente vacío que habrá de llenar Dios. Hay que seguir desbordándose para ayudar a otros, a fin de que Dios pueda seguir llenándonos con su espíritu. Mientras más demos, tendremos más para nosotros. Dios se encargará de que nos conservemos henchidos, en tanto que estemos dando a los demás. Pero si egoístamente tratamos de conservarlo todo para nosotros, en breve se nos cerrará el paso a Dios, quien es nuestra fuente de provisión. Entonces, estaremos estancados. Para que un lago esté claro, debe tener sus afluencias y sus confluencias.

Oración del Día.

Ruego seguir derramando lo que reciba. Pido conservar la corriente clara y fluyente.

3 de NOVIEMBRE.—Pensamiento del Día.

Tengo caridad, que es un sinónimo del amor. Esa clase adecuada de amor que no es una pasión egoísta, sino que un deseo desinteresado de ayudar a mis semejantes. Hacer lo mejor para otra persona, poner lo que sea mejor para ella, por encima de mis deseos. Poner a Dios en primer término, a mi prójimo en el segundo, y a mí mismo en última instancia. La caridad es ser gentil, amable, comprensivo, paciente y lleno de un deseo de servir. A.A. me ha dado eso. Lo que haga para mí no cuenta; lo que haga para los demás puede quedar escrito en la eternidad.— "¿Tengo caridad?".

Meditación del Día.

"Pedid y se os dará". Dios tiene un poder infinito. No hay un límite para lo que su poder puede hacer en los carazones humanos. Pero debemos desear recibir el poder de Dios, y debemos pedírselo a Dios. Nuestra indiferencia al poder de Dios nos cierra el paso para alcanzarlo. Podemos conservar nuestra forma egoísta de ser, sin pedir la ayuda de Dios, y nos recibiremos en su poder. Pero cuando confiamos en Dios, podemos desear tener el poder que necesitamos. Cuando sinceramente se lo pidamos a Dios, lo recibiremos en abundancia.

Oración del Día.

Ruego desear tener el poder de Dios. Pido que siga rezando para obtener la fortaleza que necesito.

4 de NOVIEMBRE.—Pensamiento del Día.

Puedo hacer cosas que nunca hice antes. El alcohol me quitaba la iniciativa y la ambición. No podía reunir la energía para empezar algo. Dejaba resbalar las cosas. Cuando estaba borracho, estaba demasiado inerte hasta para ponerme los zapatos. Ahora puedo dedicarme a hacer algo. Puedo escribir cartas cuando es necesario; puedo hacer llamadas telefónicas; puedo hacer arreglos caseros; y puedo dedicarme a mis pasatiempos. Siento el impulso de crear, ese impulso creador que estaba completamente sofocado por el alcohol. Estoy libre para realizar mis obras nuevamente. "¿He recuperado mi iniciativa?".

Meditación del Día.

"En tu presencia hay alegría plena. A tu diestra hay goces imperecederos". No podemos encontrar la verdadera felicidad buscándola. El buscar el placer no trae la felicidad a la larga, sino que la desilusión. No hay que buscar esta alegría plena en el placer. No puede lograrse en esa forma. La felicidad es el producto de la vida recta. La verdadera felicidad llega como resultado de vivir en todos los aspectos en la forma en que se crea que Dios desea que vivamos, tanto con respecto a nosotros mismos como en relación con los demás.

Oración del Día.

Ruego que no busque siempre como meta el placer. Pido estar satisfecho con la felicidad que viene de hacer lo que la conciencia dicte.

5 de NOVIEMBRE.—Pensamiento del Día.

Durante nuestros pensamientos acerca de las recompensas que nos han llegado como resultado de nuestra nueva forma de vivir, hemos encontrado que hemos ganado nuevas clases de hogares, nuevas relaciones con nuestras esposas e hijos. También hemos ganado paz y satisfacción, esperanza, fe, caridad y una nueva ambición. ¿Cuáles son algunas de las cosas que hemos perdido? Cada uno de nosotros puede contestar a esta pregunta en muchas formas. He perdido gran parte de mi temor. El miedo solía estar apoderado de mí; era mi amo; paralizaba mis esfuerzos. El miedo siempre me bajaba la moral; me hacía ser una persona introvertida e inmadura. Cuando el miedo fue sustituído por la fe, me alivié. "¿He perdido algunos de mis temores?".

Meditación del Día.

Pronto estaría el mundo más cerca de Dios, su voluntad se haría más pronto en la tierra, si todos los que lo reconocen se dieran sin reserva a ser utilizados por El. Dios puede utilizar a cada ser humano como un conducto para el poder y el Amor Divino. Lo que demora el acercamiento del mundo con Dios es la negligencia de quienes lo siguen. Si cada quien viviera cada día para Dios y permitiera a Dios trabajar a través de su persona, entonces el mundo pronto estaría mucho más cerca de Dios su Creador y Conservador.

Oración del Día.

Ruego que sea utilizado como conducto para expresar el amor divino. Pido vivir en forma tal, que acerque al mundo al espíritu de Dios.

6 de NOVIEMBRE.—Pensamiento del Día.

El temor y la preocupación me tenían derrotado, y aumentaban mi alcoholismo. Me preocupaba por lo que había hecho durante la borrachera. Temía las consecuencias que pudieran resultar. Temía enfrentarme a la gente por miedo a que se me descubriera. El miedo me mantenía asfixiado todo el tiempo. Era un costal de nervios ocasionados por el temor y la preocupación. Tenía miedo del fracaso, del futuro, de envejecer, de las enfermedades, de las crudas, del suicidio. Era yo un manojo de ideas y actitudes equivocadas. Cuando A.A. me dijo que le entregara estos temores y preocupaciones a un Poder Superior, así lo hice. Ahora trato de pensar con fe en vez de con miedo. "¿He reemplazado el temor por la fe?".

Meditación del Día.

El poder espiritual es Dios en acción. Dios sólo puede actuar a través de los seres humanos. Cada vez que un ser, por débil que sea permite que Dios actúe a través de él, entonces todo lo que dice y hace tiene un poder espiritual. No es él solo quien produce la transformación en las vidas de otras personas; es también el Espíritu Divino en él, y trabajando a través de él. El poder es Dios en acción. Dios puede utilizarnos como instrumentos para realizar milagros en las vidas de los demás.

Oración del Día.

Ruego que trate de dejar hoy que el poder de Dios actúe a través de mí. Pido liberarme de esos obstáculos que impiden que tenga su poder.

7 de NOVIEMBRE.—Pensamiento del Día.

He perdido muchos de mis resentimientos. He aprendido que el desquitarme no hace ningún bien. Cuando tratamos de vengarnos, en vez de sentirnos mejor quedamos frustrados y defraudados. En vez de castigar a nuestros enemigos, sólo lastimamos nuestra tranquilidad. No vale la pena alimentar el mal humor, porque quedamos mucho mas lastimados. El odio causa frustracion, conflicto interior y neurosis. Si damos rienda suelta al odio, nos hacemos odiosos. Si estamos resentidos, los demás se resienten con nosotros. Si no nos cae bien la gente, no le caemos bien a ella. La venganza es un veneno poderoso para nosotros.— "¿He perdido mis resentimientos?".

Meditación del Día.

No somos tanto nosotros como la gracia de Dios que hay en nosotros lo que ayuda a los que nos rodean. Si ayudáramos aun a los que no nos caen bien, veriamos que no habría ningún obstáculo para ser utilizados por la gracia de Dios. Nuestro propio orgullo y egoísmo son los mayores obstáculos. Hay que apartarlos del camino, y entonces la gracia de Dios fluirá a traves de nosotros hacia las vidas de los demás. Entonces todos aquellos que se relacionan con nosotros podrán en alguna forma ser ayudados. Hay que conservar el espíritu abierto, libre de aquellas cosas que hacen que la vida sea vana e inefectiva.

Oración del Día.

Ruego que todos los que tengan comunicación conmigo se sientan mejor por ello. Pido tener cuidado de no abrigar en mi corazón todo aquello que pueda alejar a la gente.

8 de NOVIEMBRE.—Pensamiento del Día.

He perdido en gran parte mi complejo de inferioridad. Estaba tratando de escapar de la vida. No quería enfrentarme a la realidad. Estaba lleno de autoconmiseración. Tenía lástima de mí mismo. Trataba de evitar todas las responsabilidades. Sentía que no podía hacerme cargo de los deberes de mi trabajo o de mi hogar. Debido a mi complejo de inferioridad, estaba ansioso de escapar a toda responsabilidad. A.A. me enseñó a superar mi sentimiento de incapacidad. Me hizo que deseara nuevamente aceptar mis responsabilidades. — "¿He perdido mi complejo de inferioridad?".

Meditación del Día.

"Hay algo que hago; al olvidar las cosas que quedaron atrás y al tratar de alcanzar lo que está por delante, sigo mi camino hacia la meta". Debemos olvidar las cosas que han quedado atrás y seguir adelante hacia algo mejor. Podemos creer que Dios nos ha perdonado nuestros pasados errores, siempre y cuando sinceramente estemos tratando de vivir hoy en la forma en que creamos que El quiere que vivamos. Podemos borrar la pizarra del pasado. Podemos empezar hoy con una pizarra limpia, y seguir adelante con confianza hacia la meta que se nos ha indicado.

Oración del Día.

Ruego que tire la carga del pasado. Pido empezar hoy con un corazón ligero y una nueva confianza.

9 de NOVIEMBRE.—Pensamiento del Día.

He aprendido a ser menos negativo y más positivo. Antes veía casi todo en una forma negativa. En mi concepto, casi toda la gente fanfarroneaba. Me parecía que había muy poca bondad en el mundo, y mucha hipocresía y falsedad. No se podía confiar en la gente. Todos se aprovechaban de uno cuando podían. Todos los que iban a la iglesia eran parcialmente hipócritas. Todo me parecía tener un pero. Esa era mi actitud general en la vida. Ahora soy más positivo. Creo en la gente y en sus capacidades. Hay mucho amor, verdad y sinceridad en el mundo. Ya no trato de devaluar a la gente. Ahora la vida vale la pena, y es bueno vivir. "¿Soy menos negativo y más positivo?".

Meditación del Día.

Hay que pensar en Dios como en un gran amigo y tratar de compartir la maravilla de esa amistad. Cuando se le da a Dios no sólo veneración, obediencia y adhesión, sino que también camaradería estrecha, entonces se vuelve nuestro amigo y nosotros nos convertimos en amigos de El. Podemos sentir que con El estamos en todo momento trabajando. El puede hacer cosas por nosotros, y nosotros podemos hacer cosas para El. Nuestras oraciones se vuelven más reales para nosotros cuando sabemos que Dios cuenta con nuestra amistad, y nosotros con la amistad de Dios.

Oración del Día.

Ruego que piense en Dios como en mi amigo. Pido que sienta que estoy trabajando por El y con El.

10 de NOVIEMBRE.—Pensamiento del Día.

Soy menos egocéntrico. El mundo solía girar a mi alrededor. Me preocupaba más por mí mismo, por mis necesidades, por mis deseos, por mis placeres y por salirme con la mía, que por todo el resto del mundo. Lo que me sucedía a mí era más importante que cualquiera otra cosa que pudiera pasar. Trataba egoístamente de ser feliz, y por tanto, era desgraciado la mayoría del tiempo. Me he dado cuenta de que buscar el placer egoístamente no trae la verdadera felicidad. El hecho de pensar en mí mismo todo el tiempo me aisla de lo mejor de la vida. A.A. me enseñó a preocuparme menos por mí mismo y más por mis semejantes.— "¿Soy menos egocéntrico?".

Meditación del Día.

Cuando suceda algo que nos trastorne y estemos desanimados, hay que tratar de pensar que las dificultades y problemas de la vida no tienen por objeto detener nuestro progreso en la vida espiritual, sino probar nuestra fortaleza y aumentar nuestra determinación de seguir adelante. Sea lo que sea, debe superarse o aprovecharse de todo aquello que se tenga que enfrentar. Nada debe intimidarnos demasiado, ni debe dificultad alguna rendirnos o apoderarse de nosotros. La fuerza de Dios estará siempre a la mano, esperándonos para que la utilicemos. Nada puede ser tan grande que no pueda superarse o bien aprovecharse.

Oración del Día.

Ruego que sepa que no puede haber fracaso con Dios. Pido que, con su ayuda, viva una vida más elevada.

11 de NOVIEMBRE.—Pensamiento del Día.

Cuando pienso en todos los que han respondido antes, me doy cuenta de que sólo soy una persona sin demasiada importancia. Lo que me suceda a mí no es tan importante, después de todo. A.A. me ha enseñado a ser más efusivo, a buscar la amistad, haciendo todo lo que esté de mi parte por ceder y tener un sincero deseo de ayudar. Hoy me tengo más respeto a mí mismo ya que soy menos sensitivo. Me he dado cuenta de que la única forma de vivir satisfecho conmigo mismo es teniendo un verdadero interés en los demás.— "¿Me doy cuenta de que no soy tan importante después de todo?".

Meditación del Día.

Al mirar nuestra vida retrospectivamente, no resulta demasiado difícil creer que todo lo que pasamos tenía un propósito; el de prepararnos para un trabajo valioso en la vida. Todo en nuestra vida bien pudo haber sido proyectado por Dios para convertirnos en seres algo útiles en el mundo. La vida de cada persona es como el diseño de un mosaico. Cada cosa que nos ha sucedido es como una piedra pequeña del mosaico, y cada pequeña piedra encaja en el diseño del mosaico de nuestra vida, creada por Dios.

Oración del Día.

Pido que no necesite ver el diseño completo de mi vida. Ruego confiar en el Creador.

12 de NOVIEMBRE.—Pensamiento del Día.

Ya no critico tanto a los demás, sea que estén dentro o fuera de A.A. Antes hablaba mal de la gente todo el tiempo. Me doy cuenta ahora de que lo hacía porque inconscientemente quería elevarme a mí mismo. Tenía envidia de la gente que vivía una vida normal. No podía comprender por qué no podía ser como ellos, y por eso me expresaba mal de todos. Les decía timoratos e hipócritas. Siempre andaba buscando defectos en los demás. Me gustaba hacer pedazos a los que yo llamaba "apretados". Me he dado cuenta de que no puedo mejorar a nadie con mi crítica. A.A. me ha enseñado esto.— "¿Ya no critico tanto a la gente?".

Meditación del Día.

Hay que admitir la propia impotencia para que la oración implorando ayuda sea escuchada por Dios. Nuestra propia necesidad debe ser reconocida por nosotros antes que podamos pedirle a Dios fuerza para hacer frente a esa necesidad. Pero una vez que esa necesidad se reconoce, la plegaria se escucha por encima de toda la música del cielo. No son las discusiones teológicas las que resuelven los problemas del alma implorante, sino que el sincero clamor de fuerza que el alma dirija a Dios, y la seguridad de esa alma de que el clamor será escuchado y contestado.

Oración del Día.

Ruego clamar ayuda en silencio. Pido que esté seguro de que mi súplica será de algún modo, en algún lugar, escuchada.

13 de NOVIEMBRE.—Pensamiento del Día.

¿Quién soy yo para juzgar a otras personas? ¿El éxito de mi vida ha probado que lo sé todo? Sucede exactamente lo contrario. Mi vida puede considerarse como un fracaso hasta que entré a A.A. Cometí todos los errores que un ser humano puede cometer. Tomé todos los caminos equivocados que pueden tomarse. Basándose en mi experiencia ¿soy la persona adecuada para juzgar a mis semejantes? No es posible. En A.A. he aprendido a no juzgar a la gente. ¡Me equivoco con tanta frecuencia! Que sean juzgados por los resultados de sus obras. No soy yo quien debe hacerlo.— "¿Soy menos duro en mi juicio sobre la gente?".

Meditación del Día.

Debe de haber un designio de Dios para el mundo. Podemos creer que su designio para el mundo es una fraternidad universal, bajo el patriarcado de Dios. El plan para nuestra vida también debe estar en los pensamientos de Dios. En los momentos de tranquila meditación hay que buscar la orientación de Dios, la revelación del proyecto de Dios para el día. Entonces podemos vivir este día de acuerdo con su dirección. Muchas personas no están haciendo de su vida lo que Dios desearía que hicieran, y por eso son desgraciadas. No han encontrado el designio para sus vidas.

Oración del Día.

Ruego que siga los designios de Dios durante hoy. Pido que tenga un sentido de la intención divina en lo que haga hoy.

14 de NOVIEMBRE.—Pensamiento del Día.

Mejor que juzgar a una persona es buscarle todo lo bueno que pueda tener. Si se busca con suficiente cuidado y tiempo, se habrá de encontrar algo bueno en cada ser. En A.A. aprendí que debía tratar de sacar a la luz lo bueno, sin criticar lo malo. Todo alcohólico está acostumbrado a que se le juzgue y se le critique. Eso nunca lo ayudó para lograr la sobriedad. En A.A. le decimos que puede cambiar. Tratamos de sacar a la luz lo mejor que haya en él. Estimulamos lo más posible sus puntos buenos. El hombre no se convierte por medio de la crítica.— "¿Trato de buscar lo bueno en la gente?".

Meditación del Día.

Debe de haber un propósito para el mundo en el pensamiento de Dios. Podemos creer que su propósito para el mundo es la fraternidad universal de los hombres bajo la Paternidad de Dios. El plan para nuestras vidas debe también estar en el pensamiento de Dios. En los momentos de callada meditación podemos buscar la orientación de Dios, para que nos revele los planes que tenga para nosotros para el día. Entonces podemos vivir hoy de acuerdo con su dirección. Muchas personas no están haciendo de sus vidas lo que Dios tenía proyectado que fueran, y por eso son desgraciadas. Han perdido el verdadero propósito de sus vidas.

Oración del Día.

Ruego que trate de seguir el propósito de Dios para el día de hoy. Pido que pueda percibir la Intención Divina para lo que haga en este día.

15 de NOVIEMBRE.—Pensamiento del Día.

Soy menos sensitivo y se me lastima con menos facilidad. Ya no me tomo tan en serio a mí mismo. Antes no se necesitaba mucho para ofenderme, para que sintiera que se me había desairado o ignorado. Lo que me sucede ahora no es tan importante. Una de las causas por las que bebíamos era que no podíamos tolerar la cosas, y por eso espapábamos de la situación desagradable. Hemos aprendido a soportar todo, y a sonreir. Una persona que esté embebida con A.A. no nota demasiado los desaires personales. No parecen importar mucho. He aprendido a reírme de la autoconmiseración, porque es muy infantil.— "¿Soy menos sensitivo?".

Meditación del Día.

El poder milagroso de Dios está ahora tan manifiesto como lo estuvo en el pasado. Todavía opera milagros de transformación de vidas y milagros de curación en las mentes trastornadas. Cuando una persona confía totalmente en Dios y deja que El escoja el día y la hora, entonces se manifiesta súbito el poder milagroso de Dios en la vida del hombre. Por eso podemos confiar en Dios y tener una confianza ilimitada en su poder de rehacernos cuando sea su voluntad.

Oración del Día.

Ruego estar seguro de que no hay nada que no pueda realizar Dios para cambiar mi vida. Pido que tenga fe en su poder milagroso.

16 de NOVIEMBRE.—Pensamiento del Día.

Me he desembarazado de casi todos mis conflictos interiores. Antes siempre estaba en guerra conmigo mismo. Hacía cosas que no quería hacer. Despertaba en lugares extraños, sin saber cómo había llegado allí. Era totalmente imprudente cuando estaba borracho, y me llenaba de remordimiento cuando no lo estaba. Mi vida no tenía sentido. Estaba lleno de resoluciones quebrantadas y proyectos y esperanzas frustrados. No llegaba a ningún lado con la rapidez que deseaba. Con razón mis nervios estaban hechos pedazos. Me estaba dando contra la pared, y me sentía aporreado por ello. A.A. me enseñó cómo organizarme y dejar de pelear contra mí mismo.— "¿Me he desembarazado de conflictos interiores?".

Meditación del Día.

"Si dos o tres estuvieren reunidos en mi nombre allí estaré en medio de ellos". El espíritu de Dios desciende sobre quienes lo siguen cuando están reunidos en un lugar y con un propósito. Cuando dos o tres almas consagradas están juntas en un sitio, el espíritu de Dios está allí para ayudarlas y guiarlas. Donde un grupo sincero de personas están juntas, buscando con reverencia la ayuda de Dios, su poder y su espíritu están allí para inspirarlas.

Oración del Día.

Ruego que esté de acuerdo con mis semejantes. Pido que sienta la fuerza de un grupo consagrado.

17 de NOVIEMBRE.—Pensamiento del Día.

Todo hombre tiene dos personalidades; una buena y una mala. Todos tenemos hasta cierto punto personalidades dobles. Cuando estábamos tomando, la personalidad mala era la que llevaba el control. Hacíamos unas cosas cuando estábamos borrachos, que nunca habríamos hecho estando sobrios. Cuando estamos sobrios somos personas diferentes. Entonces nos preguntamos cómo pudimos haber hecho las cosas que hicimos. Pero volvemos a beber, y nuevamente nuestro lado malo surge. De modo que andamos de un lado para otro, siempre en conflicto con nuestro otro yo siempre con ansiedad. Esta división de nuestro ser no es buena; debemos de algún modo unificar nuestro yo. Hacemos esto dándonos de corazón a A.A. y a la sobriedad.— "¿Me he reconciliado conmigo mismo?".

Meditación del Día.

"Muy bien, siervo bueno y leal; ya que has sido fiel en lo poco, yo te confiaré lo mucho, ven a tomar parte en el goce de tu Señor". Estas palabras son para mucha gente común a quien el mundo no toma en cuenta. No son estas palabras para las personas famosas, ni ricas, ni orgullosas, sino que para los seguidores callados que sirven a Dios discreta pero fielmente, que llevan su cruz con valor y tienen una sonrisa para el mundo. "Toma parte en el goce de tu Señor." Hay que tomar parte de esa vida espiritual más plena, que es una vida de alegría y paz.

Oración del Día.

Ruego que no desee el aplauso del mundo. Pido que no pida recompensa por hacer lo que yo crea que es lo recto.

18 de NOVIEMBRE.—Pensamiento del Día.

He superado mi morosidad. Siempre estaba dejando las cosas para mañana, y entonces nunca se hacían. "Hay mucho tiempo por delante", era mi lema, en vez de "Hay que actuar ahora". Bajo la influencia del alcohol, tenía planes grandiosos. Cuando no bebía, estaba demasiado ocupado en recuperarme de la borrachera anterior para poder empezar algo. "Algún día haré eso" — pero nunca lo hacía. En A.A. he aprendido que es mejor cometer un error de vez en cuando que no hacer nunca nada. Aprendemos a través de pruebas y errores; pero debemos actuar ahora y no dejar las cosas para mañana. "¿He aprendido a hacer las cosas ahora?".

Meditación del Día.

"No hay que encender la luz para ponerla debajo de un celemín. Levantáos y brille así vuestra luz ante los hombres, de manera que glorifiquen al Señor que está en los cielos". La gloria del Señor brilla en la belleza del carácter del hombre. Brota en nosotros, aunque sólo nos demos cuenta de ello parcialmente. "Ahora ven como a través de un cristal empañado, pero más adelante verán cara a cara." La gloria del Señor es demasiado deslumbradora para que los mortales la puedan ver plenamente en la tierra. Pero algo de esta gloria brota en nosotros cuando tratamos de reflejar esa luz en nuestras vidas".

Oración del Día.

Ruego que trate de ser reflejo de la luz Divina. Pido que algunos de sus rayos brillen en mi vida.

19 de NOVIEMBRE.—Pensamiento del Día.

En A.A. no hablamos mucho sobre los asuntos sexuales. Sin embargo, el poner este asunto en el lugar adecuado en nuestras vidas es una de las recompensas que nos han llegado como resultado de una nueva forma de vivir. El Libro Grande dice muchos de nosotros necesitábamos una revisión en ese aspecto. También dice que sujetamos cada relación sexual a una prueba: "¿Era egoísta o no lo era?" — "Recordamos siempre que nuestra potencia sexual era un don de Dios, y que por tanto era buena, y como no tenía que usarse ni con ligerza ni con egoísmo, ni debía despreciarse". Podemos pedirle a Dios que adapte nuestros ideales y que nos ayude a vivir de acuerdo con ellos. Podemos actuar conforme a ellos.— "¿Tengo bajo control mi vida sexual?".

Meditación del Día.

"Alzaré los ojos a las alturas de donde me viene ayuda". Hay que tratar de elevar los pensamientos de las profundidades de las cosas sórdidas y malas y de las impurezas de la tierra hacia las alturas de la bondad, la decencia y la belleza. Hay que entrenar a la visión interior, tratando de mirar más alto. Hay que entrenarla más y más hasta que nos familiaricemos con las distintas alturas. Las alturas del Señor, de donde nos viene la ayuda, se acercarán más y se harán más preciadas, y los falsos valores de la tierra parecerán más lejanos.

Oración del Día.

Ruego que no conserve la vista hacia abajo para siempre. Pido que ponga mi visión en cosas más elevadas.

20 de NOVIEMBRE.—Pensamiento del Día.

Ya no trato de escapar de la vida a través del alcohol. El beber formó parte de un mundo irreal para mí, y yo traté de vivir en él. Pero a la luz del día, la vida real regresaba y el enfrentarla era más duro que nunca, porque tenía menos recursos con qué encararme a la vida. Cada intento de escapar debilitaba mi personalidad. Todo el mundo sabe que el alcohol, al suprimir las inhibiciones, permite la fuga de la realidad. El alcohol adormece las células cerebrales que presiden sobre nuestras principales facultades, y nos manda a un mundo irreal de ebriedad. A.A. me ha enseñado a no escapar, y a enfrentarme a la realidad.— "¿He dejado de tratar de escapar de la vida?".

Meditación del Día.

En estos momentos de quieta meditación hay que tratar más y más de poner nuestras esperanzas en la gracia de Dios. Hay que saber que, sea lo que sea que el futuro nos depare, tendrá más y más de bueno. No hay que poner todas las esperanzas y deseos en las cosas materiales. La abundancia de cosas trae hastío. Hay que poner las esperanzas en las cosas espirituales, para crecer espiritualmente. Hay que aprender a confiar más y más en el poder de Dios, y en esa confianza tendremos una visión del valor más alto de las cosas del espíritu.

Oración del Día.

Ruego que no esté agobiado por las cosas materiales. Pido que me dé cuenta del valor más alto de las cosas espirituales.

21 de NOVIEMBRE.—Pensamiento del Día.

Ya no malgasto el dinero, sino que trato de usarlo en cosas útiles. Como todos nosotros, cuando estaba borracho tiraba el dinero "como un marinero borracho". Me daba una sensación de importancia —millonario por un día. Pero a la mañana siguiente, con los bolsillos vacíos, el despertar era triste. Una de las cosas más duras de enfrentarse es el del dinero botado. ¿Cómo es que había sido tan tonto? ¿Cómo compensaría las pérdidas? Esta clase de pensamientos resultan deprimentes. Cuando estamos sobrios, gastamos como se debe lo que con esfuerzo hemos ganado. Aunque tal vez algunos de nosotros podríamos ser más generosos con nuestros donativos a A.A., por lo menos no tiramos nuestro dinero.— "¿Estoy usando adecuadamente mi dinero?".

Meditación del Día.

Fuimos hechos para estar a gusto en el mundo. Sin embargo, algunas personas viven una vida de desesperación callada. Esto es lo contrario de vivir a gusto y en paz en el mundo. Hay que dejar que la paz del espíritu sea evidente para quienes nos rodean. La gente debe ver que estamos contentos, y al verlo, saber que eso surge de nuestra confianza en un Poder Superior. La resignación penosa y dura no es grata a Dios. La fe le quita la fuerza al viento de la adversidad, y trae la paz aun en medio de la lucha.

Oración del Día.

Ruego que me sienta contento con mi nueva forma de vivir. Pido sentirme satisfecho y en paz dentro de mí mismo.

22 de NOVIEMBRE.—Pensamiento del Día.

Me he desembarazado de casi todo mi aburrimiento. Una de las cosas más duras que un nuevo miembro de A.A. tiene que comprender es cómo pernanecer sobrio sin aburrirse. La bebida era siempre la respuesta a toda clase de personas o situaciones aburridas. Una vez que se tienen intereses en A.A., una vez que se le da tiempo a que entusiasme, el aburrimiento deja de ser un problema. Se abre una nueva vida ante nosotros, que puede ser interesante siempre. La sobriedad debe darnos tantos intereses en la vida, que no nos permita tener tiempo para aburrirnos.— "¿Me he desembarazado del miedo de estar aburrido?".

Meditación del Día.

"Si no tengo caridad, estaré tan hueco como una calabaza vacía." La caridad significa interesarse lo suficiente por nuestros semejantes como para desear verdaderamente hacer algo por ellos. Una sonrisa, una palabra de aliento, una palabra de amor, llegan al corazón, por sencillas que sean, en tanto que las palabras grandiosas de un orador caen en oídos sordos. Hay que utilizar los momentos desocupados del día para hacer algo pequeño que anime a nuestros semejantes. El aburrimiento viene de pensar demasiado en nosotros mismos.

Oración del Día.

Ruego que me ilumine por algún pequeño acto de caridad. Pido tratar hoy de superar el egocentrismo que me ocasiona el aburrimiento.

23 de NOVIEMBRE.—Pensamiento del Día.

Ya no me rehuso a hacer las cosas por no poder realizarlas a la perfección. Muchos de nosotros usamos el pretexto de no poder hacer algo a la perfección para no hacer absolutamente nada. Pretendemos ser perfeccionistas. Somos buenos para decirle a la gente cómo se deben hacer las cosas, pero cuando se trata de que hagamos el esfuerzo nosotros, entonces nos echamos para atrás. Nos decimos a nosotros mismos: "Puedo cometer un error, de tal modo que es mejor dejar pasar la cosa". En A.A. nos fijamos metas sumamente altas; pero eso no impide que tratemos de hacer lo mejor que esté de nuestra parte.— "¿He dejado de esconderme tras la pantalla del perfeccionismo?".

Meditación del Día.

"En el mundo tendréis grandes tribulaciones; pero tened confianza; yo he vencido al mundo". Hay que conservar un espíritu intrépido. Hay que conservar el espíritu libre e inconquistable. Ningún fracaso podrá tocarnos ni vencernos si el espíritu vence al mundo. Hay que surgir por encima del bullicio de la tierra hasta el lugar secreto de paz y confianza. Cuando se presente un desafío, hay que recordar que se tiene la ayuda de Dios y que nada puede derrotarnos completamente.

Oración del Día.

Ruego que tenga confianza y que esté de buen ánimo. Pido que no tema el poder del fracaso.

24 de NOVIEMBRE.—Pensamiento del Día.

En vez de ser supuestos perfeccionistas, en A.A. estamos satisfechos de ir progresando. Lo esencial es ir creciendo. Nos damos cuenta de que el perfeccionismo es sólo resultado de un falso orgullo y un pretexto para no quedar mal. En A.A. estamos dispuestos a cometer errores y a tropezar, siempre y cuando continuemos avanzando. No estamos tan interesados en lo que somos como en nuestro cambio. Estamos en el camino y no en la meta. Seguiremos estando en el camino mientras vivamos. Ningún A.A. ha llegado nunca; pero vamos mejorando.— "¿Estoy yo progresando?".

Meditación del Día.

Cada nuevo día trae la oportunidad de hacer algo pequeño para mejorar al mundo, aproximando un poco el reino de Dios a la tierra. Hay que tomar los sucesos de cada día como oportunidades para hacer algo por Dios. Con ese ánimo, todo lo que se haga llevará una bendición. Al ofrecer a Dios los servicios de hoy, se comparte con El el trabajo. No es necesario hacer grandes cosas.

Oración del Día.

Ruego que hoy haga lo que me corresponde, lo que no sea interesado, lo que lleve amor. Pido que esté satisfecho de hacer pequeñas cosas, siempre que sean las adecuadas.

25 de NOVIEMBRE.—Pensamiento del Día

Ya no soy tan envidioso, ni tengo tantos celos de las propiedades y talento de otras personas. Cuando bebía, estaba siempre secretamente celoso y envidioso de la gente que podía tomar normalmente, de la gente que tenía el amor y el respeto de su familia, que vivía una vida normal y era aceptada por sus semejantes. Yo me hacía creer a mí mismo que era tan bueno como ellos; pero sabía que no era así. Ahora ya no tengo por qué sentir envidia. Trato de no desear lo que no merezco. Estoy satisfecho con lo que he ganado con mis esfuerzos por vivir rectamente, o por lo menos, estoy tratando de superar esa condición.— "¿Me he desembarazado del veneno de la envidia?".

Meditación del Día.

"Mi alma está intranquila hasta que encuentra reposo en Tí". Un río sigue su curso hasta que se pierde a sí mismo en el mar. Nuestros espíritus anhelan descansar en el espíritu de Dios. Ansiamos alcanzar una paz, un descanso, una satisfacción que nunca hemos encontrado en el mundo o en sus empeños. Algunos no están conscientes de sus necesidades, y cierran la puerta de su espíritu al espíritu de Dios. No pueden tener una paz verdadera.

Oración del Día.

Ruego que sienta la intranquilidad por alcanzar lo divino. Pido que mi alma encuentre su descanso en Dios.

26 de NOVIEMBRE.—Pensamiento del Día.

Continuemos con nuestros pensamientos respecto a las recompensas que nos vienen como resultado de nuestra forma de vivir. Hemos visto que nos hemos desembarazado de muchos de nuestros temores, resentimientos, complejos de inferioridad, puntos de vista negativos, egocentrismo, conflictos interiores, hábitos de morosidad, vida social indisciplinada, despilfarro, aburrimiento, falso perfeccionismo y celos o envidia de los demás. Estamos contentos de haber resuelto el problema de la bebida, y también estamos contentos de habernos desembarazado de esas otras cosas. Ahora podemos seguir adelante en la nueva forma de vida como nos lo ha enseñado A.A.— "¿Estoy listo para avanzar en la nueva forma de vida?".

Meditación del Día.

"El que tenga ojos para ver, que vea." Para los ojos que ven, el mundo es bueno. Hay que rogar tener ojos que vean, el propósito de Dios en todo lo que es bueno. Rogar tener suficiente fe para ver el cuidado de Dios en su trato con nosotros. Tratar de ver cómo nos ha rescatado de nuestras vida pasada, en forma tal que ahora podemos ser útiles en el mundo. Con ojos de la fe se puede ver el cuidado y el propósito de Dios por donde quiera.

Oración del Día.

Ruego que tenga ojos que vean. Pido que con los ojos de la fe pueda ver el propósito de Dios dondequiera.

27 de NOVIEMBRE.—Pensamiento del Día.

El camino de A.A. es el camino de la sobriedad, de la fraternidad, del servicio y de la fe. Examinemos cada una de estas cosas y veamos si nuestros pies van realmente por ese camino. Lo primero y más importante para nosotros es la sobriedad. Lo demás se construye teniendo como base la sobriedad. No podríamos tener lo demás sin tener sobriedad. Todos hemos venido a A.A. para lograr la sobriedad y nos quedamos para ayudar a otros a que logren la suya. Buscamos en primero, en segundo y en último término la sobriedad. No podemos construir ninguna clase de vida decente a menos que permanezcamos sobrios.— "¿Estoy en el camino de A.A.?".

Meditación del Día.

Desear verdaderamente hacer la voluntad de Dios; he allí donde está la felicidad del ser humano. Empezamos queriendo salirnos con la nuestra. Deseamos que nuestra voluntad se cumpla. Tomamos de la vida, sin dar nada a cambio. Gradualmente encontramos que no somos felices cuando somos egoístas, y empezamos a ceder respecto a la voluntad de otras personas; pero tampoco esto nos proporciona la felicidad plena, y empezamos a ver que la única forma para ser verdaderamente feliz es la de tratar de hacer la voluntad de Dios. En estos momentos de meditación buscamos encontrar la dirección de Dios para encontrar su voluntad para nosotros.

Oración del Día.

Ruego que subordine mi voluntad a la voluntad de Dios. Pido ser orientado hoy para encontrar Su voluntad para mí.

28 de NOVIEMBRE.—Pensamiento del Día.

El camino de A.A. es el camino de la sobriedad. En todos lados se conoce a A.A. como un método que ha tenido éxito con los alcohólicos. Los doctores, los psiquiatras y los representantes de Dios han tenido algo de éxito. Algunos hombres y mujeres han logrado la sobriedad por sí mismos. Nosotros creemos que A.A. es el camino que ofrece mayor felicidad y que tiene más éxito. Y sin embargo, desde luego, A.A. no tiene un éxito absoluto. Algunas personas no pueden lograr la sobriedad, y otras vuelven a caer en el alcoholismo activo después de haber tenido cierta medida de sobriedad.— "¿Estoy profundamente agradecido por haber encontrado a A.A.?".

Meditación del Día.

La gratitud a Dios es lo que se celebra en el día de dar gracias. Los peregrinos se reunieron para dar gracias a Dios por su cosecha, que era sumamente pequeña. Cuando vemos todas las cosas que tenemos ahora, no podemos menos que estar agradecidos a Dios. Nuestras familias, nuestros hogares, nuestros amigos, la fraternidad de A.A., son dones que nos ha hecho Dios gratuitamente, "De no ser por la gracia de Dios" no los tendríamos.

Oración del Día.

Ruego que sea agradecido hoy. Pido que no olvide cómo podría estar de no ser por la gracia de Dios.

29 de NOVIEMBRE.—Pensamiento del Día.

El camino de A.A. es el camino de la sobriedad, y sin embargo, hay recaídas. ¿Por qué ocurren estas recaídas? ¿Por qué no aceptamos todos a A.A. y nos conservamos sobrios? Hay muchas razones, pero se ha comprobado sin excepción que, una vez que somos alcohólicos, nunca podemos volver a beber normalmente. No ha habido un solo caso que pruebe lo contrario. Muchos alcohólicos han tratado de beber después de un período de sobriedad de algunos días o de algunos años, y que sepamos, ninguno ha podido ser un bebedor normal otra vez.—"¿Podría ser yo la única excepción de la regla?".

Meditación del Día.

"Estamos reunidos en Tu nombre". Primero, estamos juntos, unidos por una lealtad común a Dios y entre nosotros. Luego, cuando se ha cumplido esta condición, Dios está presente con nosotros. Después, cuando Dios está allí y es uno con nosotros, decimos una oración común. Luego, nuestra oración habrá de ser contestada acuerdo con la voluntad de Dios. Más adelante, cuando nuestra oración sea contestada, quedamos unidos por una fraternidad duradera del espíritu.

Oración del Día.

Ruego que sea leal a Dios y a mis semejantes. Pido que mi vida sea vivida hoy cerca de la de El y de la de ellos.

30 de NOVIEMBRE.—Pensamiento del Día.

Tenemos recaídas en A.A. Se ha dicho que no son recaídas, sino que borracheras premeditadas, porque tenemos que pensar en tomar una copa antes de realmente hacerlo. El pensamiento viene siempre antes que la acción. Se ha sugerido ponerse en contacto con un A.A. antes de tomar esa primera copa. El no hacerlo, significa que lo más probable sea que la persona había decidido tomar. Y sin embargo, los pensamientos que vienen antes de tomar una copa con frecuencia son inconscientes. La persona no sabe conscientemente, por lo general, qué motivo la hizo tomar. Por lo tanto, la práctica común es la de llamar resbalones a estas recaídas.— "¿Estoy en guardia contra los pensamientos negativos?".

Meditación del Día.

"El Dios Eterno es tu refugio". El es un santuario, un refugio para los cuidados de la vida. Se puede escapar de la incomprensión de los demás retirándose al lugar íntimo de meditación. Pero de uno mismo, de la sensación de fracaso, de la debilidad, de los defectos, ¿a dónde se puede acudir? Solamente al Dios Eterno —nuestro refugio— hasta que la inmensidad de su espíritu envuelva el nuestro, y así pierda su pequeñez y debilidad, y se ponga nuevamente en armonía con Dios.

Oración del Día.

Ruego que pierda mis limitaciones en la inmensidad del amor de Dios. Pido que mi espíritu esté en armonía con su espíritu.

1o. de DICIEMBRE.—Pensamiento del Día.

Los pensamientos que se tienen antes de un resbalón son generalmente subconscientes. Es probable que nuestras mentes inconscientes no se liberen nunca de pensamientos alcohólicos mientras vivamos. Por ejemplo, algunos de nosotros soñamos que estamos borrachos, aun después de varios años de sobriedad. Durante el período de nuestro alcoholismo activo nuestras mentes inconscientes se han acondicionado a fondo en nuestra forma de pensar alcohólica, y es de dudarse que se liberen de esos pensamientos mientras vivamos. Pero cuando nuestro consciente está plenamente acondicionado a no beber, podemos permanecer sobrios y nuestro subconsciente no nos molesta con frecuencia. "¿Estoy todavía acondicionando a mi consciente?".

Meditación del Día.

Hay que tener comprensión y compasión por aquellos que han caído en la tentación, ya que ésta es una condición en la que podemos llegar a estar nosotros, ya que tenemos una responsabilidad con ellos. La comprensión implica siempre responsabilidad. La lástima es inútil, porque no abarca un remedio para la necesidad; pero dondequiera que seamos comprensivos, también tenemos que ser responsables. Cuando seamos movidos por la compasión, debemos acudir al necesitado y curar sus heridas lo mejor que podamos.

Oración del Día.

Ruego que tenga comprensión por aquellos que hayan caído en la tentación. Pido que tenga compasión por las aflicciones de los demás.

2 de DICIEMBRE.—Pensamiento del Día.

Los pensamientos que vienen antes de un resbalón parecen ser en parte subconscientes. Y no obstante, es posible que por lo menos parte de estos pensamientos penetren en nuestra conciencia. Un pensamiento repentino en relación con la bebida de repente surge en la mente. Ese es el momento crítico. ¿Abrigaré ese pensamiento aunque sea por un minuto, o lo eliminaré de mi mente inmediatamente? Si lo dejo permanecer, se convertirá en una ilusión. Empezaré a imaginarme vasos de cerveza helada, o un coctel. Si dejo permanecer la ilusión en mi mente, puede conducirme a una decisión, por inconsciente que sea, de tomar un trago. Entonces voy encaminado a un resbalón. "¿Me permito a mí mismo soñar despierto?"

Meditación del Día.

Muchos de nosotros tenemos una idea de la clase de persona que Dios desea que seamos. Debemos ser fieles a esa idea, cualquiera que ésta sea, y tratar de apegarnos a ella viviendo en la forma en que creamos que Dios quiere que vivamos. Todos podemos creer que Dios tiene una visión de la forma en que El desea que seamos. En cada persona, hay la buena persona que Dios ve en ella; la persona que podría ser; la persona que Dios desearía que fuera. Pero muchos seres no cumplen esa promesa, y las decepciones de Dios deben ser muchas.

Oración del Día.

Ruego que luche por ser la persona amable que Dios quiere que sea. Pido que trate de realizar la visión de Dios de lo que podría ser.

3 de DICIEMBRE.—Pensamiento del Día.

Hay algún pensamiento alcohólico, consciente o inconsciente, que llega antes de un resbalón. Mientras vivamos, debemos estar pendientes de esos pensamientos y ponernos en guardia contra ellos. De hecho, nuestro entrenamiento de A.A. va en gran parte encaminado para prepararnos y dejarnos listos para reconocer a esos pensamientos de inmediato y rechazarlos rápidamente. El resbalón viene cuando permitimos que tales pensamientos permanezcan en nuestras mentes aun antes que de hecho levantemos el vaso y lo pongamos en nuestros labios. El programa de A.A., es en gran parte un entrenamiento mental.—"¿Qué tan bien preparada está mi mente?"

Meditación del Día.

No hay que molestar a la mente con enigmas que no se pueden resolver. Las soluciones tal vez nunca se nos muestren sino hasta haber dejado esta vida. La pérdida de seres queridos, la desigualdad de la vida, la gente deforme e incapacitada, y muchas otras cosas enigmáticas no podrán ser conocidas sino hasta haber llegado al más allá. "Aún tengo muchas cosas que deciros; mas por ahora no podéis comprenderlas". Solamente paso por paso, etapa por etapa, podemos proseguir nuestra jornada hacia un mayor conocimiento y una mayor comprensión.

Oración del Día.

Ruego que esté satisfecho de que las cosas que ahora son enigmáticas para mí algún día serán claras. Pido que tenga fe de que algún día las veré cara a cara.

4 de DICIEMBRE.—Pensamiento del Día.

Si permitimos que un pensamiento alcohólico permanezca en nuestra mente por cualquier período de tiempo, estamos en peligro de tener un resbalón. Por lo tanto, debemos sacudir tales pensamientos de inmediato, rehusando su admisión y sustituyéndolos con pensamientos positivos. Hay que recordar que un trago conducirá a otros, y que eventualmente se terminará boracho. Hay que recordar lo que nos sucedió en el pasado como consecuencia de la bebida. Hay que llenar la mente de pensamientos constructivos.—"¿Estoy conservando positivos a mis pensamientos?"

Meditación del Día.

Hay que tratar de apartar los valores del mundo que nos parezcan equivocados, y tratar de juzgar solamente de acuerdo con aquellos valores que nos parezcan correctos. No hay que buscar en demasía las alabanzas de los hombres. Hay que ser uno de aquellos que, aunque sean burlados, tienen una serenidad y una paz de espíritu que nunca conocen los burladores. Hay que pertenecer a los que forman el grupo de los que sienten el Principio Divino del Universo, aunque con frecuencia sea rechazado por los hombres que, en su calidad de humanos, no tienen la capacidad de verlo.

Oración del Día.

Ruego que no le ponga demasiada atención al juicio de los hombres. Pido que juzgue a las cosas de acuerdo con lo que a mí me parezca recto.

5 de DICIEMBRE.—Pensamiento del Día.

A Pesar de todo lo que hemos aprendido en A.A., nuestra antigua manera de pensar vuelve a nosotros, a veces con fuerza avasalladora, y ocasionalmente algunos de nosotros tenemos recaídas. Olvidamos o nos rehusamos a recurrir a un Poder Superior para que nos dé su ayuda. Parece como si deliberadamente pusiéramos nuestras mentes en blanco por lo que respecta a los principios de A.A., y tomamos un trago. Eventualmente nos emborrachamos. Temporalmente volvemos a donde empezamos. Quienes han tenido recaídas unánimemente dicen que no fueron divertidas. Dicen que A.A. le quitó todo el placer al hecho de beber. Sabían que estaban haciendo mal. El antiguo conflicto mental volvía con toda su fuerza. Estaban disgustados consigo mismos.—"¿Estoy convencido de que nunca más puedo sacar algo bebiendo?".

Meditación del Día.

Hay que darle algo a los que estén atravesando por dificultades, a los que tengan pensamientos confusos; algo de nuestra comprensión, de nuestras oraciones, de nuestro tiempo, de nuestro amor y de nuestros pensamientos —en fin, de nosotros mismos. Entonces, hay que brindar nuestra confianza, tal como nos la dieron por la gracia de Dios. Hay que dar de nosotros mismos y de nuestra comprensión. Hay que dar lo mejor de nosotros a aquellos que lo necesiten y que lo puedan aceptar. Hay que dar de acuerdo con la necesidades, y no de acuerdo con los méritos. Hay que recordar que dar consejos nunca puede sustituir al hecho de dar de uno mismo.

Oración del Día.

Ruego que dé en la misma medida en que he recibido. Pido que tenga la contestación apropiada para aquellos que estén confundidos.

6 de DICIEMBRE.—Pensamiento del Día.

Alguna persona ha tenido una recaída. Está avergonzada de sí misma. A veces está tan avergonzada, que teme regresar a A.A. Desarrolla el antiguo complejo de inferioridad y se hace a la idea de que no sirve, que ha defraudado a sus amigos en A. A., que no tiene remedio, y que nunca podrá salir adelante. Este estado de ánimo es tal vez peor que el original. Quizá la recaída lo haya debilitado; pero su entrenamiento de A.A., nunca puede perderse por completo. Siempre sabe que puede volver si así lo desea. Sabe que todavía tiene la ayude de Dios si se la vuelve a pedir.—"¿Creo que nunca podré perder por completo lo que he aprendido en A. A.?"

Meditación del Día.

Nadie escapa por completo a la tentación. Hay que esperarla y estar preparado para cuando llegue. Ninguno de nosotros está totalmente a salvo. Hay que tratar de tener listas las defensas por medio de la oración diaria. Por eso tenemos estas meditaciones diarias. Hay que saber reconocer a la tentación cuando llegue. El primer paso para conquistar a la tentación es verla claramente como una tentación y no conservarla en el pensamiento. Hay que desligarse de ella, sacudirla de la mente tan pronto como aparezca. No hay que pensar en pretextos para caer en ella. Hay que acudir de inmediato al Poder Superior pidiendo ayuda.

Oración del Día.

Ruego que esté preparado para cualquier tentación que me llegue. Pido que la vea claramente y la evite con la ayuda de Dios.

7 de DICIEMBRE.—Pensamiento del Día.

La persona que ha tenido una recaída, vuelve después a A.A. Tiene la fuerte tentación de no decir nada acerca de ella. Ningún otro A.A. debe forzarlo a que lo diga. Ese es un asunto que solamente concierne a esa persona. Si tiene bases firmes en A.A., se dará cuenta de que a él le toca levantarse y hablar sobre la recaída. No puede evitar ese deber, si es que es enteramente sincero y desea realmente vivir de nuevo la vida de A.A. Una vez que lo ha hecho, vuelve a recobrar la confianza. Está en casa nuevamente. Su recaída no debe ser mencionada otra vez por los demás. Es de nuevo un buen miembro.—"¿Soy tolerante con las faltas de los demás?"

Meditación del Día.

Es en la unión de un alma con Dios donde la fuerza, la nueva vida y el poder espiritual residen. El pan sostiene al cuerpo; pero no sólo de pan podemos vivir. El tratar de hacer la voluntad de Dios es el alimento de la vida verdadera. Nos nutrimos con ese alimento espiritual. La inanición del alma viene de no hacer eso. El mundo habla sobre los cuerpos desnutridos. ¿Qué hay de las almas también desnutridas? La fortaleza y la paz vienen de participar del alimento espiritual.

Oración del Día.

Ruego que no trate de vivir sólo de pan. Pido que mi espíritu viva tratando de hacer la voluntad de Dios, tal como yo la perciba.

8 de DICIEMBRE.—Pensamiento del Día.

El tiempo que llevamos de sobriedad no es tan importante como la calidad de ella. Alguna persona que haya estado en A.A., por algunos años puede no estar en tan buenas condiciones mentales como otro que lo haya estado unos meses. Es una gran satisfacción el haber sido miembro de A.A., por mucho tiempo y a veces lo mencionamos. Esto puede a veces ayudar a los recién llegados, porque pueden decirse a sí mismos: "Si él lo puede hacer, yo también puedo." Y sin embargo, los antiguos miembros deben darse cuenta de que, mientras vivan, están sólo a un trago de distancia de un borracho.—"¿Cuál es la calidad de mi sobriedad?"

Meditación del Día.

"Y mayores obras que ésta haréis".—Podemos hacer mayores obras cuando tenemos más experiencia en la nueva forma de vida. Podemos tener todo el poder que necesitamos de Dios. Podemos tener su gracia, su espíritu, para que nos hagan efectivos conforme avancemos cada día. Las oportunidades para un mundo mejor existen por todos lados. Podemos hacer mayores obras; pero no trabajamos solos. El poder de Dios está detrás de toda buena obra.

Oración del Día.

Ruego que encuentre el lugar que me corresponde en el mundo. Pido que mi trabajo se vuelva más efectivo por la gracia de Dios.

9 de DICIEMBRE.—Pensamiento del Día.

El camino de A.A., es el camino de la fraternidad Hemos leído bastante con respecto a la fraternidad, y sin embargo, es una parte tan importante del programa de A.A., que no parece que nunca habremos de pensar demasiado en ella. El hombre no fue hecho para vivir solo. La vida de un ermitaño no es la vida común y natural. Todos necesitamos estar solos con nosotros mismos a veces, pero no podemos realmente vivir sin la compañía de los demás. Nuestra naturaleza la necesita. Nuestras vidas dependen en mucho de ella. La fraternidad de A.A., nos parece a nosotros que es la mejor del mundo.—"¿Me doy cuenta cabal de lo que la fraternidad de A.A., significa para mí?".

Meditación del Día.

Todos buscamos algo, pero muchos no saben lo que quieren en la vida. Están buscando algo porque se sienten desasosegados e insatisfechos, sin darse cuenta de que la fe en Dios puede dar un objetivo y un propósito a sus vidas. Muchas personas están por lo menos subconscientemente buscando un Poder Superior a ellos mismos, porque eso le daría un significado a sus vidas. El que haya encontrado a ese Poder Superior, puede ser el medio para encaminar a los demás hacia el bien, mostrándoles que su búsqueda de un significado de la vida terminará cuando encuentren que la fe y la confianza en Dios es la respuesta.

Oración del Día.

Ruego que mi alma pierda su desasosiego encontrando el reposo en Dios. Pido que encuentre la paz en el pensamiento de Dios y su propósito para mí.

10 de DICIEMBRE.—Pensamiento del Día.

Nuestra fraternidad en la bebida era un sustituto de algo mejor. En aquel entonces no nos dábamos cuenta de lo que podría ser una verdadera fraternidad. La fraternidad en la bebida tiene un defecto capital. No se basa en fundamentos firmes. La mayor parte de ella es superficial. Se basa esencialmente en el deseo de utilizar a los acompañantes para el propio placer, y el utilizar a los demás es una base falsa. La fraternidad de la bebida ha sido alabada en verso y en prosa. La "copa de la alegría" se ha hecho famosa como un medio de tener compañía. Pero nosotros nos damos cuenta de que los centros superiores de nuestro cerebro se adormecen con el alcohol, y esa fraternidad no puede estar en el plano más elevado. Cuando mucho es un sustituto.—"¿Veo a mi fraternidad en la bebida en su justa dimensión?".

Meditación del Día.

Hay que hacerse el propósito de crecer a diario más y más dentro de la conciencia de un Poder Superior. Debemos seguir tratando de mejorar nuestro contacto consciente con Dios. Esto se hace por medio de la meditación, los momentos de quietud y la comunión. Con frecuencia todo lo que se necesita es ponerse silenciosamente ante Dios y dejarlo hablarnos a través de nuestros pensamientos. Hay que tratar de pensar cuáles son los propósitos de Dios para nosotros. Cuando nos llegue esta orientación, no hay que titubear, sino que seguir esa dirección en el trabajo diario, haciendo lo que creamos que es recto.

Oración del Día.

Ruego estar en quietud y saber que Dios está conmigo. Pido que abra mi mente a la Dirección Divina del mundo.

11 de DICIEMBRE.—Pensamiento del Día.

Los médicos piensan en la fraternidad de A.A. como en una terapia de grupo. Este es un concepto muy limitado de la profundidad de la fraternidad de A.A. Mirándola meramente como un medio para lograr y conservar la sobriedad, esa interpretación está bien. Pero no tiene el suficiente alcance. La terapia de grupo está encaminada hacia la ayuda que el individuo recibe de ella. Es esencialmente egoísta. Es utilizar la compañía de otros alcohólicos sólo para permanecer sobrios nosotros mismos. Pero este es nada más el principio de la verdadera fraternidad de A.A.—"¿Siento profundamente la verdadera fraternidad de A.A.?".

Meditación del Día.

Casi todos nosotros hemos tenido que vivir la fase oscura de nuestras vidas, los fracasos, la noche de nuestras vidas, cuando estábamos llenos de dificultades, preocupaciones y remordimientos, cuando sentimos la tragedia a fondo. Pero con la diaria entrega de nuestras vidas a un Poder Superior, vienen la paz y la alegría que renuevan las cosas. Ahora podemos tomar cada día como un don radiante y gozoso de Dios, que habremos de utilizar para El y para nuestros semejantes. La noche del pasado se ha ido; este día es nuestro.

Oración del Día.

Ruego que tome este día como un regalo de Dios. Pido darle gracias a Dios por este día, y estar contento.

12 de DICIEMBRE.—Pensamiento del Día.

Los sacerdotes predican sobre la fraternidad espiritual de la iglesia. Esta fraternidad se aproxima más a la forma de A.A. que la terapia de grupo. Una fraternidad así se basa en una creencia común en Dios, y en un esfuerzo común para vivir una vida espiritual. Esto es lo que tratamos de hacer en A.A. También tratamos de ahondarnos en los verdaderos problemas de las vidas de todos nosotros. Realmente tratamos de abrirnos unos con otros. Tratamos de llegar al fondo de las vidas de cada uno de los miembros.—"¿Me doy cuenta de la profunda fraternidad personal de A.A.?"

Meditación del Día.

El amor y el temor no pueden morar juntos. Por su naturaleza no pueden existir el uno junto al otro. El temor es una fuerza poderosa. Por lo tanto, un amor débil y vacilante puede ser pronto destrozado por el temor. Pero un amor fuerte, un amor que confíe en Dios, es seguro que conquistará el temor. La única forma segura de disipar el temor es la de tener el amor de Dios más y más dentro del alma.

Oración del Día.

Ruego que el amor destierre el temor de mi vida. Pido que el temor se derrumbe ante el poder del amor de Dios.

13 de DICIEMBRE.—Pensamiento del Día.

Hablemos ahora de la fraternidad de A.A.
En parte es una terapia de grupo. En parte
es una fraternidad espiritual. Pero es más
que eso. Está basada en una enfermedad
común, un fracaso común, un problema
común. Va al fondo de nuestras vidas y de
nuestras necesidades personales. Significa
el abrirse por entero ante los demás, y
revelar los más íntimos pensamientos y
problemas. Todas las barreras que existen
entre nosotros son derribadas, pues tienen
que serlo. Después, tratamos de ayudarnos
entre nosotros y ponernos bien. La
fraternidad de A.A. está basada en un
sincero deseo de ayudar a muestros
semejantes. En A.A. podemos estar seguros
de tener comprensión y verdadera ayuda.
Estas cosas hacen que la fraternidad de
A.A., sea la mejor que hemos conocido.
"¿Comprendo plenamente la profundidad
de la fraternidad de A. A.?".

Meditación del Día.

El Poder Superior puede dirigirnos para que tomemos
las decisiones adecuadas, si se lo pedimos. Podemos
creer que muchos detalles de nuestra vida están
proyectados por Dios, con una riqueza de amor y
perdón por las faltas que hemos cometido. Podemos
orar hoy para que nos sea mostrado el buen camino.
Podemos escoger el bien, y cuando lo hagamos,
podremos sentir que todo el poder del universo está
detrás de nosotros. Podemos lograr una verdadera
armonía con el propósito de Dios para nuestras vidas.

Oración del Día.

Ruego que escoja hoy el bien. Pido que el buen
camino me sea mostrado para seguirlo este día.

14 de DICIEMBRE.—Pensamiento del Día.

El camino de A.A., es el camino del servicio. Sin ese requisito, no podría operar. Hemos estado abstemios y completamente a disgusto. Hemos hecho juramentos, y hemos esperado impacientemente que se cumpliera el término. Hemos tratado de ayudarnos a nosotros mismos. Pero no es sino hasta que empezamos a ayudar a los demás cuando sentimos un verdadero alivio. Es una paradoja el hecho de que el programa de A.A., debe darse para que pueda conservarse. El río corre hasta el Mar Muerto y luego se detiene. El río corre a un arroyo claro y fluye hacia afuera. Recibimos y luego damos. Si no damos, no conservamos.—"¿He desechado la idea de guardar para mí solo los principios de A.A.?".

Meditación del Día.

Hay que tratar de ver la vida del espíritu como un lugar de quietud, lejos de los disturbios del mundo. Hay que pensar en el hogar espiritual como en un lugar lleno de paz, serenidad y contento. Hay que ir a este lugar de quieta meditación para obtener la fortaleza necesaria para hacerse cargo de los problemas y deberes del día. Hay que regresar para renovar la fortaleza cuando llegue el cansancio producido por el alboroto del mundo exterior. Nuestra fortaleza proviene de esta quietud y de esta comunión.

Oración del Día.

Ruego que conserve este lugar de descanso donde puedo comulgar con Dios. Pido que encuentre la renovación meditando acerca de lo Eterno.

15 de DICIEMBRE.—Pensamiento del Día.

El servicio a los demás hace del mundo un buen lugar. La civilización se paralizaría si cada ser fuera siempre nada más para sí mismo. Nosotros los alcohólicos tenemos una maravillosa oportunidad de contribuir al bienestar del mundo. Tenemos un problema común. Encontramos una solución común. Estamos dotados en una forma única para ayudar a los que tengan el mismo problema. Qué maravilloso sería el mundo si toda la gente encontrara una solución común a su mayor problema, y dedicara el resto de su vida a ayudar a los que tuvieran ese problema común, en sus ratos desocupados. Pronto se tendría un mundo extraordinario.—"¿Me doy cuenta de la oportunidad única que tengo de dar servicio?

Meditación del Día.

Hoy podemos vivir en la conciencia del contacto con Dios, conservando buenos pensamientos, palabras y obras. Si en ocasiones la vida parece tener sombras y viene el descontento, hay que recordar que esto no significa que la presencia de Dios se ha retirado, sino que más bien puede deberse a la falta de voluntad nuestra de reconocer esa presencia. Los días sombríos son los adecuados para hacer lo que debe hacerse, al igual que los días de quietud. La conciencia de la cercanía de Dios volverá a estar con nosotros cuando pasen esos días sombríos, si mantenemos el espíritu alerta y receptivo.

Oración del Día.

Ruego que pueda enfrentar con valor los días sombríos. Pido que tenga fe en que los días luminosos volverán.

16 de DICIEMBRE.—Pensamiento del Día.

El camino de A.A. es el camino de la fe. No obtenemos los beneficios totales del programa sino hasta que entreguemos nuestras vidas a un Poder Superior a nosotros mismos y confiamos en ese Poder para que nos dé la fortaleza que necesitamos. No hay un camino mejor para nosotros. Podemos lograr la sobriedad sin él; podemos conservar por un tiempo la sobriedad sin él; pero si vamos a vivir verdaderamente, debemos tomar el camino de la fe en Dios. Ese es nuestro sendero. Debemos seguirlo—"¿He tomado el camino de la fe?".

Meditación del Día.

La vida es la búsqueda de la felicidad. La felicidad es el producto de una vida buena, de las obras buenas. No hay que buscar la felicidad; hay que buscar la vida buena, y la felicidad vendrá como recompensa. A veces la vida es la marcha del deber durante días pesados y sombríos. Pero la felicidad habrá de volver como la sonrisa de reconocimiento de Dios por nuestra fidelidad. La verdadera felicidad es siempre producto de una vida buena.

Oración del Día.

Ruego que no busque la felicidad, sino hacer el bien. Pido que no busque tanto el placer como las cosas que traen el verdadero contento.

17 de DICIEMBRE.—Pensamiento del Día.

El camino de la fe no está limitado a A.A. Es el camino para todo el que quiera vivir verdaderamente. Pero mucha gente puede ir por la vida sin mucha fe. Muchos, para su pesar, marchan sin fe. El mundo está lleno de falta de fe. Mucha gente ha perdido la confianza en cualquier significado del universo. Muchos se preguntan si tiene algún significado. Muchos están confusos. Para muchos la vida no tiene ninguna meta. Son extraños en la tierra. No se sienten en casa. Pero para nosotros en A.A., el camino de la fe es el camino de la vida. Nuestras vidas pasadas prueban que no podemos vivir sin ella. "¿Pienso que podría ser feliz en la vida sin fe?".

Meditación del Día.

"Hizo su sol para que brillara sobre el bien y el mal, y mandó su lluvia para el justo y el injusto".—Dios no se inmiscuye en las leyes naturales. Las leyes de la naturaleza son inalterables, pues en otra forma no podríamos depender de ellas. Por lo que respecta a las leyes naturales, Dios no hace distinción entre los buenos y los malos. Las enfermedades y la muerte surgen en todos lados. Pero las leyes espirituales se han hecho para ser obedecidas. Nuestra elección entre el bien o el mal depende de que ascendamos a la victoria y al éxito verdaderos en la vida, o descendamos a la derrota.

Oración del Día.

Ruego que escoja hoy el camino de la vida espiritual. Pido que viva hoy con fe, esperanza y amor.

18 de DICIEMBRE.—Pensamiento del Día.

A menos que tengamos la llave de la fe para penetrar en el significado de la vida, estaremos perdidos. No escogemos la fe porque represente un camino para nosotros, sino porque para nosotros es el único camino. Muchos han fallado y fallarán, pues no podemos vivir victoriosamente sin fe. Navegamos en el mar sin timón ni ancla, perdidos en el oleaje de la vida. Somos pasajeros sin hogar. Nuestras almas están en desasosiego hasta que encuentran el descanso en Dios. Sin fe, nuestras vidas son una sucesión de hechos confusos que no tienen significado, armonía o razón.—"¿He llegado a descansar en la fe?".

Meditación del Día.

Este vasto universo alrededor de nosotros, que incluye esta maravillosa tierra en la que vivimos, fue en algún tiempo quizá tan sólo un pensamiento de Dios. Mientras más se acercan los astrónomos y los físicos al descubrimiento de la verdadera composición de todas las cosas, se acerca más el universo a la fórmula matemática que es el pensamiento. El universo debe ser el pensamiento del Divino Pensador. Debemos tratar de tener los pensamientos que Dios nos indique en nuestra conciencia. Debemos tratar de obtener la orientación de la Mente Divina para saber cuál es la intención de El para el mundo de los hombres, y cuál es la parte que podemos hacer para realizar esa intención.

Oración del Día.

Ruego que no me preocupe por las limitaciones de mi mente humana. Pido que viva como si mi mente fuera reflejo de la Mente Divina.

19 de DICIEMBRE.—Pensamiento del Día.

El escéptico y el agnóstico dicen que es imposible que encontremos la respuesta a la vida. Muchos lo han tratado y han fracasado; pero muchos más han hecho a un lado el orgullo intelectual y se han dicho a sí mismos: "¿Quién soy yo para decir que no hay Dios?" "¿Quién soy yo para decir que no hay un propósito en la vida?". El ateo afirma: "El mundo se originó en una cifra y se apresura sin designio hacia la nada". Otros viven para el momento y ni siquiera piensan por qué están aquí o adónde van. Bien podrían ser como almejas en el fondo del océano, protegidos por la dura concha de su indiferencia. No tienen ninguna meta, ni les interesa tenerla.— "¿Me interesa conocer mi meta?".

Meditación del Día.

Podemos considerar al mundo material como la arcilla con la que trabaja el artista, para hacer de ella algo bello o algo feo. No tenemos por qué temerle a las cosas materiales, que no son ni buenas ni malas en un sentido moral. Parece que no existe ninguna fuerza activa del mal —ninguna maldad— fuera del hombre. A lo único que debemos temer es al hombre de mala fe. Sólo el hombre puede tener malas intenciones —sentimientos, malevolencia, odio y venganza o buenas intenciones —amor y buena voluntad—. Puede hacer algo feo o algo bello de la arcilla de la vida.

Oración del Día.

Ruego que haga algo bueno de mi vida. Pido ser un buen artesano de los materiales que me han sido dados para mi uso.

20 de DICIEMBRE.—Pensamiento del Día.

Nuestra fe debe controlar toda nuestra vida. Nosotros los alcohólicos estábamos viviendo una vida dividida. Tuvimos que encontrar una forma para unificarla. Cuando bebíamos, nuestras vidas estaban formadas por pedazos dispersos y confusos. Debemos recoger esos pedazos y colocarlos nuevamente. Logramos hacer esto recuperando nuestra fe en un Principio Divino del Universo que nos unifica y unifica al universo, dándole un significado y un propósito. Entregamos nuestras vidas desorganizadas a ese Poder, nos ponemos en armonía con el Espíritu Divino, y nuestras vidas se integran nuevamente. "¿Está mi vida integrada nuevamente?".

Meditación del Día.

Hay que evitar el temor como a una plaga. El temor, aun el más pequeño, es un debilitamiento de los lazos de la fe que nos unen a Dios. Por pequeño que sea el disgusto, con el tiempo esos lazos se irán haciendo más delgados, y entonces algún desengaño o desazón hará que los lazos se revienten. De no ser por los pequeños temores, los lazos de la fe habrían permanecido firmes. Hay que evitar la depresión, que está aliada al temor. Hay que recordar que todo temor implica una deslealtad a Dios. Es una negación de su cuidado y protección.

Oración del Día.

Ruego que tenga tal confianza en Dios hoy, que nada me haga temer demasiado. Pido que tenga la seguridad de que Dios se hará cargo de mí a la larga.

21 de DICIEMBRE.—Pensamiento del Día.

¿He dejado de estar interiormente derrotado y en conflicto conmigo mismo? ¿Me he dado sin reserva a A.A.? ¿Me he entregado por completo al Poder Superior? ¿He dejado de estar interiormente enfermo? ¿He dejado de estar mentalmente confundido? Puedo enfrentarme a lo que sea si tengo la seguridad de ir por el buen camino. Cuando esté seguro de ir por el buen camino puedo dejar que mi vida dependa de A.A. He aprendido la forma en que opera el programa. Ahora bien, ¿lo seguiré con todo lo que tengo, con todo lo que puedo dar, con toda mi fuerza, con toda mi vida?—"¿Voy a dejar que los principios de A.A. guíen el resto de mi vida?".

Meditación del Día.

En este momento de callada meditación hay que seguir la orientación del Señor. En todas las decisiones que hayan de hacerse hoy, hay que ceder a la suave presión de la conciencia. Hay que detenerse o caminar de acuerdo con lo que ella indique. Hay que tomar los sucesos de hoy como parte de los proyectos de Dios. El puede orientarnos para tomar la decisión acertada. Hay que esperar sosegadamente hasta sentir un impulso interior, una dirección, un sentimiento de que lo que vaya a hacerse es adecuado; una presión en la voluntad, hecha por el espíritu de Dios.

Oración del Día.

Ruego que hoy trate de seguir la presión de la dirección de Dios. Pido que trate de seguir los dictados de mi conciencia, y hacer lo que sea bueno hoy.

22 de DICIEMBRE.—Pensamiento del Día.
Conforme miramos retrospectivamente nuestras carreras de bebedores, debemos darnos cuenta de que nuestras vidas eran un desastre, porque interiormente éramos un desastre. La dificultad estaba dentro de nosotros, y no en la vida. La vida en sí era buena; pero la mirábamos desde un punto de vista negativo. Mirábamos la vida a través del fondo de un vaso de alcohol, y sólo veíamos destrucción. No podíamos ver toda la belleza, bondad y propósito que había en el mundo, porque nuestra visión estaba nublada. Sólo percibíamos un solo camino a través de la estrechez de nuestra percepción. La gente podía vernos, pero nosotros no podíamos hacerlo, ni ver lo que la vida significaba para los demás y lo que debería significar para nosotros. Entonces estábamos ciegos, pero ahora podemos ver.—"¿Puedo ahora ver la vida como realmente es?".

Meditación del Día.
No hay que temer a la maldad, porque el Poder de Dios puede vencerla. La maldad tiene el poder de lastimar seriamente sólo a aquellos que no se someten a la protección de un Poder Superior. Esta no es una idea sentimental, sino que un hecho comprobado por nuestra experiencia. Hay que decirnos a nosotros mismos que, pase lo que pase, ningún mal podrá hacernos daño en tanto que dependamos de un Poder Superior. Hay que estar seguro de la protección de la gracia de Dios.

Oración del Día.
Ruego que el temor a la maldad no me desanime. Pido que trate de colocarme hoy bajo la protección de la gracia de Dios.

23 de DICIEMBRE.—Pensamiento del Día.

Hemos dejado atrás definitivamente ese mundo de sueños. Era solamente una ficción. Era un mundo imaginado por nosotros, y no el mundo real. Es cierto que sentimos mucho el pasado; pero aprendimos bastante de él. Podemos utilizarlo como experiencia —una valiosa experiencia, tal como vemos las cosas ahora, porque nos ha dado el conocimiento necesario para poder enfrentarnos al mundo tal como es. Tuvimos que llegar a ser alcohólicos para encontrar el programa de A.A. No lo habríamos tenido en otra forma. En cierto modo, ha valido la pena el sufrimiento.—"¿Considero a mi pasado como una valiosa experiencia?".

Meditación del Día.

Hay que difundir paz y no discordia, por dondequiera que se vaya. Hay que tratar de ser parte del remedio de cada situación; no parte del problema. Hay que tratar de ignorar el mal, en vez de combatirlo activamente. Hay que tratar siempre de construir, en vez de destruir. Hay que mostrar a los demás; por medio del ejemplo, que la felicidad proviene de vivir una vida recta. El poder del ejemplo es más efectivo que el poder de la palabra.

Oración del Día.

Ruego poder contribuir con algo bueno en cada situación que se presente hoy. Pido que sea constructivo en mi forma de pensar, hablar y actuar, hoy.

24 de DICIEMBRE.—Pensamiento del Día.

Se nos ha dado una vida nueva, sólo porque llegamos a ser alcohólicos. Desde luego, no nos merecemos la vida nueva que se nos ha dado. Hay poco en nuestro pasado que justifique la vida que tenemos ahora. Muchas personas viven una vida buena desde su juventud, sin meterse en dificultades, viviendo una vida equilibrada, y sin embargo, aún no han encontrado todo lo que los alcohólicos hemos hallado. Tuvimos la buena fortuna de encontrar a Alcohólicos Anónimos, y con ello, a una nueva vida. Somos de los pocos seres afortunados del mundo que han aprendido una nueva forma de vivir.—"¿Estoy profundamente agradecido por la nueva vida que he aprendido en A.A.?".

Meditación del Día.

Nos ha llegado una profunda gratitud al Poder Superior por todas las bendiciones que tenemos y que no merecemos. Damos gracias a Dios sinceramente. Después viene el servicio a nuestros semejantes como resultado de la gratitud por lo que hemos recibido. Esto implica algún sacrificio de nosotros mismos y de nuestros asuntos personales; pero nos da gusto hacerlo. La gratitud, el servicio y luego el sacrificio son los pasos que llevan al trabajo efectivo de A.A. Son los que abren la puerta a una nueva vida para nosotros.

Oración del Día.

Ruego que sirva con gusto a los demás, como resultado de una profunda gratitud por todo lo que he recibido. Pido que conserve un hondo sentido de responsabilidad.

25 de DICIEMBRE.—Pensamiento del Día.

Muchos alcohólicos dirán ahora: "Esta es una buena Navidad para mí". Recordarán Navidades pasadas que no fueron como ésta. Estarán dándole gracias a Dios por su sobriedad y por la nueva forma de vida que han encontrado. Estarán pensando sobre la forma en que cambiaron sus vidas cuando llegaron a A.A. Estarán pensando que tal vez Dios los dejó vivir a través de los peligros de sus carreras de alcohólicos, cuando quizás con frecuencia estuvieron cerca de la muerte, para que pudieran ser instrumentos de El en la gran labor de A.A.—"¿Es esta una Navidad feliz para mí?".

Meditación del Día.

El reino del cielo es también para el caído, para el pecador, para el arrepentido. "Y le trajeron regalos; oro, incienso y mirra". Hay que traer las ofrendas de oro — el dinero y las posesiones materiales. Hay que traer el incienso — la consagración de la vida a una causa digna. Hay que traer la mirra — la comprensión y la ayuda. Hay que ponerlo todo a los pies de Dios, y dejar que El lo utilice.

Oración del Día.

Ruego que esté verdaderamente agradecido en este día de Navidad. Pido que traiga mis ofrendas y las coloque en el altar.

26 de DICIEMBRE.—Pensamiento del Día.

Estoy contento de ser parte de A.A. de esa gran fraternidad que se está extendiendo a través de todo el mundo. Yo soy sólo uno de los muchos A.A.'s; pero soy uno de ellos. Estoy agradecido de vivir en estos tiempos, cuando puedo ayudar al crecimiento de A.A., cuando se me necesita como parte de su engranaje indispensable para la conservación del movimiento. Estoy contento de poder ser útil, de tener una razón para vivir, un propósito en la vida. Quiero perder mi vida en esta gran causa, y en esa forma encontrarla otra vez. "¿Estoy agradecido de ser un A.A.?".

Meditación del Día.

Estas meditaciones nos pueden enseñar a conservar la calma. Podemos dar servicio a nuestros semejantes, por lo menos en lo poco que se pueda, y podemos estar felices al hacerlo. No debemos preocuparnos demasiado por la gente a la que no podemos ayudar. Podemos adquirir el hábito de dejarle los resultados al Poder Superior. Podemos caminar por la vida haciendo lo mejor que se pueda, pero sin una sensación de urgencia o de tensión. Podemos gozar de todas las cosas buenas y de la belleza de la vida, pero al mismo tiempo depender profundamente de Dios.

Oración del Día.

Ruego que dé mi vida a esta causa digna. Pido que goce de la satisfacción que proviene de una buena labor realizada.

27 de DICIEMBRE.—Pensamiento del Día.

Necesito los principios de A.A., para el desarrollo de una vida sumergida dentro de mí; esa buena vida que había extraviado, pero que volví a encontrar en esta fraternidad. Esta vida interior que está desarrollando poco a poco, con muchos retrocesos, errores y fracasos, pero se está desarrollando. Mientras permanezca unido a A.A., mi vida continuará desarrollándose, y aún no puedo saber lo que habrá de ser; pero si sé que será buena. Eso es todo lo que quiero saber; que será buena.—"¿Le estoy dando gracias a Dios por A.A.?".

Meditación del Día.

Hay que construir la vida sobre la base firme de una verdadera gratitud a Dios por sus bendiciones, y una verdadera humildad por lo indigno que se es de estas bendiciones. Hay que construir la estructura de la vida a base de disciplina, sin permitirse ser egoísta o perezoso o complaciente de sí mismo. Hay que construir las paredes de la vida a base de servicio para los semejantes, ayudando a otros a encontrar la forma de vivir. Hay que construir el techo de la vida a base de oración y momentos de quietud, en espera de la dirección de Dios. Hay que construir el jardín alrededor de la vida a base de paz, serenidad, firmeza y fe.

Oración del Día.

Ruego que construya mi vida con base en los principios de A.A. Pido que sea una buena construcción cuando mi trabajo quede terminado.

28 de DICIEMBRE.—Pensamiento del Día.

La organización de A.A. puede ser humana, pero su propósito es divino. Su propósito es el de dirigirnos hacia Dios y hacia una vida buena. Mis pies han sido puestos en el buen sendero. Lo siento en lo más profundo de mi ser. Voy en la dirección correcta. El futuro puede dejarse en manos de Dios. Lo que sea que me depare el porvenir, no será excesivo para mis fuerzas. Llevo dentro de mí el Divino Poder, para que me ayude a sobrellevar lo que suceda.—"¿Estoy dirigido hacia Dios y hacia la vida buena?".

Meditación del Día.

Aun cuando esté oculto, el Señor está siempre cerca de aquellos que creen y confían y dependen de El para recibir la fortaleza necesaria para enfrentarse a los retos de la vida. Aunque oculto a la vista humana, el Poder Superior está siempre a nuestra disposición cada vez que se le invoque. El sentimiento de que Dios está con nosotros no debe depender de determinados estados de ánimo pasajeros, sino que debemos siempre tratar de estar conscientes de su poder y de su amor en el fondo de nuestras vidas.

Oración del Día.

Ruego que hoy sienta que Dios no está demasiado lejos para que yo dependa de su ayuda. Pido que sienta confianza en su buena voluntad para darme el poder que necesito.

29 de DICIEMBRE.—Pensamiento del Día.

Al participar de los privilegios del movimiento, compartiré las responsabilidades y me comprometeré a cumplir con la parte que me corresponde de la carga con alegría y no de mala gana. Estoy profundamente agradecido por los privilegios de que gozo al ser miembro de este gran movimiento. Tengo una obligación que no eludiré. Con gusto cumpliré con mi parte de las cargas. Debido al gusto que me dará el hacerlo, dejarán de ser cargas para convertirse en oportunidades.—"¿Aceptaré todas las oportunidades con gusto?".

Meditación del Día.

El trabajo y la oración son dos fuerzas que gradualmente están mejorando al mundo. Debemos trabajar para la superación de nosotros mismos y la de nuestros semejantes. La fe sin hechos es letra muerta. Pero todo el trabajo con la gente debe basarse en la oración. Si decimos una pequeña oración antes de hablar o de tratar de ayudar, nos servirá para ser más efectivos. La oración es la fuerza que está detrás del trabajo. La oración está basada en la fe que se tenga de que Dios está trabajando con nosotros y a través de nosotros. Podemos creer que nada es imposible en las relaciones humanas, si dependemos de la ayuda de Dios.

Oración del Día.

Ruego que mi vida esté equilibrada entre el trabajo y la oración. Pido que no trabaje sin la oración ni que ore sin trabajar.

30 de DICIEMBRE.—Pensamiento del Día.

En la medida en que falle en mis responsabilidades, fallará A.A. En la medida en que las cumpla, tendré éxito en A.A. Cada fracaso mío significará un retroceso, en esa medida de A.A. No esperaré a ser reclutado para dar servicio a mis semejantes, sino que seré un voluntario. Aceptaré cada oportunidad de trabajar para A.A., como un reto, y haré todo lo posible por aceptar cada reto y realizar mi labor lo mejor que pueda.—"¿Aceptaré con gusto cada reto?".

Meditación del Día.

Los hombres son en lo más profundo unos fracasos cuando quieren vivir sin el poder del apoyo de Dios. Muchos hombres tratan de ser autosuficientes y buscan el placer egoísta, para descubrir que no quedan satisfechos. No importa la cantidad de recursos materiales que logren, no importa cuánta fama y poder tengan, no importan esas cosas, pues generalmente llega el momento del desencanto y el sentimiento de futilidad. La muerte los espera, y no pueden llevarse nada material cuando se vayan. "¿Qué importa haber ganado el mundo entero si he perdido el alma?"

Oración del Día.

Ruego que no llegue vacío al final de mi vida. Pido que viva en forma tal, que no me dé miedo morir.

31 de DICIEMBRE.—Pensamiento del Día.

Seré constante en mi asistencia, generoso al dar, amable en mi crítica, creador en mis sugerencias y amoroso en mis actitudes. Le daré a A.A. mi interés, entusiasmo, dedicación, y, por encima de todo, de mí mismo. El Padre Nuestro ha llegado a ser parte de mis pensamientos de cada día: "Padre nuestro que estás en los cielos, santificado sea Tu nombre. Venga a nos tu reino. Hágase tu voluntad, así en el cielo como en la tierra. El pan nuestro de cada día, dánosle hoy. Y perdónanos nuestras deudas, así como nosotros perdonamos a nuestros deudores. No nos dejes caer en la tentación; mas líbranos de todo mal."—"¿Me he entregado?".

Meditación del Día.

Conforme miramos en retrospectiva al año que acaba de pasar, encontramos que ha sido un buen año en la medida en que hayamos puesto en este tiempo buenos pensamientos, buenas palabras y buenas obras. Nada de lo que hemos pensado, dicho o hecho se desperdiciará. Tanto las buenas como las malas experiencias pueden dejarnos un fruto. En cierto sentido, el pasado no se ha ido por completo; sus resultados, para bien o para mal, están con nosotros en este momento. Sólo podemos aprender por medio de la experiencia, y nada de nuestra experiencia, se desperdicia por completo. Podemos agradecer humildemente a Dios las cosas buenas del año que termina.

Oración del Día.

Ruego que lleve cosas buenas al año que se aproxima. Pido que siga adelante con fe, con oración y con esperanza.